高等职业教育法律类专业新形态系列教材

监狱安全管理实务

（工作手册式）

编　著◎陈加养　傅　望　周荣瑾

杨　玲　王文来

中国政法大学出版社

2024·北京

图书在版编目（ＣＩＰ）数据

监狱安全管理实务 : 工作手册式 / 陈加养等编著. -- 北京 : 中国政法大学出版社，2024. 8.
ISBN 978-7-5764-1387-8

Ⅰ. D926.7

中国国家版本馆CIP数据核字第2024GC2742号

出　版　者　中国政法大学出版社

地　　　址　北京市海淀区西土城路 25 号

邮　　　箱　fadapress@163.com

网　　　址　http://www.cuplpress.com (网络实名：中国政法大学出版社)

电　　　话　010-58908435(第一编辑部) 58908334(邮购部)

承　　　印　北京中科印刷有限公司

开　　　本　787mm×1092mm　1/16

印　　　张　12.75

字　　　数　278 千字

版　　　次　2024 年 8 月第 1 版

印　　　次　2024 年 8 月第 1 次印刷

印　　　数　1~3000 册

定　　　价　46.00 元

前　言

2014 年 4 月 15 日，中共中央总书记、国家主席、中央军委主席习近平在主持召开中央国家安全委员会第一次会议时提出：坚持总体国家安全观，走出一条中国特色国家安全道路。监狱安全是国家安全题中应有之义，保障监狱总体安全、本质安全，是贯彻落实习近平总书记国家安全观的深刻体现。

安全，是监狱工作发展矢志不移的追求目标，是监狱事业继往开来、创新发展的根本基石。现代监狱要实现从表象安全向本质安全、从监管安全向系统安全、从制度安全向文化安全的持续转变，就必须构建一套科学理性、内部运行与外部协作共同作用的长效机制，从法治保障、监社融合、数字赋能等多维度、多方向深入推进变革，不断提升监狱安全的稳固性与抗压性。如何确保监狱安全，提高安全管理能力是每一个监狱工作者都需要思考的问题。新时代，如何提高监狱工作者对监狱安全管理的知识掌握和技能运用的能力水平，是摆在我们面前亟待解决的重要课题。

2021 年上半年，在认真分析当前司法警官职业院校课程体系设计要求和了解掌握当前监狱工作面临新形势的基础上，作为浙江警官职业学院"双高计划"终端项目《监狱安全管理》教材建设负责人，笔者萌生了按照新形态重新编写《监狱安全管理》教材的念头。因为《监狱安全管理》是刑事执行专业的核心课程，具有很强的技术性和实务性，对于提升学生的监狱业务实操能力起着十分重要的作用。

为了使新编《监狱安全管理》教材在专业人才培养和监狱安全管理方面发挥更好的指导作用，笔者在物色编写成员时作了精心挑选。经过多次电话沟通和座谈讨论，最终组成了既有深厚理论知识，又有丰富实践经验的编写团队。本教材由浙江警官职业学院副教授陈加养担任主编，组员由浙江警官职业学院监狱信息安全教研室主任傅望、浙江省乔司监狱二级高级警长王文来、浙江省未成年犯管教所四级高级警长周荣瑾、浙江省乔司监狱退休副调研员杨玲等组成。本教材主编曾于 2000 年至 2010 年在浙江省乔司监狱工作十年，负责监区的监管安全工作，具有丰富的基层监管安全改造工作经验，2010 年调任至浙江警官职业学院后一直从事监狱安全管理、应急处突等方面的教学与研究。教材编写团队中，傅望老师曾长期从事监狱信息安全等方面的研究，另外三位来自监狱单位的民警中，两位民警具有较高的理论功底，一位民警具有丰富的罪犯管教实践经验。

如何突破原有的狭隘监狱安全观，立足浙江、着眼全国、放眼世界，同时贯彻当前职业教育工作教材编写理念，编写一本既与时俱进、契合实际，又具有一定前瞻性的《监狱安全管理》教材，成为编写团队亟需解决的现实难题。为此，团队成员先后召开三次座谈会，围绕传统安全与非传统安全，着眼安全管理的重点、难点与热点问题，在存同求异、凝聚共识的基础上，确定了教材编写的思想脉络与体系架构。本教材主要内容包括监狱安全管理概述、监狱安全信息采集与研判、狱内耳目挑选与使用、重点罪犯甄别与管控、重点时空防控、重点物品防控、监管安全事件预防、监狱安全事故处置预案与实践演练、监狱常见安全事故处置、监狱联防联控联动机制实施、监狱安全防控智能化、监狱突发舆情处置等十二个工作任务。

二年来，编写团队成员克服疫情防控期间的各种困难，充分发挥每个人的聪明才智与编写潜能。团队成员搜集和查阅了大量的文献资料，参照与借鉴了原有监狱安全管理教材的成熟章节，注重传统监管理念与现代刑务思维的充分融合。与以往类似教材相比，新编《监狱安全管理》在内容设计、案例搜集、逻辑架构等方面均有了一些突破。尤其是将一些近年来发生的监管安全鲜活案例引入教材，给学生以直观强烈的警示教育，充分体现了"理实一体""教学练战""学用结合"的理念，有助于培养学生的监狱安全管理实务能力。

2023年6月至8月，经过三次统稿，团队成员完成了《监狱安全管理》的编写任务。新编《监狱安全管理》共计12篇、20余万字。虽然团队成员尽了很大努力，但受限于个人的知识结构与编写能力，教材中肯定会有一些差错与不足，恳请各位同仁、老师与学生能多提修改意见，以便下次再版时能少一些缺憾。

编者
2023年8月于钱塘江畔

目　录

工作任务一　监狱安全管理概述

【任务目标】

知识目标：通过本任务的教学，使学生了解监狱安全管理的理论概念、指导思想、目标意义、基本原则、工作机制及法律法规，领会监狱安全管理的基本内涵，熟悉监狱安全管理的工作机制，初步掌握分析和处理监狱安全管理问题的理论知识。

能力目标：通过本工作任务的学习和训练，使学生了解监狱安全管理工作的基本内容，熟悉当前监狱常态化安全管理的工作方式，形成具备开展基础性监狱安全管理工作的能力。

【理论概述】

监狱安全和监管秩序的维护是监狱工作的基本保障。没有安全的监管改造环境，就不可能保障国家刑罚执行和改造罪犯的各项职能活动的顺利进行。

监狱安全管理，是指监狱为确保监管场所的安全和监管秩序的稳定，从制定和完善监狱安全管理制度入手，以预防为主、系统管控、突出重点、常抓长效、共建共管为基本原则，通过人防、物防、技防、联防等安全管理手段的综合应用，对监狱安全隐患进行有效的防控，对监狱安全突发事件进行应急处置的一项基础性工作。

【指导思想】

监狱安全管理的指导思想是：在马克思列宁主义、毛泽东思想、邓小平理论和"三个代表"重要思想、科学发展观、习近平新时代中国特色社会主义思想指导下，始终坚持党对监狱工作的绝对领导，贯彻总体国家安全观，切实提高政治站位，牢牢把握新时代监狱工作的政治方向，把维护国家安全和社会稳定作为监狱工作的首要任务；始终坚持"惩罚与改造相结合、以改造人为宗旨"的监狱工作方针；牢固树立和自觉践行社会主义法治理念，进一步推进监狱法治建设，依法规范执法行为，提高罪犯改造质量，最大限度预防和减少重新违法犯罪；大力加强监狱安全稳定长效机制建设，构建全方位、多层次、立体化的安全管理体系，确保监狱持续安全稳定，推进监狱各项工作的安全发展。

监狱作为国家的刑罚执行机关，既是社会文明的窗口，也是维护国家安全和社会稳定的重要力量。2014年4月15日，习近平在中央国家安全委员会第一次会议提出：要准确把握国家安全形势变化新特点新趋势，坚持总体国家安全观，走出一条中国特色国家安全道路。国家安全工作应当坚持总体国家安全观，以人民安全为宗旨，以政治安全为根本，以经济安全为基础，以军事、文化、社会安全为保障，以促进国际安全为依托，维护各领域国家安全，构建国家安全体系，走中国特色国家安全道路。2016年1月23日，习近平在中央政法工作会议上强调：全国政法机关要增强忧患意识、责任意识，防控风险、服务发展，破解难题、补齐短板，提高维护国家安全和社会稳定的能力水平，履行好维护社会大局稳定、促进社会公平正义、保障人民安居乐业的职责使命。2022年1月15日，习近平总书记强调：要坚持党对政法工作的绝对领导，从党的百年奋斗史中汲取智慧和力量，弘扬伟大建党精神，提升防范化解重大风险的能力，完善执法司法政策措施，全面深化政法改革，巩固深化政法队伍教育整顿成果，切实履行好维护国家安全、社会安定、人民安宁的重大责任，让人民群众切实感受到公平正义就在身边。从这一层面意义上讲，监狱的安全稳定是社会安全稳定的重要组成部分，维护监狱的安全稳定不仅具有全局性的意义，还具有推动社会主义司法制度发展完善的价值。

同时，监狱作为改造罪犯的特殊场所，又是社会矛盾的集中地。监狱的安全稳定，在一定程度上可以说是一个国家和社会安全稳定的晴雨表和风向标。从这一层意义上讲，维护监狱安全稳定，事关社会和谐稳定之大局，没有监狱的安全稳定，就没有社会和谐发展的良好环境，就会影响甚至损害国家的利益与形象。

因此，安全管理是监狱工作的重中之重，是确保监狱各项工作顺利开展的前提、基础和保障，也是社会安全治理工作的重要一环。监狱机关必须坚定不移地站在新时代中国特色社会主义事业"建设者"和"捍卫者"的高度，肩负起维护监狱安全和社会稳定的政治使命，在党中央、国务院和各级党委、政府的正确领导下，坚持以提高教育改造质量为中心、以维护监狱安全稳定为首任、以减少重新犯罪率为目标，切实把监狱安全管理工作摆在突出位置，努力构建"思想防线牢固、人防部署严密、物防设施完善、技防手段先进、联防协调统一、应急处置高效"的集管理、防范、控制于一体的监狱安全管理与防范体系，建立完善中国特色社会主义现代化监狱制度及其管理运行机制，确保监狱持续安全稳定，维护国家尊严和人民利益，促进社会安全稳定、和谐发展。

【目标意义】

从狭义上讲，监狱安全管理的目标，就是要达到司法部提出的无罪犯脱逃、无狱内重大案件、无重大安全生产事故、无重大疫情发生的"四无"目标，确保监狱人员（包括监狱民警职工、在押服刑人员及临时外来人员）的安全、监狱财产的安全、监管场所的安全和监管秩序的稳定。

一方面，随着政治、经济、文化、科技的发展，监狱的基础设施建设日趋完善，物防、技防设施水平不断提高，在押罪犯脱逃事件的发生率逐步下降，改造与反改造矛盾越来越集中到监狱内部，体现在监管民警与在押罪犯之间。因此提高监狱民警自我安全防范意识和个人安全防护技能、完善监管场所安全保障设施建设、确保监狱人员人身安全已经成为监狱安全管理的重要任务。

另一方面，刑事政策的调整，给监狱安全管理带来了深刻影响。首先，新型犯罪不断出现，罪犯构成日趋复杂，监狱在押罪犯数量增加，挑战监狱的关押能力；其次，限制减刑、终身监禁等政策执行，使部分重刑犯的服刑周期明显延长，改造思想压力增大；最后，已判决罪犯收押期限标准调整，使超短刑期罪犯数量明显增加。监狱监管工作面临巨大压力，安全形势更加严峻，努力提高监狱安全管理能力的需求尤为紧迫和重要。

从广义上讲，监狱安全管理的目标，包括监狱的政治安全、队伍安全、监管安全、生产安全、交通安全、信息安全、消防安全及社会治安稳定等诸多的安全内容。

维护监狱安全稳定的责任目标及其价值，并不止于监狱安全稳定本身，更重要的价值追求在于体现"为监狱中心工作服务、为社会大局稳定服务"的保障功能。因此，监狱必须坚定不移地站在新时代中国特色社会主义事业"建设者"和"捍卫者"的高度，肩负起维护社会大局稳定的首要政治任务。根据党和国家关于安全稳定工作的一系列部署，结合现代监狱工作的职能与属性，监狱安全管理责任目标应当包括以下几个方面：

一是政治安全。牢固树立政治安全的首位意识和责任意识，认真贯彻党和国家的监狱工作方针、政策，严格落实上级党委和政府关于维护安全稳定工作的指示精神和各项部署，在政治、思想和行动上始终与党中央保持高度一致，坚决维护监狱工作正确的政治方向，确保监狱工作不走偏。全面加强党对监狱安全稳定工作的领导，监狱党委应当坚定不移地站在新时代中国特色社会主义事业"建设者"和"捍卫者"的高度，切实把安全稳定工作放在监狱工作的首要地位，以高度的政治敏锐性和坚定的政治责任心，肩负起维护社会大局稳定的"首要政治任务"，确保监狱的持续安全稳定。全力以赴做好特殊时期的监狱安全稳定工作，在党和国家的重要活动、重大会议以及突发事件和特殊时段，监狱及其民警应当从讲政治、顾大局的高度，以政治责任感和历史使命感打破常规，采取"非常举措"，坚持深入一线、保障一线、坚守一线，切实抓好安全维稳工作。

二是队伍安全。加强监狱两级领导班子建设，形成坚持民主集中制原则、团结协作、开拓创新、勤政廉政、求真务实的强有力领导核心。加强民警队伍建设，建设一支"政治坚定、业务精通、忠于职守、廉洁奉公、执法严明"的监狱人民警察队伍。建立和完善监狱经济内控管理制度，对大宗物资采购、重点工程建设实施公开招投标；对各项资金的安排使用，坚持党委集体研究决定；杜绝因人为因素导致的合同纠纷、经济损失。确保不发生监狱领导班子成员被追究刑事责任的案件，不发生监狱民警因贪污受贿和渎职等被追究刑事责任的案件。

三是监管安全。提高政治站位、坚守安全底线、践行改造宗旨，健全完善安全防范体系和运行机制,实现监管改造工作"四无"目标。根据《监狱建设标准》和《监狱建筑设计标准》,加强监狱基础设施及辅助设施建设;坚持依法治监、严格规章程序,健全刑罚执行制度与工作规范;依法保障罪犯的合法权利,严格执行审批程序,健全狱政管理制度和工作规范;对罪犯实行正规、系统的思想、文化、职业技术教育和各种辅助教育,健全教育改造工作制度和工作规范;按实物量标准保障罪犯的膳食和被服供给,建立完善罪犯生活卫生管理制度;建立罪犯健康档案,保障罪犯的基本医疗,加强各类传染病防治工作,不发生群体性公共卫生事件和重大疫情。

四是生产安全。建立科学、规范、适合监狱企业生产特点的管理制度和快捷有效的经营机制,积极进行监狱企业改革,落实生产安全责任和经济责任制,完成上级下达的各项生产安全和经济指标,确保生产性固定资产保值增值。完善监狱安全生产设施和管理制度,严格执行操作规程、作业规程和安全规程,狠抓"三违"(即违章指挥、违章操作、违反劳动纪律),不发生罪犯工伤死亡事故。实施全面质量管理等先进的管理办法和技术,抓好精细化管理和质量标准化建设,创造良好的作业环境,做到环境整洁、物流有序、安全文明。制定和完善劳动现场消防安全管理制度,强化消火栓、灭火器、喷淋、烟感报警灯设施建设,严格落实禁烟控火规定,按时开展消防巡查及演练,及时排除安全隐患,杜绝火灾事故发生。

五是社会安全。监狱是国家安全稳定的稳压器、安全阀,是全社会不可分割的有机组成部分。积极参与社会治安综合治理,主动加强与公安、司法等部门的协调配合,认真做好刑释假释人员的衔接安置工作,最大限度预防与减少重新犯罪。坚持"信访工作无小事"原则,时刻把信访工作放在心上、抓在手上,及时排摸和化解群众信访矛盾,着重解决重复信访案件、化解信访积案,确保不发生恶性事件。健全完善信息安全管理制度和工作规范,保守国家秘密,构筑网络安全屏障,建立舆情研判机制与应对预案,广泛运用新媒体宣传凝聚共识,做到及时准确掌控、主动积极应对、科学有效处置,坚决不造成负面影响。

【基本原则】

监狱安全管理以预防为主、系统管控、突出重点、常抓长效、共建共管为基本原则,依托人防、物防、技防、联防"四防一体化"建设,实现无罪犯脱逃、无狱内重大案件、无重大安全生产事故、无重大疫情发生的"四无"目标。

(一)预防为主原则

监狱安全管理工作应坚持以问题为导向,从事物本质入手,总结以往成功经验,掌握监管安全事故发生的规律和特点,千方百计做好预防措施,做到防患于未然。监狱及其民警要牢固树立忧患意识,破除麻痹思想和侥幸心理,做到居安思危、兢兢业业,把监狱安全稳定摆在突出位置,时刻筑牢监管安全思想防线;要丰富完善教育改造形式、内容和手段,积极探索创新行之有效的新方法新途径,加强罪犯正面思想教育和心理健康辅导,促使其更好地悔罪认罪、安心改造，有效提升教育改造工作质量，实现监狱安全管理"治本"效应。

（二）系统管控原则

监狱安全管理是一个系统工程，需要前瞻性全局性的思维，从总体安全观的广度深度，制定安全管理方针政策，构建安全管理责任体系，完善安全管理工作制度，实现监狱长期安全稳定。要构建实施"主要领导亲自抓、分管领导具体抓、层层签订责任状、一级抓一级、层层抓落实"的监狱安全责任制度，通过建立包括安全组织领导机构、安全监督监察机构和安全管理责任部门在内的安全管理组织体系，让监狱各职能部门、各押犯单位及不同岗位的民警都参与到保障监狱安全的活动中来，形成自上而下、全员参与、分工负责、系统管控的监狱安全管理机制，从而有效维护监狱的持续安全稳定。

（三）突出重点原则

针对重点时段、重要环节、重要场所以及所涉及的人、事、物的监管和控制，是监狱安全管理工作的主要内容之一。按照"一人一策、一事一策"的工作要求，坚持公开监管与隐蔽控制相结合，认真开展针对重点罪犯的排查和控制，严格落实连号包夹与个别教育制度；加强出收工、就医、娱乐等环节的监管力度，合理配置现场执勤警力，维护良好监管秩序；规范劳动现场工具及危险物品管理，严格执行民警直接管理和收发清点登记制度，坚决实行"谁使用、谁负责，谁管理、谁负责"的安全责任制度，最大限度化解不安全不稳定因素。

（四）常抓长效原则

实现监狱的安全稳定，不仅要从宏观的方针政策和制度层面入手，更要从微观的管理措施和手段方法发力。严格落实定期清监、定点查铺、定时点名等监管制度，及时发现和消除各类安全隐患；实施监管现场网格化、精细化管理，严格制定和实施监狱工作一日流程规范，形成科学闭环的日常管理机制；持续推进智慧监狱创建，加强数字化基础设施建设，构建信息资源共享、标准规范统一、应用功能完备的信息化应急指挥平台，提升监狱安全管理快速反应能力，不断补齐技防短板，实现监狱安全维稳工作常抓长效。

（五）共建共管原则

监狱工作作为国家安全工作的重要组成部分，也是维护社会和谐稳定的"压舱石"。要深入贯彻总体国家安全观，进一步完善"监地协作"机制，在安全治理、罪犯改造、监狱执法、综合保障、队伍建设等方面开展合作，形成"信息互通、资源共享、优势互补、业务协同"的发展新格局。积极与属地政府、公安机关、应急管理、医疗卫生等部门沟通协调，建立健全突发事件应急处置协同机制，切实加强监狱周边社会治安治理，提高监狱应对突发事件能力；携手地方网信网安建立健全一体化舆情研判处置机制，努力打造监狱安全舆论环境；与驻监武警搭建资源信息共享平台，定期开展重点领域隐患排查，不断提升监狱人防物防技防能力水平。通过"监地"、"双警"的共管共治共建，不断推进监狱工作治理体系和治理能力现代化，实现监狱安全管理再上新台阶。

【工作机制】

确保监狱持续安全稳定，促进社会和谐发展，是监狱机关切实提高政治站位、坚守安全底线、践行改造宗旨、做好监狱各项工作的前提。

监狱安全工作机制，是指监狱机关在维护监狱安全稳定工作中，不断总结、科学提炼，逐步形成和日趋完善的一整套安全管理模式和运行机制。它既具备宏观层面的前瞻性、针对性、实效性和科学性特点，又能发挥出微观操作上的指导性、系统性、层次性和可操作性优势，主要包括领导责任机制、安全防范机制、隐患排查机制、应急处置机制和狱情研判机制。

(一) 领导责任机制

坚持"谁主管、谁负责"、"谁执法、谁负责"的安全责任制原则，构建实施"主要领导亲自抓、分管领导具体抓、层层签订责任状、一级抓一级、层层抓落实"的监狱安全责任制度。

1. 健全组织领导机构。成立监狱安全工作委员会，监狱安全工作委员会主任由党委书记、监狱长担任，副主任由其他监狱领导担任，成员包括各部门的主要负责人。

2. 明确工作模式机制。坚持"四个纳入"和"一票否决制"，切实将监狱安全稳定工作纳入党委工作重点、领导决策议题、工作绩效考核和干部能力考察的范畴，并对监狱安全责任事故实施"一票否决"，追究责任单位和相关责任人的责任。

3. 狠抓"一把手"工程建设。明确以科室、监区（分监区）为安全责任主体，各责任单位的主要领导对监管安全负第一责任，并实行分工负责制。通过签订《监狱安全目标责任状》、实施《监狱安全风险抵押承包制》，强化各级"一把手"的安全职责和安全意识。

4. 完善责任目标考核。健全完善"谁执法、谁负责"的安全责任目标考核体系，实施《民警一岗双责制》和《民警绩效考核办法》，严格落实《监狱安全工作目标管理责任制》和《监狱安全目标责任考核办法》，形成"人人参与、层层负责"的安全工作格局。

5. 实施"反追究制"。对存在重大安全隐患、严重不负责任、工作推诿扯皮、制度措施不落实或落实不到位的单位，进行严格责任倒查与责任追究。除采取发放《消除隐患通知书》、《纠正违纪通知书》、《限期整改责任书》等外，根据责任主次，依法追究相关责任单位和责任人的责任，发挥责任追究制度的教育和警示作用。

6. 实施执法督查制。设立监狱长信箱、检举信箱等，确保内部监督的经常化；邀请人大、政协、政法机关对监狱执法工作实施监督，并通过聘请执法监督员、行风监督员，向罪犯家属发送公开信和征求意见书等措施，实现外部监督的制度化。通过完善执法监督体系，强化监狱民警的执法意识和安全责任，及时堵塞和防范工作漏洞，防止执法安全事故的发生。

（二）安全防控机制

监狱安全管理坚持以推进人防、物防、技防、联防"四防一体化"建设为核心，构筑形成"人防严密、物防坚固、技防高效、联防可靠"的监狱安全防控机制，全方位确保监狱的持续安全稳定。

1. 人防严密。按照闭环管控的工作要求，对监管改造和劳动生产区域实施严格的封闭式管理和安全警戒，合理配置警力，规范设置岗哨，严密人防部署，切实做到安全管控不留空隙、隐患排查不留死角。

一是构筑以人为本的思想防线。监狱应当把牢固树立社会主义法治理念和以人为本的科学发展观，贯穿于监狱安全维稳工作的全过程，贯穿于从严治警、精心育警、从优待警的全方面，切实提高监狱民警维护安全稳定的政治意识、大局意识、忧患意识和责任意识。

二是构筑直接管理的责任体系。监狱应当强化民警的现场直接管理，严格落实民警值班、现场带工、收封点名、巡更排查等制度，切实将罪犯的一切活动始终置于民警的视线之内和掌控之中，确保将安全隐患消除在初设阶段。

三是构筑深层次的防控体系。监狱应当加强对罪犯的管理与教育，严格落实互监组、耳目、老带新、联号包夹、网格化管理等制度，多层面开展检举、揭发狱内外犯罪和违法违纪行为的活动，开展监规纪律整顿和防脱逃专项教育，严厉打击狱内歪风邪气，净化监管改造环境。

四是构筑重感化的施教体系。监狱应当加强罪犯的生活卫生管理，着力改善罪犯生活物质条件，稳定罪犯改造思想，积极开展心理健康教育与矫治工作，实施心理危机测试、分析和干预，将危险心理和行为因素消灭在未发生之时。同时，丰富狱内文化生活，为罪犯提供愉悦身心、合理宣泄情绪的条件与渠道；大力开展技术培训，提高罪犯刑释就业谋生能力，增强罪犯的改造信心；组织亲情、社会帮教活动，用亲情和社会的关爱启迪罪犯良知，促进其积极改造。

所有这些防患于未然的监管安全合力和协调机制，是充分发挥人的作用、筑牢以人为本的第一道防线、实现监狱安全管理治标与治本有机结合的重要举措。

2. 物防坚固。实体防控是监狱安全管理的重要屏障，在充分强调人防核心作用的同时，监狱实体防控的基础性保障作用，也必须做到高不可攀、坚不可摧、牢不可破。

监狱建设应严格遵照中华人民共和国住房和城乡建设部、国家发展和改革委员会发布的由司法部编制的《监狱建设标准》（建标139-2010）、《监狱建筑设计标准》（JGJ446-2018）和中华人民共和国国家质量监督检验检疫总局、中国国家标准化管理委员会发布的由公安部提出的《周界防范高压电网装置》（GB25287-2010）的要求执行。

做好监狱周界警戒设施建设。中度、高度戒备监狱围墙应分别高出地面 5.5 米和 7.0 米以上，墙体应分别达到 0.49 米厚实心砖墙和 0.3 米厚钢筋混凝土墙的安全防护要求；围墙上部，中度戒备监狱应尽可能设置武装巡逻通道，高度戒备监狱应当设置武装巡逻通道；电网电压必须达到 6000-10000 伏特；中度戒备监狱围墙内侧 5 米、外侧 10 米处，高度戒备监狱内侧 5 米及 10 米、外侧 5 米及 12 米处均应各设一道不低于 4 米高的防攀爬金属隔离网，网上均应设监控、报警装置；围墙外侧两道隔离网之间应设置防冲撞设施。监狱大门应分设车辆通道、警察专用通道和家属会见专用通道，均应设二道门，且电动 AB 开闭，并应设待封顶的护栏，通道两端应设防冲撞装置，通道顶部和地面应设监控、探测等安检装置；监狱大门应设门卫值班室、武警哨位，并应设置防护装置，外门应为金属门，室内设通讯、监控和报警装置，并设有可在室内控制大门开闭的装置。

在建好周界屏障的同时，要坚持防线前移，加强区域屏障建设，尽可能对罪犯实施区域封闭管理。罪犯的日常活动场所——监房、车间的屋顶、墙壁、门、窗、锁等必须坚实牢固，尤其是墙壁和上下楼之间必须隔音并达到一定的厚度，严防罪犯将其掏通，通过口头或书面相互串通或传递不良信息；建设外窗应设防护铁栅栏；通向屋顶的消防爬梯离地面高度应大于 3 米，且 3 米水平距离内不应开设门、窗、洞口；高度戒备监狱罪犯室外活动区域宜设置必要的防航空劫持的设施。

3. 技防高效。技术防控是人力防控、实体防控在技术手段上的补充和加强。目前，监狱安全技术防控系统主要包括视频监控系统、周界防控系统、应急报警系统、门禁控制系统、监听对讲广播系统、电子巡更系统、人员定位系统等。这些技防系统不仅依赖于先进的技术装备和技术手段，更取决于使用这些装备和手段的监狱民警的能力水平。因此，根据信息化智能化监狱建设要求，不断加强和提高监狱安全技术防控系统的科技含量，从客观条件上有效提高监狱安全防控、快速反应和有效处置能力的同时，还应当重视加强监狱民警的综合能力培养，这才是确保技防手段高效运行的根本所在。

司法部、科技部《关于印发（"十三五"全国司法行政科技创新规划）的通知》（司发通〔2017〕78 号）指出，司法部和各级司法行政机关认真贯彻中央关于科技创新的决策部署，加快提升自主创新能力，取得明显成效。云计算、大数据、物联网等新技术在司法行政信息网络平台和基础设施建设、应急指挥中心及业务综合服务平台建设、信息资源库及信息资源交换共享体系建设、信息技术标准规范及信息安全体系建设等方面得到不同程度的应用。重点领域关键技术取得重大突破，组织实施了监狱智能化安全防控关键技术研发示范和监狱物联网重大应用示范工程，罪犯精准管控、罪犯行为智能分析、监狱智能周界安防、狱内移动通讯信号智能屏蔽等关键技术取得突破性进展。

发展智能高效监管安防技术。开展"智慧监狱"示范建设，最大限度地汇集整合监管改造信息资源和社会信息资源，全面推动罪犯基本数据、内部管理数据、执法办案数据、技术防范数据四大数据的集成应用，开展罪犯危险程度评估，有效防范罪犯暴力袭警、脱逃越狱、哄监闹狱、非正常伤残死亡等监狱安全事件；充分运用物联网高度集成的传感技术、数字信息采集与处理技术、数字通信技术、多媒体技术以及网络安全技术，实现监狱全方位的智能监管，全面提升"四防一体化"效能，完善监狱安全管理长效机制，实现从底线安全观向治本安全观的根本转变。

发展监狱物联网及人工智能支撑技术。开展视频图像智能分析、生命体征监测、无线信号侦测干扰、射频识别、传感器数据采集、数字集群通信、区域人员定位、智能机器人巡检等监狱物联网及人工智能技术研究，构建智慧监狱物联网平台，并通过联动、交互与预警技术为智能指挥调度、应急预案管理、科学决策分析提供技术支撑。

发展大数据支撑技术。以物联网平台为基础，采集罪犯的视频图像信息、生命体征信息及通过电子腕带、脚环追踪技术采集的活动轨迹信息等基础数据资源，运用大数据技术构建"智慧监狱云"，通过开展行为特征分析、身份智能识别和轨迹分析等技术研究，科学精准评估研判罪犯危险程度，实现智能预测预警预防，并结合无人机监测防控等前沿技术，全面提升监狱安全防控科技水平。

4. 联防可靠。监狱安全管理工作不仅需要监狱及其民警的全力付出，更需要与驻监武警部队、地方党委政府、公安机关、医院、学校及企业的积极参与，共同构建各司其职、密切协同的大联防格局，提升监狱安全整体防控能力。

贯彻落实司法部武警部队监狱安全工作会议精神，进一步抓好监狱与武警部队的"三共"建设（即思想共建、队伍共管、安全共保），加强双警之间的互联互通与信息共享，健全联合互动、协同机动的工作机制，推进监管执勤模式改革，定期组织监狱安全联防演练，共同推动新形势下监狱安全管理工作的健康发展，确保社会大局的和谐稳定。

增强与地方党委、政府及公安机关等部门的联动协作，坚持共建共治共享发展新理念，完善狱地携手、联动融合的长效机制，把监狱安全纳入当地安全工作目标体系，把监狱工作纳入当地市域社会治理体系，聚力打造狱地深度融合崭新格局。

以先进信息技术、智能技术和多网络融合为依托，携手公立医院、医科学院等推进"医联体"建设，加强青年医务民警的业务技能培训，构建罪犯健康档案智能数据中心，开通罪犯就医绿色通道，打造远程医疗智慧服务平台，共同构建医疗资源共享互补、运行高效集约、业务协同发展的监狱医疗新模式。

推动罪犯回归支撑体系建设，积极探索"监校"、"监企"合作新模式，开展罪犯职业技能培训和心理咨询服务，鼓励社会企业常态进狱开展狱内招聘，让公益基金、志愿者团体等社会力量更多地参与进来，更好地帮助罪犯改造成为守法公民。

（三）隐患排查机制

坚持以深化"三法排查手段"为关键，构筑形成"狱情分析、动态掌控、全面排查"相结合的监管安全隐患排查机制，切实把安全隐患解决在始发阶段，把不稳定因素化解在萌芽状态。

1. 狱情分析法。健全完善狱情分析研判制度和工作规范，形成监狱、监区、分监区三级狱情分析例会工作机制。监狱每月召开狱情分析会，由分管改造工作的监狱领导主持，全体监狱领导和管教科室、监区主要负责人参加；监区每半月召开一次狱情分析会，由监区长主持，全体监区领导和分监区长、指导员参加；分监区每周召开一次狱情分析会，由分监区长主持，全体分监区民警参加。

2. 动态掌控法。健全完善罪犯思想动态分析研判制度和工作规范，通过全面观察、侧面了解、个别谈话等途径，敏锐察觉和掌握罪犯的思想动态及其改造表现。同时，利用狱内"耳目"掌握深层次的犯情、狱情和罪犯思想，及时捕捉狱内信息，准确分析、判断狱情状况和思想动态，合理调整针对性防控措施和教育手段，维护监管改造秩序的持续安全稳定。

3. 全面排查法。健全狱内重大危险罪犯摸排、管控、教育制度，依法规范对狱内重大危险罪犯的排查标准、排查方法、排查程序及管理监控与教育转化的措施。完善监管安全检查与隐患排查制度，形成"民警每天查、分监区每周查、监区每半月查、监狱每月查、节假日及时查"的工作机制，采取监狱领导突查、职能科室督查、驻监武警协查、基层监区（分监区）定期自查与互查相结合的具体措施，全方位、多层次开展监管安全检查与隐患排查工作。特别要加强对罪犯人身、物品、信件的排查和对重点区域、要害部位、关键时段和薄弱环节的排查。同时，要适时对全监狱罪犯进行危险性评估，切实把具有危险性的罪犯纳入民警重点监控的视线，落实包夹、包控、包教"三包责任制"措施，确保不发生监管安全事故。

（四）应急处置机制

随着监狱在押罪犯结构的日趋复杂，罪犯教育改造难度的日趋艰巨，监狱安全稳定的压力也日趋严峻。监狱在维护安全稳定工作中，必须以强化"三联合举措"为载体，构筑形成"监狱、武警、社会"三位一体的联防体系及其应急处置机制，提高监狱应对突发事件的快速反应能力与应急处置能力。

1. 监狱与武警的联合互动。监狱与驻监武警应当以"三共"建设为载体，深入开展"共管、共建、共保安全"的联合互动，共同构筑"四防一体化"监狱安全防范体系。建立实施《应对监狱突发事件预案》，完善报警、兵力集结、现场处置、通讯联络、现场勘查等联合互动工作机制，定期开展以提高实战水平和处突能力为核心的反暴狱、反劫持人质和反脱逃等预案演练，不断增强两警的防突意识，提高召之即来、来之能战、战之能胜的处突能力和水平。

2. 监狱与社会的联合互动。监狱应当与驻地政府、公安机关、国家安全部门加强沟通与协调，切实将监狱安全稳定工作与驻地社会安全稳定工作紧密结合起来，健全完善监狱与驻地社会安全部门《防控处突和处置狱内突发事件预案》及其联合互动机制，使监狱的防恐处突工作纳入驻地防恐体系，提高监狱防恐能力和处突水平。

3. 监狱与周边群众的联防互动。监狱应当与周边村委会、派出所、驻地机关或组织加强沟通与协调，介绍监狱的狱情变化和安全状况，提高周边群众的联防意识，切实将监狱安全稳定工作与提高周围群众联防意识结合起来，构建形成监狱与周边群众联防的互动机制。在组织防逃演练中，周边村委会、派出所、驻地机关或组织同时启动预案，参与进行设卡、搜捕、堵截演练，提高实战能力和处突效果。

（五）狱情研判机制

建立完善监狱狱情信息的研判机制，坚持有效发挥"信息预警、信息导防、信息促安、信息强侦"在监狱安全防范体系中的实战效能，建立健全狱情信息研判体系，构筑形成"监狱——职能科室——监区（分监区）"狱情信息研判机制，完善监狱"大安全"和"大侦防"格局，促进监狱安防与技侦工作的转型优化发展。

1. 健全狱情信息研判的规章制度。建立健全《监狱系统狱情信息研判工作职责》、《监狱系统狱情信息研判工作规范》、《监狱系统狱情信息研判工作督察制度》和《监狱系统狱情信息研判奖惩办法》等规章制度，促进狱情信息研判工作的制度化、规范化、科学化，有效实现对监狱安全状况的全面掌控。

2. 规范狱情信息研判的运行模式。健全完善异常狱情信息的搜集体系，及时了解全监狱情动态。通过建立异常狱情信息的日搜集制度，及时发现狱内案件和重大狱情线索；建立异常狱情信息的日发布制度，借助狱情预警信息系统使民警最快知晓狱情信息；建立异常狱情信息的日处置制度，对一般、重要、重大狱情信息分别进行及时处置。

3. 健全完善异常狱情信息的分析体系。建立狱情信息集中研判平台，实施定期或不定期研判机制，及时掌控监管安全隐患。省局坚持每季度或不定期对全系统狱情信息进行一次分析与研判，监狱坚持每月定期对全监狱情信息进行一次综合性分析与研判。通过集中研判平台，对当月当季的狱情、突出或苗头性倾向性问题、各部门上报的各类狱情信息或线索等进行有效整合，总结出当前全系统、全监狱的安全管理状况，发现规律性特点，研究防控措施，制定安全防范工作方案，部署设防重点。对于研判出的重大安全隐患或突发事件，立即启动应急工作机制，职能部门、科室负责组织实施。监狱职能科室（监区）坚持每半月定期对全监区狱情信息进行一次综合性分析与研判，并负责组织实施省局和监狱安全防范工作方案。在此基础上，要切实把"信息主导警务"的理念根植于民警心中。要求民警每天必须深入到各自管辖的区域进行信息采集，并进行独立自主的分析研判；分监区每周组织民警召开狱情工作分析会议，对民警独自研判材料进行综合性分析研判，找出所有同类信息的共同性规律与特点；最后对研判成果进行同类归纳分析，从而发现重大（重点）安全隐患及深层次信息，实现辖区监管安全的科学化，提高民警运用信息服务监管改造的实战能力。

4. 健全完善异常狱情信息的排查体系。通过对罪犯排查与危险性评估，对有脱逃、自杀、行凶等各类危险的罪犯建立红色预警档案；对罪犯违纪及思想动态分析排查，找到尚未落实的制度、难以落实的制度、最易违反的制度及易发时段、易发场所、易发人员等，及时进行整改、堵塞管理漏洞，使罪犯在时间和空间上没有违法违纪的条件；对监管设施排查，及时发现安全隐患并进行维护，确保监管安全设施的正常运行。

5. 健全完善异常狱情信息的预测体系。建立异常狱情信息及时报告制度、及时交接制度，建立对思想行为异常罪犯的及时谈话教育、包夹监控与心理干预制度，有效利用各种途径搜集的异常狱情，结合相关数据、资料，运用科学的方法、技术，进行比较分析并及时掌握监管改造变化规律。利用在押罪犯总体情况与违纪行为的月、季、年度动态变化数据信息，及时掌握阶段性或特定时期的狱情特点，探索和把握监管改造秩序变化的规律（如异常狱情多发的地点和时段、违纪行为的手段与特点等），预测评估监管安全事故发生的可能性、未来发展趋势和演变规律，为有序推进监狱安全管理工作提供准确、科学的信息参考与数据支撑。

6. 建立完善狱情研判预警体系。建立狱情信息网络自动分析预警制度，通过狱情预警平台对狱情信息自动分类、自动定性、智能监控，对涉及脱逃、自杀、行凶、自伤自残等敏感信息以及相关测试分值高的重点罪犯进行自动预警。针对重点人员、重要场所实施动态监控预警机制，通过红外视频监控报警设备的普及，解决线下异常狱情信息反馈不及时、不全面、不彻底的问题，有效补齐狱情预警平台信息来源短板，使监狱各级部门在不同时空随时了解掌握各层面各方位的狱情信息和事态发展的趋势，从而及时采取应对策略和控制措施，预防和减少狱内突发事件的发生，消除安全隐患或延缓事态的恶性演变，确保监狱安全稳定

【法律法规】

党的二十大报告提出，全面推进科学立法、严格执法、公正司法、全民守法，全面推进国家各方面工作法治化。这不仅为加快推进法治中国建设指明了前进方向，也为监狱工作高质量发展提供了行动指南。

全面推进法治监狱建设，健全完善监狱管理法律体系，构建监狱内部治理法治格局，深化监狱执法与管理责任制综合配套改革，健全监狱民警职业保障制度体系，推进监狱执法规范化建设，不仅是实现监狱安全管理工作目标的要求，更是实现监狱治理体系和治理能力现代化的根本保障。

目前，监狱安全管理工作的法律法规主要有五个层面，包括宪法、法律（包括《国家安全法》、《刑法》、《刑法修正案》、《监狱法》、《诉讼法》等）、行政法规、部门规章以及规范性文件等。

（一）宪法

我国《宪法》第33条第2、3款规定："中华人民共和国公民在法律面前一律平等。国家尊重和保障人权。"第38条规定："中华人民共和国公民的人格尊严不受侵犯。禁止用任何方法对公民进行侮辱、诽谤和诬告陷害。"这为尊重和保障罪犯人格提供宪法依据。

《宪法》第41条规定："中华人民共和国公民对于任何国家机关和国家工作人员，有提出批评和建议的权利；对于任何国家机关和国家工作人员的违法失职行为，有向有关国家机关提出申诉、控告或者检举的权利，但是不得捏造或者歪曲事实进行诬告陷害。对于公民的申诉、控告或者检举，有关国家机关必须查清事实，负责处理。任何人不得压制和打击报复。由于国家机关和国家工作人员侵犯公民权利而受到损失的人，有依照法律规定取得赔偿的权利。"这为罪犯合法的申诉、控告进而检举提供依据，监狱应当依法保障罪

犯的合法权益。

《宪法》第 52 条规定："中华人民共和国公民有维护国家统一和全国各民族团结的义务。"第 53 条规定："中华人民共和国公民必须遵守宪法和法律，保守国家秘密，爱护公共财产，遵守劳动纪律，遵守公共秩序，尊重社会公德。"第 54 条规定："中华人民共和国公民有维护祖国的安全、荣誉和利益的义务，不得有危害祖国的安全、荣誉和利益的行为。"这为监狱维护国家政治安全及保障监狱信息安全提供了宪法依据。

（二）法律

1. 《国家安全法》对维护国家安全的任务、职责、制度以及公民、组织的义务和权利等内容作了规定，这为监狱安全管理工作的开展提供了重要法律依据。

2. 《刑法》对在押罪犯严重破坏监管秩序、脱逃越狱等又犯罪行为及处罚作了规定；《刑法修正案（八）》、《刑法修正案（九）》、《刑法修正案（十）》和《刑法修正案（十一）》的陆续实施对刑法条文进行了具体修正；《刑事诉讼法》对罪犯收监、减刑假释、保外就医、暂予监外执行、罪犯申诉等案件的办理以及狱内又犯罪案件的侦查等作了明确规定；《监狱法》对我国监狱安全警戒，刑罚执行，对罪犯的管理、教育以及罪犯的生活卫生、劳动及休息等权利作了具体规定，这些为监狱日常监管改造工作提供了科学法律指导。

3. 涉及监狱安全管理的法律还有：安全生产类的法律《安全生产法》、《职业病防治法》，自然灾害类的法律《防洪法》、《防震减灾法》，事故灾难类的法律《劳动法》、《消防法》，公共卫生事件类的法律《食品安全法》，社会安全事件类的法律《突发事件应对法》、《戒严法》、《人民警察法》等等。

（三）行政法规

涉及监狱安全防范的行政法规、国务院规章包括：《国务院关于特大安全事故行政责任追究的规定》（国务院令第 302 号）、《国务院关于进一步加强安全生产工作的决定》（国发〔2004〕2 号）、《工伤保险条例》（国务院令第 586 号）、《生产安全事故报告和调查处理条例》（国务院令第 493 号）。

（四）部门规章、部级规范性文件

2001 年，司法部印发的《罪犯工伤补偿办法（试行）》（司发〔2001〕013 号），对罪犯工伤的认定标准、认定机关、伤残鉴定、伤残的治疗及罪犯死亡的补偿标准作了规定。

2002 年，经建设部、国家计委批准发布施行的《监狱建设标准》（建标〔2002〕258 号），对监狱的建设规划、建筑标准、安全警戒设施、场地及配套设施作了规定；经住房和城乡建设部、国家发展和改革委员会发布的由司法部编制的《监狱建设标准》（建标 139-2010），规定了高度戒备监狱（监区）建设标准。

2014 年 4 月 4 日，司法部印发的《关于贯彻中政委〔2014〕5 号文件精神严格规范减刑、假释、暂予监外执行工作的通知》（司发通〔2014〕38 号），对减刑、假释、暂予监外执行工作进行了严格规范。

2004年3月2日，司法部颁布的《监狱服刑人员行为规范》（司法部第88号令），对在押罪犯在服刑改造期间的行为要求作了明确规定，包括基本规范、生活规范、学习规范、劳动规范和文明礼貌规范。

2009年11月17日，司法部下发的《关于加强监狱安全管理工作的若干规定》。该规定根据《监狱法》和监狱安全管理的实际情况，从安全警戒设施管理、狱政管理、罪犯劳动管理、警察队伍管理、信息报告及处理等方面对监狱安全管理工作作了详细规定，明确了35条具体要求和工作措施。

2014年10月14日，司法部发布的《关于加强监狱生活卫生管理工作的若干规定》（司发通〔2014〕114号），包括罪犯伙食和日用品供应管理、罪犯被服管理、罪犯居所管理、罪犯疾病预防控制管理、药品管理、罪犯医疗管理、监督考核、附则，共33条。

（五）地方规范性文件

例如2001年江苏省监狱管理局发布的《关于建立高危犯监区的实施意见》，确定高危监区的关押对象：①经过心理测试、危险性评估鉴定为有脱逃、行凶、暴狱、袭警、劫持人质等潜在重大危险的罪犯；②有心理疾患、盲动性大、易于铤而走险的罪犯；③涉黑、涉恶、涉毒犯中的首犯；④法轮功等邪教类罪犯；⑤其他需要控制和防范的不稳定对象。对这些罪犯进行特别监管，有针对性地开展个别教育和心理矫治，是为确保监狱安全的内部控制管理手段。又如，《山西省监狱系统监区（分监区）人民警察一日管理规范》《山西省监狱系统监狱领导进监区带班管理办法（试行）》等等。

【案例分析】

案例一

1995年，孙某因犯强奸罪被判处有期徒刑三年，其父母通过伪造病历帮助孙某非法取保候审、保外就医，致使其未执行刑期二年四个月又十二天。1998年，孙某因犯强奸罪等罪，数罪并罚，一审被判处死刑后，二审维持原判，但后死刑未被核准，改为死缓。孙某服刑期间，此案又启动再审程序，改判其为有期徒刑二十年。2010年起，孙某以"李某某"之名在狱外活动。

2019年，在全国扫黑除恶专项斗争行动中，以孙某为首的涉黑涉恶犯罪团伙被一举破获。12月23日，法院对孙某犯强奸罪、强制侮辱妇女罪、故意伤害罪、寻衅滋事罪再审案件依法公开宣判，维持1998年2月一审对孙某判处死刑的判决，并与其出狱后犯组织、领导黑社会性质组织等罪被判处有期徒刑二十五年的终审判决合并，决定对孙某执行死刑立即执行。19名涉孙某案公职人员和重要关系人职务犯罪案也于12月15日公开宣判。

案例二

2018 年 10 月，L 省 Y 监狱发生两名罪犯（王某某，因绑架罪被判处死刑缓期二年执行；李某，因抢劫罪被判处无期徒刑）逃脱事件。案件发生后，监狱协同公安机关立即展开大规模搜查，经过 50 多个小时的追捕，两名越狱罪犯在 H 省 P 市相继落网。在抓捕两名逃犯过程中，P 市公安局的 4 名辅警在抓捕二人途中发生车祸，2 人殉职，2 人受伤。

2018 年 12 月，L 省 Z 市人民检察院向 Z 市中级人民法院提起公诉，指控王某某、李某脱逃罪。法院审理认为，被告人王某某、李某在服刑改造过程中，不思悔改，抗拒改造，破坏监狱设施，脱逃出监狱，其二人的行为均构成脱逃罪，均系服刑改造期间又犯新罪，依法将前罪没有执行的刑罚与本罪所处刑罚并罚，二人均执行无期徒刑，剥夺政治权利终身。

案件发生后，该监狱监狱长被免职，副监狱长、监区负责人及值班民警等六人被检察机关以涉嫌渎职提起公诉。

背景资料：

王某某，男，39 岁，因抢劫罪、脱逃罪、故意伤害罪被判处无期徒刑，2014 年 6 月 12 日调入 L 省 Y 监狱服刑，服刑期间曾做过车间生产组长，表面上服从管教、积极改造，实际上在本次越狱案件中系主犯。

李某，男，33 岁，因绑架罪被判处死刑缓期二年执行，2017 年 12 月 28 日减为无期徒刑，2016 年 12 月 22 日调入 L 省 Y 监狱服刑，在本次越狱案件中系从犯。

案例三

2009 年 10 月，H 市 R 监狱三监区罪犯乔某、张某某、王某某、董某杀害了当班民警杨某，抢夺了当班民警徐某的警服，用抢来的警察门卡通过了三道关卡，在最后出门时引起了值班民警的怀疑。这几名逃犯打伤值班民警，强行冲出大门，抢劫一辆出租车后驾车逃脱。案发后，监狱机关、公安机关、武警部队迅速启动应急预案，全力组织追捕行动。10 月 20 日，经过 60 多个小时的搜捕，在 G 县 S 乡，4 名逃犯中张某某被警方击毙，其余 3 人被捕。

N 省 H 市中级人民法院一审以被告人乔某、王某某、董某犯暴动越狱罪，依法判处三名罪犯死刑，剥夺政治权利终身。二审维持原判。

该案件在全国造成了极其恶劣的影响，因在该袭警越狱案中负有不可推卸的责任，该监狱党委书记、监狱长张某被免去职务，政委刘某某和 3 名副监狱长等人受到停职检查处分。

背景资料：

张某某，男，21 岁，2005 年至 2006 年，伙同他人抢劫，并在抢劫过程中致被害人一死一重伤，因作案时未满 18 岁，被从轻判处无期徒刑。2007 年 2 月 8 日，被投送 H 市 R 监狱服刑。

乔某，男，28 岁，2004 年在家乡抢劫案发后逃至 H 市，后连续多次抢劫出租车，同年 6 月因涉嫌抢劫被 H 市中级法院以抢劫罪判处无期徒刑，同年 12 月 15 日入狱。

王某某，男，27 岁，2004 年 2 月 23 日，与他人发生口角，发展到厮打、持械打斗、最终致人死亡，B 市中级法院开庭审理此案，以故意伤害致人死亡，判处其死缓，并于同年 6 月 17 日送往 H 市 R 监狱服刑。

董某，男，27 岁，曾是一个盗窃团伙的"老大"，1999 年因犯盗窃罪被判处有期徒刑 3 年。刑满释放后又先后盗窃 20 起、抢劫 3 起，涉案金额约 35 万元。2003 年 12 月 20 日，W 市中级人民法院以盗窃罪判处其死刑，缓期二年执行。次年 5 月 8 日，被投送 H 市 R 监狱服刑。

【讨论目的】

通过对上述案例的分析训练，让学生初步了解监狱安全管理工作的重要性，在认真分析案例中所反映出的各种安全隐患、管理漏洞、措施缺陷和导致案件发生的主客观原因过程中，深刻理解和领会人防、物防、技防、联防"四防一体化"建设在监狱安全管理工作中的核心作用。

【思考题】

1. 如何领会监狱安全管理工作的指导思想？
2. 如何理解监狱安全管理工作的基本原则？
3. 简要阐述你对监狱安全管理"四防一体化"建设的理解？
4. 谈谈监狱民警如何发挥在监狱安全管理工作中的作用？
5. 请简要分析上述案例发生的主客观原因？并提出相应的防范对策。

工作任务二　安全信息的采集与研判

【任务目标】

知识目标：通过本工作任务的学习，使学生了解监狱安全信息采集的概念、范围和难点，掌握监狱安全信息采集的原则、方法和途径，对监狱安全信息采集工作有基本的认知和判断。

能力目标：通过本工作任务的学习，使学生掌握基本的监狱安全信息采集的方法、渠道，能针对特定事件、特定人群、特定时空、特定环境进行安全信息采集，并在此基础上进行分析研判，提出针对性的应对与管控措施。

监狱安全信息的采集与研判，是监狱安全管理的重要内容和组成部分，是做好监狱安全的基础条件和前提，是监狱安全工作的基石，对做好监狱安全管理特别是监管安全工作意义和战略长远意义。本任务所述监狱安全信息情报主要是指监狱监管安全信息情报。

【任务基础】

安全信息采集是监狱安全管理的一项基础性、奠基性的工作，是做好监狱安全管理工作的条件。如果没有对安全信息的采集，监狱安全管理就无法保证、无从着手、无法落实，就成为空谈，甚至成为"巧妇难为无米之炊"。对安全信息的采集，是衡量监狱基层基础基本功"牢"与"不牢"的重要标准和尺度。安全信息采集是否及时、全面、准确，直接决定着有针对性实施监狱安全管理工作的对策，直接决定着管理制度、方法的措施是否有效，决定着监区（分监区）改造秩序的稳定，决定着监狱机关安全和民警的职业安全。

一、安全信息采集的概念、范围和难点

安全信息采集不是各种材料或资料、各种消息和各种因素的简单罗列与堆积，不是道听途说、信手拈来、唾手可得的安全信息，不是对纷繁复杂、杂乱无章、毫无头绪的安全信息不加分析判断、归纳提炼而弃之不用。安全信息的采集，是一项复杂而艰巨的工作，是一项具有现实性收集、科学性分析判断、哲学性思考应用的工作。

（一）安全信息采集概念

采集不同于收集。采集是一种主动积极的行为，是加工与利用的行为，是除粗取精的过程，是对以改造人为中心的人、物、事的采集。所以，简单地讲，采集首先是对"人"发生或生成的语言、行为和心理活动产生的信息进行采集。这里讲的"人"，主要是罪犯；是与罪犯相关的家属成员、社会关系成员、好友及同事等；是监狱民警，以及与刑事执行相关的人员。其次，是对"物"产生或发生的信息进行采集。这里的"物"是指关押、收押罪犯的监管设施设备，和地理环境，以及惩罚与改造罪犯的一切场所和装备设施。最后指的是对"事"发生或产生的信息进行采集。这里的"事"是指监管罪犯的法律制度、刑事法律政策和刑事法律管理措施、教育改造制度、劳动改造制度、罪犯的待遇处遇制度等。总之，安全信息采集，就是对监狱的人、物、事等生成、发生和消失的信息进行收集、集合集中在一起的工作，然后对各种安全信息进行梳理、分类、分析，除粗取精、除伪存真，把客观、真实、有用的信息为监狱安全管理工作提供服务。监狱安全管理信息，是主动积极的行为，应主动积极地有意识、有针对、有目的的通过收录、搜集、寻找信息，掌握监狱安全信息的采集应用的主动权和统领权。

安全信息的收录，就是对已经客观存在的、明显掌握的、显而易见的事实和材料、资料等收集在一起、集中在一起，经过分析、归纳、研判、总结提高、得出规律性结论，以便于在做好监狱安全管理工作时，选择及时，准确应用。如案由，是每个罪犯真实客观存在的，通过故意杀人、抢劫、劫持人质、黑社会性质的案由分析，可以知道罪犯实施犯罪手段的暴力性、残忍性、后果严重性，也可以得出罪犯的无法无天、胆大包天、行为凶残、丧失人性的犯罪特征和人性特点。因此，这些信息告诉我们，这类罪犯的潜在的危险性、危害性、破坏性，对监狱安全是很大的，在实际管理中是重中之重。如罪犯刑期长短，是客观存在的，容易掌握的，通过对刑期长与短进行分析，就可以得出结论，刑期长的罪犯悲观失望的多、非正常死亡的多、发生脱逃行为的多等。因此，在惩罚与改造过程中，这部分罪犯历来是安全管控与教育重点。如对监房、监舍门和高墙、电网等在运行过程中，最容易发生问题、故障的信息进行收录，以便于做到解决问题、消除隐患，有备无患。

安全信息搜集，就是对客观存在的、隐蔽隐藏现象背后的而不容易发现的，或是对客观存在的，要通过揭开假象、排除伪装，才能找到真实，得到真相，经过思考，才能抓住真正的本质性的信息进行采集工作。这种采集，是要下一番功夫、花大力气、开动脑筋，要得到有价值、有作用、有效果的安全信息，不是一件轻而易举的工作。如，罪犯的成长史、犯罪史、改造史（简称"三史"），在"三史"中隐藏着大量的脱逃、自杀、暴力性行凶的大量信息，这些真实的真正的信息，被大量的现象、假象所掩盖，甚至被伪装的现象所迷惑。如果不深入的挖掘分析、除伪存真、除粗取精、思考归纳，就很难发现得到真相和罪犯的真正真实的思想意图和心理活动轨迹。如《罪犯自传》中自述其生活、工作、就业经过，走过天南地北，到过城市农村，到一个地方，就一份业，到一个地方，作一次案。这说明：罪犯的流窜地域范围广阔，生存活动能力十分强，犯罪行为十分狡猾隐蔽。在改造期间发生脱逃的话，抓捕的难度十分大，对这类罪犯应加以严格防范管理。如《罪犯自传》自述，自幼习武，争强好胜，从不认输，唯我独尊。这些自述说明：该犯在改造中，容易形成牢头狱霸。因此，在监管改造实际工作中，要十分重视新犯撰写的《自传》，十分重视罪犯《自传》字里行间的信息。

安全信息寻找，就是对客观存在的，但在实际工作中丢失的或者在监狱没有掌握的，或者存在于监狱以外的环境，要经过监狱或民警进行调查、觅求才能找到的信息的采集工作。如，在监管改造中，从判决书中只知道罪犯的假姓名、假身份、假地址（简称"三假犯"），管理中无法得到"三假犯"的真实身份、真实家庭住址，给防罪犯脱逃带来很大的难度。要揭开"三假犯"的真面貌，就需要监狱下功夫、花精力，寻求公安机关、社会有关部门的帮助，以得到真正真实的信息。

安全信息的采集工作，看起来很简单容易，实质上是比较复杂的，要经过收集、搜集、寻找等三种方法，要经过对材料的加工分析、除粗取精、归纳总结和提炼，才能得到真实有用有效的安全信息，才能为监狱安全管理工作提供最基本最基础最有价值的保障，才能为监狱安全管理工作做好思想上、方法措施上、制度保障上提供第一手真实性基础性的材料或资料。

（二）安全信息采集的范围

根据总体国家安全观理论，监狱安全可分为传统监狱安全信息和非传统监狱安全信息。本章所论述的安全信息采集，是指传统意义上的安全信息范畴。何谓传统意义范畴，界限与边界在哪里，很难鉴定、讲清楚。这里把危害、损害的范围作为传统意义上的安全信息和非传统安全信息区别、区分的标准。传统意义的安全信息，是指构成监狱自身安全的信息和危害、损害监狱安全的信息总和。为此，传统意义上的安全信息采集，是指对于维护自身监狱安全，维护自身改造秩序安全稳定，维护监狱自身形象，所需要的安全信息，和对危害监狱自身安全，对危害、损害自身改造秩序安全稳定，危害、损害自身形象的安全信息的收录、搜集、寻找的实践活动。总之，传统意义的安全信息采集，就是对构成监狱安全和危害、损害监狱安全信息的收录、搜集、寻找的实践活动。

传统安全信息采集的范围总体上不外乎三个层次的内容，即构成监狱的物理环境安全信息的采集、构成监狱的人文环境安全信息的采集、构成监狱的技防设施设备安全信息的采集，这里概括为自身构成监狱安全信息的人、事、物等内容。

1. 监狱物理环境安全信息的采集。主要指客观存在需要的物理设施设备建筑，包括监狱围墙、周界、警戒隔离设施、电网、大门、监控监视设备设施、监房监舍、生活场所、禁闭室、教室、图书室阅览室活动室、会见室、伙房、劳动厂房、工具房和机器设备、用电设备、消防设备、道路设施等一切物理环境生存、发生的安全信息和可能危害、损害安全的信息的采集。

2. 监狱人文安全环境的信息的采集。包括安全主体的人、制度、囚犯文化等发生、产生的安全信息的采集。首先是民警主体安全信息的采集。民警是管理实施确保监狱安全的主体，主要针对民警的安全文化、安全意识、安全职责、安全履职、安全责任等的安全信息采集。关押对象罪犯主体的安全信息采集，主要针对罪犯的基本情况、重点重要线索、危险危害的倾向性动态，以及其他不安全因素的采集。其次是安全制度信息的采集，是安全制度合法性、科学性、程序性和操作性、实用性的信息，安全制度是否健全、是否完善，是否还存在漏洞、缺陷等安全信息的采集。最后，囚犯文化安全信息有罪犯学习、交往、交流、沟通与联系的信息，如学习是否看一些暴力性、色情性的书籍，是否看一些传播犯罪手段、方法的杂志，是否对报刊、电视新闻等报道的恶性案件、重大案件等特别感兴趣；罪犯之间交往是否有长刑期罪犯、重刑罪犯、重大恶性案件罪犯、黑恶势力罪犯等，是否纠集"小圈子"，是否对青少年犯、轻刑犯、初犯、偶犯等有教唆、纠集的情况；罪犯之间是否谈论交流犯罪文化、犯罪经验与体验，是否交流犯罪的暗语、代替语、隐语等。这些安全信息的获得，是比较困难的一项工作，在采集时要下功夫、花心思、想办法。

3. 监狱技防设施设备安全信息的采集。监狱安全管理进入了以技防为主要安防的信息化、网络化，全天候监视、监控、监听的防范模式，即监狱信息、数字化的安全防范管理模式。监狱技防设施设备安全信息的采集，主要包括自动报警系统、自动监控系统、自动监视系统、自动监听系统、自动摄像摄影录像系统、自动监听系统、安检系统、电子门锁、阻拦设备设施等的安全性信息、非安全性信息的收录、搜集、寻找的专门实践活动。

（三）安全信息采集的难点

正所谓"知己知彼，百战不殆"。监狱屡屡发生监狱安全事故，是由于"知彼"的安全信息的局限性、不可知性和无法预见性、突发性等诸多因素决定的，因此监狱安全信息的采集，与其他信息相比较，有其自身的难点。

1. 第一手材料或资料有限性。监狱安全信息采集的源点，起于关押对象——罪犯。对罪犯危险性的分析、评估、判断、定性，基于对罪犯的"知"，而"知"来源于罪犯投入服刑改造的那天起，源于罪犯档案中的人民检察院的起诉、人民法院的判决书或裁定书、结案登记表和公安看守所的鉴定表、健康登记表等，提供的犯罪事实资料，其他一无所知。对罪犯个人的出身与成长、社会阅历经历与社会关系、社会生活史以及犯罪史只能从上述资料或材料中了解极少的一部分。这对于掌握和了解罪犯改造中的安全信息是十分有限的，也给我们掌握和了解罪犯安全信息带来难度。

2. 罪犯主体的隐蔽性和伪装性、欺骗性。主要为逃避改造、对抗改造、从事反改造活动的一些重点罪犯、重刑罪犯、黑恶势力罪犯和具有反社会人格的罪犯。这些罪犯心理素质特别强，面对监狱环境和民警的管理，时时处处表现出平静、镇静，始终保持清醒状态。如，面对艰苦的改造环境，不轻易怨气连天、不怕苦怕累，对改造环境适应性极强。面对改造环境，不轻易表露自己的看法、观点，在公共场所对监狱发生的事、人和物从不议论、不谈论、不评论是与非、对与错、善与恶，把思想隐蔽隐藏得很深。如，改造中从不表露出脱逃、自杀、行凶等破坏监管改造秩序的观点和言论，也不轻易表露出如何逃避改造、对抗改造、反改造的观点和言论，就算是联络和纠集、纠结、拉帮结伙进行反改造、逃避改造和对抗改造，都是采取暗语暗号、隐语，不会公开透表露自己的思想，给人以老成、稳重、稳定的感觉，极具隐蔽性和欺骗性、伪装性。面对民警的管理，一般表现出服从管理、不对抗、不反抗，表面上唯唯诺诺、唯命是从，看不出暴力残忍、阴险狡猾的样子，把暴力性、阴险性和反抗性的一面，伪装得很深。在信息化时代，电信诈骗、金融诈骗等新型犯罪增加，这类押犯增多，改造难度增强。在改造中，这类罪犯能说会道，欺骗性很强。这类罪犯趋于高智商、高文凭、高新技术的犯罪手段，善于捕捉人性的弱点，善于抓住民警的弱点，善于掩盖自身的弱点或缺点缺陷，善于伪装自己的一切言行或性格特点，其伪装性、隐蔽性极强，民警在改造中很难识别其"庐山真面目"。

3. 采集深度安全信息的难度大。确保监狱安全，关键在于掌握准确无误的信息，有的放矢，精准管理。因此，深度采集安全信息，就成为实际管理工作中的一大难题。首先，深度全面掌握罪犯的信息难。随着押犯结构的日益复杂，有来自农村的农家子弟、来自城市的工人家庭、知识分子家庭、干部公务员家庭、商人家庭、农工家庭等，其成长的环境各不相同，深度掌握成长的信息，相当困难。其次，深度全面掌握罪犯的心理与思想情况难。犯罪前，由于其经历艰难、生活磨砺多、见识较广，形成"见人说人话，见鬼说鬼话"的处世哲理，说老实话、做老实事吃亏，人善被人欺，成为做人准则。投入改造后，大多数罪犯都不愿意把自己的真实心理、思想表露出来，不愿意把自身的真实经历和情况交代清楚，监狱掌握与了解的心理与思想都是表象性的、表面性的。例如，罪犯重新犯罪的心理与思想、罪犯自杀自伤自残心理与思想等，都是难以发现的，这就是最好的证明。深度掌握安全行为信息难。危害监狱安全行为信息，绝大多数出自于罪犯、发生于罪犯，而罪犯实施这种行为是背着民警的依法直接管理、脱离管理视线、脱离管理空间、脱离监控范围，其实施行动时计划周密、行动诡秘，选择在夜深人静或意想不到的时段或意想不到的空间，防不胜防。罪犯在什么时间、在什么时段、借助什么工具、在什么空间选择什么方式等行为信息掌握难度非常大。

4. 采集不安全信息的难度大。安全信息是客观存在的，不安全信息也是客观真实存在的。监狱安全管理就是要全面采集那些不安全信息。但在实际工作，对不安全信息认识有局限性、意想不到、预测不到，出乎正常的思维和想象，根本不是常人能够想到的。如明明知道罪犯是要自杀的，但什么时候、采取什么方式、选择什么工具，监狱民警想到的罪犯不采用，也无法采用，但罪犯想到的，却是监狱民警想不到的。如罪犯选择通过监狱或监区大门脱逃，其选择的时间、实施的方式，有时都出乎正常人的想法和做法。罪犯在睡觉的床上、瞬间撞墙等方式自杀，有时只有瞬间的事，等民警发现时，罪犯自杀的行为已经实施造成了后果。罪犯纠集密谋团伙性破坏监管改造秩序的行为，很难发现。另外，监狱安全管理范围十分广泛，采集不安全信息十分广泛，需要面面俱到，细心细致，但人的认识总是受到知识、思辨、能力的限制。对监狱环境、押犯群体和监狱民警，对监狱内消防、用电、用水、用气等各个方面存在的不安全信息，查找不到、查找不齐、查找不全，而且在使用过程中具有突发性，是监狱民警控制不了的，什么时候会发生不安全信息，其具有不确定性、随时性、突发性，从客观上来说都是"捉摸不透"的、很难准确把握的。

二、安全信息采集的原则、方法和途径

信息是监狱安全管理的重要资源。谁掌握了安全信息，谁就掌握监狱安全的管理权、控制权和主动权，就抓住了监狱安全管理的"牛鼻子"。因此，安全信息采集就显得异常重要，对任何构成监狱安全或不安全的信息，都需要全面掌握，有效应对和运用，因为它是抓好监狱安全管理工作的关键一步。

（一）安全信息采集的原则

采集安全信息是监狱安全管理工作重要内容之一，是做好监狱安全管理的基础和关键。

1. 全面收录信息的原则。收录信息，就是把已经知道的书面记载信息资源、口头信息资源详细、真实、客观地采集的活动。全面收录反映罪犯个人的信息，对个人信息的收录，来源于罪犯个体的档案资料记载，包括人民检察院的起诉书、人民法院的判决书、结案登记表、健康体检表等记载的信息；包括投入改造初期罪犯个人自述材料、个人自传、《罪犯入监登记表》等的信息；包括罪犯投入改造后的心理变化、思想动态、行为倾向与变化，家庭情况和经济状况，以及罪犯之间的关系情况。只要是档案里记载的和罪犯个人表现反映出来的信息，都应全面收录记载在案，不得遗漏，不得放过任何蛛丝马迹。全面收录物的信息，包括监狱周界环境、围墙电网、监狱大门、监舍门禁、监内环境、生活场所、教育场所、劳动场所等，包括用水、用电、用气等设施设备。凡是关于监狱安全构成的一切物理场所的信息，都应全部收录起来，完整记载。全面收录安防技防系统信息，包括自动监控、报警设施设备、监狱系统运转情况、全过程全天候全时空的运转情况等系统的整体状况的信息。这里的全面收录仅仅是监狱范围内的内容，除此之外，还应全面收录监狱外的，包括罪犯家属、朋友等那些对罪犯改造有影响的信息进行全面的收录。

2. 全面搜集安全信息。全面收录安全信息，是监狱安全管理工作的第一步，是比较简单、比较容易、比较省力的。全面搜集安全信息，是监狱安全信息管理工作的第二步，相对于第一步就较为复杂繁锁，要花精力花力气的，是不轻易得到的那些关于监狱安全管理工作的信息。搜集就是把已知的信息或已经可能知道的信息，并对监狱安全管理构成影响的，但是隐藏隐蔽于某处或者被罪犯隐藏起来的信息进行搜查、排查、查找而得到的信息进行采集活动。如，反映罪犯脱逃，如何证其脱逃呢？就要通过狱内耳目的监听、罪犯活动的迹象、准备脱逃过程等进行搜查、检查。又如，罪犯企图破坏监管改造秩序的行为，通过清监检查罪犯的学习用品、信件、日记等而得到的信息。罪犯企图自杀，准备了绳子、刀子等工具，通过清监检查而得到这些物件。总之，搜集信息活动，不是像收录那样简单。搜集安全信息是客观存在的，是隐藏、隐蔽在罪犯改造过程中，不易被发现的安全信息采集活动。

3. 全面觅求安全信息。安全信息觅求是监狱安全管理信息采集的第三步，是最难最复杂工作量最大的一步。安全信息觅求，就是客观存在的，能够证明证实影响监狱安全的事实，是监狱或民警未掌握的、不能直接获得的，需要到相关的单位和个人调查取证的、对证实的信息进行采集的活动。如狱内耳目反映某某罪犯隐瞒有余罪，监狱及民警为了证明证实此信息的真实性，就必须向公安机关发函求证。证实是真的，公安机关必须提回重审。通过公安机关证实未属实，那么对某某罪犯的余罪隐患消除。又如，罪犯实施自杀行为，且其曾经有自杀史，而在其档案《健康登记表》《入监登记表》《个人自传》等材料中，都没有自杀史的反映，就需要到罪犯原籍相关的学校、区院和原工作单位调查证实。还有罪犯劳动现场丢失劳动工具，需要大规模地进行寻找。曾经有一分监区，劳动现场丢失劳动工具，对劳动现场动用探物器、武警等进行大规模地寻找，就是很好的例证。另外，安全信息还可以在现实的档案材料、罪犯个人日记和思想反映、日常语言表达、行为举止中进行觅求信息。如一名重刑犯，对另一名受到监规纪律处理的罪犯说："有一件事，你和我一起干，如何？"细心敏感的民警，顺着这句话进行觅求，发现的是一个有组织、有预谋、有计划实施脱逃的重新犯罪的犯罪团伙。

4. 全面依法采集安全信息。依法采集安全信息，就是以坚持合法权益保护为核心，根据秩序公正、实体合法的原则，有法有理有据地收录、搜集、觅求安全信息资源的活动。在监狱范围内，监狱及民警对监狱环境、罪犯个人的安全信息采集，都是在惩罚与改造过程中的刑事法律规范指导下进行的。至于在监狱之外采集有关监狱安全信息，必须注重合法原则，必须注意保护相关人员的合法权益，必须注重相关法律法规和条例的规定，对涉及相关人员个人隐私的，要保护其隐私，使其人格权、名誉权、隐私权等不受侵犯与损害。如，监狱外相关人员检举罪犯余罪时，就必须要依法保护好监狱相关人员的人身安全权益，做好保密工作。全面依法采集安全信息，要把好法律的界限，特别是对个人的隐私和不宜公开的信息，要做好权益的保护工作。

5. 全面科学采集安全信息。科学采集安全信息，就是坚持真实、客观，符合监狱安全管理工作需要的第一手资料或材料。对于那些臆想的、虚假的或者是对监狱安全管理无益的，要坚决摒弃。所以，对于纷繁复杂、浩如烟海的监狱安全信息，不是什么信息都能决定、影响安全，不是什么信息资源都能为安全所用。因此，对于纷繁复杂的安全信息，必须采取科学的态度，坚持科学采集安全信息的原则。科学采集安全信息，就是全面从真实客观实际出发，把客观存在的一切安全资源，进行系统、整体地收录、搜集、觅求安全的感性材料，经过去其糟粕、取其精华，形成理性材料，然后再进行科学分析、归纳、分类、综合、判断，形成相辅相成、相互联系的安全信息的活动。如，构成监狱安全信息资源的有监管安全类、安全生产类、执法安全类等，每类都是由大量的安全信息资源组成的，在收录、搜集和觅求过程中，应做好科学地采集、分析与分类、归纳与综合、判断等，构成相互联系、互为一体的安全信息资源体系。

（二）安全信息采集的方法

监狱安全信息采集方法十分重要。安全信息采集的方法多种多样，关键是方法的正确性、针对性、精准性的问题。方法精准、正确，就能起到事半功倍的效果，提高监狱安全的可靠性、保障性程度。安全信息资源准确，就可以精确无误地消除安全隐患、堵塞漏洞和解决问题，精准高效地解决一切安全事务。从理论与实际相结合的维度出发，提出安全信息采集的方法。

1. 安全信息的静态采集法。安全信息的静态采集法，就是针对现有的书面资料、档案材料和静态的环境、建筑、设施设备、原材料、物资物品等安全运行的和不能安全运行的、存在潜在不安全运行的、在使用中发生不安全因素的进行采集活动。比如，对监狱建筑是否牢固、是否有漏洞、是否有可供攀爬的物件等安全性信息；比如，监舍的门、窗是否牢固、防护网是否破损等；监舍内是否有存在防自杀、防脱逃的物品、杂物。还有罪犯档案材料、资料和罪犯的个人资料里，如果反映出"怕苦怕累"、"拈轻怕重"或者"好吃懒做"、"好逸恶劳"，就折射出罪犯容易产生逃避改造、怕苦怕累、叫苦叫累的思想，在改造中遇到管理严、劳动任务重的话，就容易产生"自杀自残"的轻生倾向，以逃避惩罚与改造生活。再如，起诉书、判决书描写罪犯犯罪过程是"全国流窜于大城市盗窃作案，作案一起换一个城市"，这说明其生存能力、流动能力、反侦察能力比较强，对此应将其作为防脱逃的重点对象进行控制。如果是攀爬居民小区的房屋，破窗作案的，则说明其攀爬功能很强，更加要注意防逃跑的措施和工作。在结案登记表、个人自传中，反映罪犯曾经的病史、自杀史、脱逃史等这类信息，在监狱实际工作中历来作为重点的管理和控制对象，其就是通过静态的资料材料得出结论。安全信息静态采集，是最为常见的一种做法，是掌握安全信息的基础和基本功，要善于利用现有的静态档案资料和一切构成监狱安全的静态物理设施设备，加以分析和利用，牢牢把监狱安全的主动权、控制权把握在掌控范围内。

2. 安全信息的动态采集法。安全信息的动态采集法，就是根据惩罚与改造环境变化、改造时间的变迁、刑事法律政策的变更、刑事法律制度的修改、完善和健全等发生或出现的新的安全信息资源，对其加以收录、搜集和觅求的活动。首先，对人的主体动态安全信息采集。这里最重要的人的主体是罪犯。罪犯是监狱安全信息核心主体，一切安全信息的发生、产生发展和变化，都是围绕罪犯而展开的。罪犯在改造初期、改造中期、改造后期，其反映的心理、思想、行为直接影响着安全信息的特点。罪犯个体在改造过程中，由于婚姻、家庭、经济、赡养老人、抚养小孩等因素变化、变故、变动的影响，而产生的安全信息。罪犯在改造过程中，受到教育批评、监规纪律处理、行政奖励、行政处罚、减刑、假释和保外就医等影响，而产生的安全信息。其次，对物的客体安全信息的采集。对监狱建筑物的安全信息采集，包括监狱围墙、监舍、教学楼、劳动用房、会见楼等，和一切建筑内的设施设备的使用情况、运转情况等安全信息的采集。对监狱信息化建设的一切设施设备的使用情况、运转情况、维修维护情况等安全信息的采集。随着监狱信息建设的完善与发展，信息设施设备使用、运转、维修维护等产生的安全情况、安全资源和安全程度等安全信息的采集是十分重要的。最后，对社会客体安全信息的采集。罪犯在改造过程中，受到社会某些因素和事件的影响，如公安机关破获重大刑事案件，其中有犯罪嫌疑人与其有牵连，受到国家政治、经济、文化的发展，受到国家刑事法律的修改、刑事政策的调整，家乡或原工作单位的变动、自然灾害等的影响，而产生的安全信息。这些安全信息是随着改造时间的发展、变化而产生的，其需要密切关注、随时采集，及时分析研判，做好防控与教育管理工作。围绕罪犯核心主体的变化，按照直接决定罪犯安全的物质客体、社会客体的变化，而展开的动态安全信息采集，是确保监狱安全的最重要基石。

3. 安全信息的研判采集法。根据预防为主的原则，常常因监狱物理环境、罪犯、设施设备和国家、社会变化环境，以及有关国家刑事法律、刑事政策等的变化，对监狱安全可能、潜在、现实产生的信息资料或材料，进行分析、归纳、分类、研判而得到的安全信息并加以采集运用。如，对新建或搬迁的监狱环境信息的采集，通过采集到的信息对关押罪犯是否安全作出判断，从而判断是否可以收押关押。对罪犯的《检察书》、《判决书》、《结案登记表》、《入监登记表》、《罪犯个人自传》等现有的资料材料，进行分析研判，得出罪犯的危险危害程度，对此有针对性地采取安全防范防控措施。对监狱监管改造、教育改造、劳动改造等所有的设施设备的安装、使用、运转、维修维护等的安全性进行研判，获得安全信息的第一手资源，为监狱安全防范与防控服务。还有根据国家颁布实施的刑事法律、刑事政策和制度等，对改造中的罪犯短期、中期、长期改造的稳定性、安全性、负面性的影响，作出研判，而产生的安全信息资源采信。还有通过对罪犯主体的分析与研判，有罪犯个体分析与研判、个案分析与研判、总体趋势分析与研判而得到的安全信息。总之，对监狱安全信息的研判，是一项日常性、经常性的工作。如实际工作常用的"狱情、犯情、敌情"的分析与研判，就是对安全信息的采集与研判。

4. 安全信息的外围采集法。罪犯是产生安全信息的核心主体，有的安全信息仅注重监狱内采集是不够的、不全面的。如果不进行安全信息外采集，则将对监狱安全管理工作造成重大危害与影响。因此，为全面做好监狱安全管理工作，还需要对监狱以外的安全信息进行针对性采集，以确保安全信息的完整性、全面性和充分性。如，监狱关押的"三假犯（假姓名、假地址、假身份）"，就需要到公安机关和罪犯的犯罪地、工作地、户籍地等调查取证，以获得真实的情况信息。对重要刑事案罪犯、国家公职人员罪犯、黑社会性质的首要分子等减刑、假释等问题的处理，就需要全面了解和搜集社会舆论、舆情信息，以便引起社会舆论的炒作。总之，就监狱和民警在监狱内不能掌握的或掌握不全面的，就应采取措施到监狱之外去了解掌握采集，为监狱安全管理工作服务。

（三）安全信息采集的路径或途径

作为监狱安全管理工作重要一环，安全信息采集是至关重要的，通过何种途径或路径得到真实客观、及时有效的信息，是考验工作能力水平和技术的重要标准。在现代治理思想指导下，安全信息采集工作的途径多种多样，形成了以人工采集和现代信息技术采集相结合的采集体系，形成了以心理测试、心理咨询和大数据集成相结合的采集分析体系，形成了以监狱内为主和以监狱外为辅的采集体系，以增强安全信息内容的多样性、有效性和针对性。

1. 以民警为主的安全信息采集。监狱安全信息主要依靠民警采集、掌握和应用，是所有安全信息的重要来源和主导者。民警对监狱安全信息的采集方式主要有公开采集、秘密采集和监内采集、监外采集等。民警进行公开安全信息的采集，一是指针对罪犯的档案材料或资料反映出的有关安全问题、安全隐患、潜在的安全问题进行搜集、收集和觅求；二是针对罪犯改造过程中，产生或出现的安全问题、安全隐患和潜在的因素进行搜集、收集和觅求；三是针对罪犯家庭困境、婚姻破裂、子女就学或失学等问题产生发生的安全因素进行搜集、采集和觅求；四是针对罪犯曾经经商、经济债等反映出的安全因素进行搜集、采集和觅求；五是根据罪犯的《改造日记》、《个人思想汇报》、"违规违纪"检查处理、心理测试和心理咨询等反映出来的安全因素、安全隐患和潜在的安全因素进行搜集、采集和觅求。六是通过检查、巡查、突查和督查等方式，对监管装备设施设备、安防设施设备、"三大改造"现场、监管环境、生产工具、用电用气和交通工具及使用情况，进行安全信息采集。这些都是围绕罪犯现成的、公开的、明摆着的现实材料或资料、现实存在的问题和因素，进行安全信息的采集活动。

民警秘密安全信息采集，主要是通过民警对罪犯改造行为的观察、指定专员观察、布控耳目专门反映和监控、监听、监视等，进行安全信息的采集活动。民警秘密安全信息采集主要有：一是通过民警细致、细心观察罪犯的改造行为、改造语言和改造心理活动表现，进行搜集、采集和觅求有关安全信息。如日常罪犯反映出："吃不好，睡不着"、"改造表现突然好或突然不好"、"改造情绪突然低落，或突然亢奋"等，都是安全信息采集的范围。二是通过指定的专门人员，如罪犯小组长、学习小组长、罪犯教员、护监小组长、夜值班罪犯等，对被指定的罪犯进行细心的观察，而获得的信息进行搜集、收集和觅求活动。一般采取口头汇报、书面汇报和定时专门汇报形式。三是通过布控耳目对被管控对象的一切改造言行、被管控的重点人员和重点时段的改造活动的细心细致观察，而获得的信息进行搜集、收集和觅求活动。如遇国家重大节日、活动、重大事件发生，遇社会重大活动、重大自然灾害发生时，需要耳目反映监内罪犯普遍改造情况和动态，发挥耳目的作用。如遇国家庆典、党和国家召开重大会议等，就需要发挥耳目在采集安全信息中的作用。四是通过现代信息技术的监控、监听、监视设施设备，进行安全信息采集活动。如会见时，采取人工监听或监听设备监听得到的情况和动态信息。通过监视摄像、录像、观看等手段观察罪犯改造言行，进行安全信息采集。如通过监控观察到罪犯就寝蒙头睡觉、行动反复无常、企图准备脱逃、破坏监管设施设备等。

上述以民警为主的安全信息采集，都是监内安全信息采集的重要渠道。但是，要确保监狱安全仅仅凭监内安全信息采集是不够的，还需要有监外安全信息采集。监外安全信息采集，是指监狱机关或民警为监狱安全的需要，向有关社会主体、人员或企业事业单位、社会团体、学校等了解有关安全因素或信息，并进行有目的的采集。如罪犯因疾病治疗问题，需向相关的医院或医疗机构了解信息；罪犯"三假"问题，需了解司法、公安机关和村庄、街道等；罪犯涉及原公司的经济问题、债务问题和今后的出路问题，需了解原公司的相关情况。监外安全信息采集的内容十分广泛，一般应根据监狱安全工作的需要，有针对性、有目的性、有选择性地采集，为确保监狱安全管理工作服务。

2. 以心理测试与咨询为主的安全信息采集。通过心理测试、心理咨询等心理科学技术获取安全信息，是现代监狱安全管理工作的普遍做法，其又被称为是改造罪犯的"第四种手段"。监狱安全管理工作，最大的难题是罪犯。罪犯心理活动是摸不清、猜不准、难把控的。现代心理科学的心理测试，在一定程度上科学地解决了这一难题。心理测试运用科学的心理量表，通过调查问卷、心理测评、报告解读、心检预警、危机干预等环节，可以比较准确的得出罪犯的心理活动、性格、行为倾向等情况，以便于有针对性地对罪犯的心理问题，进行化解、矫正、矫治和干预。罪犯心理测试，分为新犯入监测试、改造中期心理测试、改造后期心理测试，根据每个阶段的不同心理情况，施以不同的管理、教育，实现了因人而管、因人施教。心理咨询是教育改造的常用方法，也为监狱安全管理提供有效信息。通过罪犯的自述，掌握其心理活动、心理变化、行为倾向。心理咨询比较简便，可以随时随地应用，在监管改造、教育改造、劳动改造等场所，都可以根据罪犯自述或出现的问题，给予心理疏导、心理教育、心理矫正。心理咨询可以公开进行，对一些隐私心理问题可以秘密保密进行；可以集体给予咨询，也可以个别咨询。要掌握罪犯的心理活动、心理动态和心理变化，需要咨询者（民警）细心倾听，具有较高的心理素养，及时地根据罪犯表现出的心理表现，施以不同的安全管理措施和方法。如针对自杀型危险分子的悲观、失望、无望、绝望的心理，在管理上就需要构建严密的防范网络，使之欲死不能、欲死不了。心理测试是通过心理问卷、量表分析、专家评估后，掌握罪犯心理的主动而积极的措施。心理咨询是通过罪犯自述，掌握罪犯心理的被动措施。两者互为补充、互为促进，如运用得当，可以对监狱安全管理工作起到事半功倍的效果。

3. 以社会为主的安全信息采集。即以社会为主的安全信息采集，主要是采集国家、社会和国外发生的重大事件、重大活动、重大制度颁布等对监狱安全管理工作构成可能或潜在的影响的信息。如国外一些监狱发生越狱、暴乱、劫持人质等事件，以及罪犯的家乡发生水灾、地震等事件，这些事件虽然发生在监狱外，但都会对监狱安全管理工作构成了潜在或可能的影响。即便这些事件发生在监狱外，但对监狱管理的影响仍不能忽视，也不能不引起高度重视。为此，一是要采集国家重大活动安全信息，存在潜在或可能对监狱安全管理工作产生影响的信息。像颠覆国家安全的罪犯、民运分子等，有可能企图在这期间从事一些危害破坏监狱安全的行为。二是要采集国家重大制度修改变更、完善健全后，所构成的潜在或可能的安全信息。如《刑法》、《刑事诉讼法》的修改变更后，对一些长刑期犯、重型犯等影响很大；又如减刑假释等刑事政策的调整，对黑社会性质犯罪、金融类犯罪、公职人员犯罪的罪犯等影响最大，所构成的潜在的或可能的安全信息。三是要采集社会重大事件的安全信息，包括社会发生的重大暴力事件、重大社会上访事件、重大社会治安事件、重大自然灾害事件等，所构成的潜在或可能的安全信息。四是采集媒体或自媒体关注"焦点事件"、"焦点人物"的安全信息。这里的"焦点事件"、"焦点人物"，有可能与监狱有关，可能与监狱本来无关。如新闻报道社会发生十分奇特的刑事案件，就与监狱无关，但对那些罪恶深重、刑期较重的罪犯来讲，就有可能诱发其效仿作案的手段和方式，在监狱内重新作案，以产生巨大的后续影响。"焦点人物"应特别注重原在监狱服过刑，而且被社会媒体十分关注的那些人员。如他们在社会上发生重大事件，引起社会媒体或自媒体极大的关注，对于有可能波及监狱机关的那些信息，应引起足够的重视。就像云南昆明的"孙小果案件"、"2020年3月28日郭文思杀人案"，都曾经在监狱服刑，刑释后在社会上重新作案犯罪，经媒体或自媒体广泛报道，对监狱安全管理工作产生一定的负面效应。监狱安全管理工作的信息采集，随着监狱越来越受到社会关注和了解，应及时做好社会主体的安全信息采集，掌握应对的主动权和话语权，以便保障安全管理工作顺利进行。

4. 以计算机为主的安全信息采集。以计算机为主的信息化、互联网、大数据、云计算等技术，在监狱安全管理工作中广泛应用。如何运用计算机云计算技术更好地为监狱安全管理工作服务，特别是利用计算机采集、分析、判断安全信息是今后发展建设的重要课题。利用计算机的收集储存功能，把罪犯的档案资料或材料、罪犯的改造表现、罪犯的心理活动等采集信息收录储存在计算机内，一旦需要就可以及时迅速地查询、打印应用。因此，以计算机为主的安全信息采集方式，是安全信息采集的发展趋势，随着应用技术水平的提升，将会得到广泛的推广应用。一是利用计算机储存功能，收集储存基本安全信息。主要收集和储存罪犯的基本情况、职业情况、家庭及社会关系情况、改造情况等材料或资料储存到计算机内，以便于查找、咨询使用。收集储存监狱环境、监狱建筑、监舍结构、安防设施布局等图纸或模块存储在计算机内，以便于查找、分析使用。收集储存改造罪犯所使用的场所、工具用具、设施设备，以及用电用水用气、交通情况等储存在计算机内，以便于查找和咨询使用。二是利用计算机云计算、大数据分析，收集安全信息。随着"智慧城市"建设的深入发展，必然进行"智慧监狱"建设的大工程，"智慧监狱"最大的特点是利用数字化、云计算、大数据分析，为监狱安全管理带来极大的便利，提高了安全管理的科技水平。通过数字化和云计算，对惩罚与改造罪犯的所有情况，进行大数据分析，可以得出许多安全信息，使安全管理工作数字化、精细化和精准化。三是利用互联网，收集交流安全信息。在万物互联时代，监狱与国家公、检、法、司等单位的刑事交流、互通、合作，及时快捷地进行；监狱与社会其他单位、事业企业单位、街道社区等单位，也能通过互联网相互交流沟通；监狱与武警的共建、共管、共享的安全机制，也可以在互联网上进行。因此，利用互联网，监狱可以获得大量的安全信息。四是利用计算设备设施建立"安全模型或模块"，获取安全信息。通过监狱"安全模型或模块"的模拟与演练，获取监狱安全信息、容易出现的安全问题、安全隐患、安全焦点与难点数据，进行分析、预测、得出监狱安全管理模型数据，为实际安全管理提供预警，实现安全管理"预防第一"、防患于未然的工作目的。

三、监狱信息情报分析研判的任务

监狱信息情报的分析与研判是在监狱信息采集后监狱民警要做的一项非常重要的工作，直接为监狱的安全稳定提供重要的依据和支撑。其主要任务是：

一是对搜集、掌握的罪犯思想动态和行为动向，进行逐一筛选，从中筛选有用的信息情报，从而做到犯情明了，敌动我知。

二是通过分析研判及时发现和深入挖掘狱情线索，发现不安定因素和潜在的危险隐患，排查危险分子和重点人头。

三是通过信息情报的查清、分析、研判，及时找出存在或可能存在的各种犯罪嫌疑（包括潜在的影响监管安全稳定的）线索，为预防狱内犯罪或狱内违规违纪及狱内案件的立案侦查提供依据，准备条件。

四是通过狱内信息情报的分析研判，为切实加强对危险分子、重点、要害部位的管理、控制提供信息情报支撑，做到提前预防、控制，罪犯中可能发生的狱内行凶、脱逃、纵火等有犯罪以及重大违规违纪预谋活动的发生。

五是通过信息情报的分析、研判，从中找出罪犯狱内又犯罪或是狱内重大违规违纪活动的特点、动向及其规律，为做好狱内突发事件的预防，及时正确应对处置，制定科学、有效的防范对策，确保监狱的安全提供重要的信息情报支撑。

四、监狱信息情报研判的要求

监狱信息情报研判在监狱信息情报中具有的重要地位和作用，要求监狱信息情报人员必须在实际情报工作中遵循一定的工作要求，确保监狱信息情报研判的质量，从而全面提高监狱信息情报工作的水平。

（一）客观

客观是监狱信息情报分析、研判的首要要求。监狱信息情报传递到研判机构及情报人员后，情报人员必须客观地分析监狱信息情报反映的内容，忠实于情报事实。在具体的实现过程中，表现为：对情报原意的理解要客观，对情报反映的内容要全面掌握，对其中存在的矛盾和疑点要逐个探究、弄清原委，对获取过程和传递过程要核实清楚，对逻辑和因果关系要进行分析，等等。

（二）科学

情报是专门的学科，科学严谨和准确的要求贯穿于情报研判过程中。对监狱信息情报内容进行准确的理解、掌握以后，要根据其价值、时效作出判断，给予评估并作出合理的处理。理解的过程是一个细微的、严谨的过程，分析判断的过程更加需要科学谨慎的态度。这就要求：做出的判断要基于事实，判断的意思要明确，用语要审慎恰当，防止被错误理解，要说明判断的结果和依据；对于分析预测的内容必须说明分析预测结果发生的可能性、分析预测的依据；要根据价值和时效提出情报处理的适当意见。

（三）及时和准确

监狱信息情报的价值要得到体现，必须具备时效性和准确性。在情报分析研判过程中，必须把握尺度，保证情报的准确性，包括内容准确、传递准确、判断准确、情报产品格式准确等。同时，情报的获取和传递需要一个过程，这会影响情报的时效性，因此在研判过程中必须尽可能地缩短不必要的时间，做到准确、迅速、果断，各环节衔接紧密、一气呵成。

（四）现实信息与虚拟信息相结合

随着现代科技的发展，加强运用互联网信息分析、研判，对于运用网络信息提高斗争水平，增强发现、打击犯罪能力，切实维护监管改造秩序稳定，意义十分重大。从某种意义上讲，虚拟社会的情报信息与现实社会的情报信息有着千丝万缕的联系，二者息息相关。因此，在开展情报研判活动中，既要深入分析现实社会的情报信息情况，也要密切掌握虚拟世界的动态，既要解决好现实问题，也要解决好网络问题。

五、监狱信息情报预测预警与运用

（一）监狱信息情报预测预警

监狱信息情报除了情报本身反映的事项以外，还可以反映出情报产生的背景和在这个背景形势下的其他相关事项。通过对监狱信息情报的分析和预测，拓展监狱信息情报的外延，可以更加全面地了解重点地点、重点人员、要害部位情况，及时准确地预测出事件发展的动向、形势发展的趋势，更好地为预防、制止和打击狱内犯罪服务。

（二）监狱信息情报运用

1. 一般性问题，分情况处置

对反映的罪犯违纪问题，应当立即组织力量进行查证，并对查证属实的，兑现惩处。对反映的罪犯思想动态方面的问题，应当查找原因，采取对策。对反映的干警执法方面的问题，应当及时向分监区、监狱领导反馈。对罪犯反映的其他方面的问题，如伙食、监管设施、合理化建议等应当及时向有关主管部门进行反映，协调进行解决。

2. 案件线索，认真查证

通常我们获取的线索，往往是比较粗糙，零星片段，残缺不全的，有的有人无事，有的有事无人，有的只是些表面现象，不能说明问题的本质，并包含着真假两种可能性，所涉及的对象也可能犯罪也可能没有犯罪。因此，对任何一份有意义的线索材料，都必须严肃认真地进行查证核实。

查证核实线索，有的需要从查人开始，有的需要从查事开始，有的需要对线索来源的可靠程度进行核实查证，有的需要对证据进行初步的收集、审查、判断。每个线索的查证步骤和方法，应视线索的具体情况而定。在查证过程中，不能时断时续，应积极主动，抓住不放，一查到底。特别是对一些重要疑难线索，要知难而进，找出调查方向，寻根究底，务求弄个水落石出。

六、监狱信息情研判的流程

（一）监狱狱情分析工作流程

监狱民警应了解监狱狱情分析会一般流程，掌握整体狱情动向、犯情动态等，这对于掌握监区（分监区）狱情、犯情具有指导意义。监狱狱情分析会一般流程如下：

1. 会前准备。

一是确定主题。根据当前国内外形势及监狱实际，监狱管理、教育、生活卫生、安全生产和罪犯家庭变故以及近期狱情动态等，确立主题。

二是确定时间、明确内容。监狱每月召开一次狱情分析例会，对在押犯整体状况进行分类分析，对重点人员、重点场所、重点部位、重点时段的狱情和安全状况进行排查分析，对民警的思想状况进行分析，查看上次分析会确定的措施是否已落实、是否有效。

三是搜集情况。会前职能部门要组织采取书面测试座谈讨论、专项调查、个别谈话、专题汇报等方法，搜集罪犯思想动态信息和狱情、犯情信息。

四是通知与会人员。参加会议人员为：监狱领导、监管各科室、监区、直属分监区负责人，专（兼）职侦查民警、内勤等。特殊狱情分析会，可邀请驻监武警部队负责人、驻监检察人员及监狱政工、纪检、监察等科室负责人参加。

2. 召开狱情分析会。监狱召开狱情分析研判会议，主要任务：

一是传达上级关于当前狱情的通报及相关文件。

二是通报当前监狱狱情状况。包括在押犯基本情况如：在押人数，各刑期段罪犯人数，涉黑、涉枪、涉暴、团伙犯首犯，重点罪犯情况，押犯普遍性、倾向性的问题及原因分析。

三是听取收集各科室、监区及有关部门关于本单位狱情的汇报。内容包括：押犯违规违纪问题；危险分子、重点犯人数；危险分子、重点犯的改造表现、思想行为分析、包控落实情况；近期狱情预测和控制犯情确保监管安全的对策、措施和建议，监狱民警在管理工作中存在的问题，需要反映的其他有关情况和问题。

四是针对当前狱情状况，分析、研究和采取防范措施。

五是部署其他相关狱内侦查工作。做到搜集信息准确，分析深刻到位，发现问题和不足，剖析思想根源，明确针对性措施，责任落实到位。

狱情分析会议记录须规范整齐，准确记载会议标题、时间、地点、参加人、主持人、记录人、分析内容及应采取的对策等。

3. 落实措施。根据会议决定，职能部门、监区（分监区）具体落实各项安全措施，组织实施有针对性的管理和教育。

4. 制作书面材料。职能部门及时整理狱情分析会的内容、结果和针对性措施，制作狱情分析报告，上报监狱管理局；通报全监押犯单位，指导今后的监管安全工作。

（二）监区狱情分析工作流程

监区狱情分析会是监区最基本、最重要的狱情分析制度，监区狱情分析会应当遵循一定的规定、程序和要求，这是保证狱情分析质量的客观要求。

监区狱情分析会半月一次，专题召开。除特殊情况外，不能任意拖延，也不能与研究其他议题的会议合并召开。遇有特别情况，应当召开临时狱情分析会。

监区狱情分析会由监区的民警、狱侦民警及其他有关人员参加。遇有重要狱情，应随时召开个案分析会。

监区狱情分析会必须由专人负责会议记录，通常由监区内勤担任，记载内容必须完整、规范。会议结束时，由到会民警签名。

监区狱情分析会采取普查式。即普遍摸排与重点摸排相结合，提出问题，分析现象及原因，制定措施。

监区狱情分析会的基本程序：

一是总结监区半月狱情，分析隐患。重点分析罪犯中深层次和带有苗头性、普遍性、倾向性的问题，以及各种原因引发的思想反映、狱情动态、敌情动向；分析民警思想状况、工作状况和安全监管措施的落实情况。要求总结狱情，分析隐患要全面细致，既要对照监区前期工作的整体情况，又要分析罪犯个体的发展变化情况，还要结合本监区的改造、生产及监狱有关情况的变化来分析。

二是分监区汇报本分监区犯情，对"表现好""比较好""表现差""危险分子"四类进行分析；进行监管安全隐患排查，抓住重点人员、重点部位、重点时段、重点环节和重点问题进行分析。

三是互相之间交叉分析，交换意见，对排查情况或现象进行分析、研究，找出深层次的原因，对狱情进行预测。

四是对特异性情况或有分歧的意见进行综合梳理，形成监区意见及处理措施。

五是制作书面材料。整理狱情分析会的内容、结果和针对性措施，制作狱情分析报告，上报狱政科。狱情分析应当包括罪犯的基本情况、思想动态、行为动向和监管改造工作存在的隐患、漏洞，发生安全事故的原因、教训以及下一步的整改和工作措施。对问题性质的定性要准确；问题发生的时间、地点、教训、整改的措施应有针对性；重大问题应作专题书面报告。

（三）监区狱情分析会的具体要求

主持人在简评上周工作时，应全面了解犯情情况和警情状况，实事求是地总结工作，特别是对依然存在的犯情应予以提示，对责任民警的工作状况进行点评。各分管民警汇报犯情事先必须做准备，准备的材料包括：

（1）罪犯的摸排情况。按照罪犯在改造中的现实表现，重点对危险分子，加强重点管理、重点监控和重点教育的落实情况。

（2）对象的情况。既包括对原重点控制罪犯变化情况的分析，也包括对新摸排出的重点控制罪犯的危险性分析。

（3）重点区域范畴的情况。包括对重点时段、重要场所、关键部位、薄弱环节等区域范畴监管安全状况的排查与分析。

（4）狱情动向与犯情动态。摸排和分析狱情动向与犯情动态，应当按照"何时、何地、何人、何事、何因、何法、何果"七要素，逐个搜集信息并进行深层次分析，抓住苗头性、普遍性、倾向性的问题，提出预见性、针对性的超前防范措施。具体包括：对当月罪犯违规违纪情况的分析，对狱内发生重大或突出问题的分析，对全体押犯整体思想状况的分析，对罪犯个体思想动态的分析，以及对狱情、犯情的主要表现、特点和规律的分析，等等。

（5）其他不安全、不稳定的因素。既包括在巡查、清监、搜身等日常管理中发现的危险品、违禁品及其他不安全、不稳定因素的分析，也包括对当前社会上发生重大事件的不良反应或对敏感时期、敏感问题的不良反应的分析等。民警汇报犯情时，不得泄露耳目。提出的对策措施要切合实际，环环紧扣，具有可行性，措施要到位，责任要到人。要认真督促犯情对策的落实情况。只有全体民警都一丝不苟地去落实狱情分析会上制定的对策，监区的监管安全才有可靠的保障。

狱情分析会议记录须规范整齐，准确记载会议标题、时间、地点、参加人、主持人、记录人、分析内容及应采取的对策等。

【思考题】

1. 什么是监狱安全信息？监狱安全信息采集的基本原则是什么？
2. 论述监狱安全信息采集的方法。
3. 论述监狱安全信息采集的基本途径和措施。

工作任务三　狱内耳目的挑选与使用

【任务目标】

知识目标：通过本学习任务的学习，培养学生知道什么是狱内耳目。理解狱内耳目在狱内侦查中的作用，了解其种类及任务，掌握狱内耳目管理、使用的相关知识和方法。

能力目标：通过本学习任务的学习、训练，培养学生具备在狱内侦查实际工作中严格按照法律规定，运用所学的知识、技能开展狱内耳目相关业务工作并注意策略和方法。

【任务概述】

狱内耳目是指监狱从罪犯中建立和使用的，由狱内侦查人员直接管理和指挥的秘密力量。从我国监狱当前的实际情况来看，狱内监管改造形势不容乐观，狱内犯罪活动时有发生。这直接危及监管改造秩序的安全和稳定，严重影响着监狱执行刑罚和改造罪犯工作的顺利开展。为确保监管改造秩序的安全和稳定，需要专门的狱内侦查工作来预防和打击狱内犯罪。而要做好狱内侦查工作，其中一项重要的基础性业务工作就是建立一支有战斗力的隐蔽力量——狱内耳目，以掌握敌情动态，控制重点人员和各种危险人员，获取狱内犯罪信息，力争把狱内犯罪活动，尤其是重大、特大狱内犯罪活动控制或消灭在萌芽状态。这就需要知道什么是狱内耳目，明确狱内耳目的种类和解决的问题，把握狱内耳目的条件，按照狱内耳目工作的原则和要求来选建、使用和管理狱内耳目，为做好狱内侦查工作奠定坚实的基础。

【任务基础】

一、狱内耳目的概念

狱内耳目是指监狱从罪犯中建立和使用的，在狱内侦查人员的直接管理和指挥下，掌握罪犯思想动态、获取罪犯犯罪线索或证据的一种秘密力量。狱内耳目是防控狱内犯罪与侦查破案的专门手段之一，是狱内侦查工作的一项重要的基础性业务建设。

二、狱内耳目的作用

狱内耳目作为狱内侦查工作的重要秘密力量，其主要作用是：

(一) 收集情报信息

情报信息在狱内侦查中占有十分重要的地位，是掌握狱内犯罪动态，预防、控制狱内犯罪，发现犯罪线索，打击狱内犯罪的重要前提。缺乏情报信息，狱内侦查工作则无法正常开展。对狱内犯罪情报信息的收集，除通过常规狱内业务工作积极主动直接收集外，通过狱内耳目收集狱内犯罪情报信息也是十分重要的途径之一。在收集情报信息中，狱内耳目由于其身份和所处环境的特殊性，可以发挥狱内侦查员和其他人员无法替代的特殊作用。

(二) 预防、控制狱内犯罪

狱内耳目由于其身份的隐蔽性，可以接触监狱内罪犯中的重点人员和各种危险人员，也可以打入狱内犯罪团伙，监控可能进行狱内犯罪的罪犯，或者在这些人员周围进行监控和防范，了解情况，核实相关问题；狱内耳目所处环境的特殊性，使其具备对重要部位和重点地段进行监视和控制的条件，让揭露和制止狱内犯罪活动的发生成为可能。这为狱内侦查部门随时了解、掌握狱内犯罪敌情动态，并有针对性地进行决策，以及采取有效防控措施提供了依据，从而减少和预防了狱内犯罪的各种破坏活动。

(三) 获取证据和线索

收集和掌握狱内犯罪证据和线索，是侦破狱内犯罪案件，打击狱内犯罪不可或缺的条件。狱内犯罪活动极为隐蔽，单靠外围调查取证来发现和掌握犯罪证据和线索是较为困难的。狱内耳目可以利用其隐蔽的身份，发挥内线侦查的作用，贴近狱内犯罪人员或打入狱内犯罪团伙，主动接近狱内侦查对象，掌握和获取狱内犯罪的证据和线索，为打击狱内犯罪提供条件。

三、狱内耳目的种类

根据狱内侦查工作的需要和狱内耳目所承担的任务，狱内耳目可分为专案耳目和控制耳目两类。

(一) 专案耳目

专案耳目是用于侦查狱内犯罪案件的狱内耳目。它是以具体的案件或具体的犯罪嫌疑人为侦查对象，侦查已发生的或正在预谋的狱内犯罪案件。在侦查已发生的或正在预谋的狱内犯罪案件时，狱内耳目可以监视、控制和了解狱内侦查对象的活动情况、犯罪意图和犯罪事实，为破案提供证据或搜集狱内犯罪线索。因具体案件和任务不同，专案耳目可分为两种：①内线耳目，是指受狱内侦查部门指派接近狱内犯罪人员或打入狱内犯罪组织内部进行侦查的狱内耳目。其任务是接近狱内犯罪嫌疑对象或打入狱内犯罪团伙，了解、掌握犯罪线索，获取犯罪证据。②复线耳目，是指受狱内侦查部门指派在侦查狱内大案、要案和某些复杂案件，以及犯罪成员众多的集团犯罪案件时，为了获取更多的犯罪证据，考核原内线狱内耳目的活动情况，验证原内线狱内耳目所报告材料的真伪而再派遣的狱内耳目。内线耳目和复线耳目派遣的数量，应根据案件的具体情况和特点而定，并应严格控制，以免暴露。

（二）控制耳目

控制耳目是用于对监狱内有犯罪嫌疑的重点人员或危险人员，罪犯中的落后层，重点、要害部位以及易发案地段等进行监视控制的狱内耳目。控制耳目主要用于监视和控制狱内可能犯罪的罪犯或地方，掌握狱内犯罪敌情动态，发现狱内犯罪迹象或线索。狱内可能犯罪的罪犯主要是指恶习较深、不思悔改的累犯、惯犯和重点案犯、落后层罪犯、其他危险罪犯。狱内可能犯罪的地方一般是指监狱的重要部位、罪犯活动场所和易发案而又不被人注意的地方。

需要注意的是，狱内耳目的分类应相对稳定，但并非绝对。当需要并且控制耳目具备条件用于侦查狱内犯罪案件时，控制耳目可以转为专案耳目，甚至也可既是控制耳目又是专案耳目；当专案耳目完成侦查任务后，如果条件具备且本人也愿意的，也可转为控制耳目。

四、狱内耳目的条件

根据司法部制定的《狱内侦查工作规定》，狱内耳目必须具备以下四个条件：

（一）能发现敌情，或者能够接近侦查对象

能发现敌情，或者能够接近侦查对象，这是狱内耳目的首要条件，实践中也称为接敌条件。建立狱内耳目的就是要了解罪犯情况，掌握狱内犯罪嫌疑人线索，及时发现用公开手段难以发现的隐蔽敌情。要想做到这些，就必须接近侦查对象，或者打入狱内犯罪团伙内部。

（二）有一定的活动能力和观察识别能力

有一定的活动能力和观察识别能力，这是狱内耳目的职能条件，也是狱内耳目工作能力方面的条件要求。如果狱内耳目没有一定的活动能力和观察识别能力，就很难发现敌情，获取情报信息，收集犯罪证据和线索。尤其是专案耳目其职能条件更为重要。专案耳目需具有良好的观察能力、判断能力、应变能力记忆力、思维能力、社交能力和自我控制能力等。职能条件对控制耳目也同样重要，要求控制耳目：一方面不仅要能接近罪犯的积极层，也能接近罪犯的中间层和落后层，尤其是能接近重点人员和危险人员；另一方面能在日常的活动中，善于观察罪犯情况，分析存在的问题，头脑要灵活，反应要快，应变能力要强，对可能或即将发生的问题要有及时发现和识别的能力。否则，将贻误战机，给狱内侦查工作带来不利影响或造成损失。

（三）基本认罪，能为我所用

基本认罪，能为我所用，这是狱内耳目的主观条件，也是狱内耳目的关键条件。狱内侦查实践中，如果罪犯本人没有认罪伏法，不接收改造，没有悔过自新或有立功赎罪愿望，是难以控制使用的。基本认罪指的是罪犯交代原有犯罪，认罪伏法，愿意接受刑罚执行和改造。实践中，应注意把握罪犯对原判决有意见或提出过申诉与基本认罪的界限。所谓能为我所用，主要有两种情况：一是自愿为我所用。这种自愿的原因可能是多种多样的，如有的罪犯出于立功赎罪的愿望，有的罪犯愿为政府做点事来弥补自己的罪行，有的罪犯因为正义感，有的罪犯因为某种利益，等等。狱内侦查人员应注意针对不同的情况进行针对性教育，端正罪犯的思想。二是强制为我所用，通常也称为"抓把柄"。即有的罪犯是出于某种原因或压力等不得已的缘由，并被狱内侦查人员所控制而为狱内侦查部门工作。

（四）能保守秘密

能保守秘密是狱内耳目纪律方面的条件，也是狱内耳目进行工作必须满足的条件。保守秘密不仅有利于狱内侦查工作的开展，更有利于狱内耳目自身的安全。这就要求狱内耳目对自己的身份、工作任务和工作过程能够严守秘密，同时要求狱内侦查人员注意加强狱内耳目的保密教育，提高他们对保守秘密重要性的认识，强调保密纪律，使他们在任何情况下不得泄露狱内侦查工作及狱内耳目工作的秘密，养成良好的保密习惯。对于不能保守秘密的狱内耳目，坚决不得发展使用。

上述狱内耳目的条件是不可分割的有机整体，必须全面考虑。

五、狱内耳目工作的原则

狱内耳目是一项政策性、机密性很强且十分复杂的工作，为保证狱内耳目的质量和狱内耳目工作的顺利进行，必须坚持以下原则：

（一）愿意为我工作

狱内耳目是否愿为我工作或能为狱内侦查部门控制使用。狱内侦查人员应遵循"愿意为我工作"这一原则，充分发挥其主观能动性，积极创造条件，建立一支强有力的狱内耳目队伍。既不要过分强调客观需要，盲目滥建、乱建，把一些正常反映情况或不符合条件的罪犯建为耳目；也不要过分强调可能，严格苛求狱内耳目的主、客观条件，忽视我方的主观能动作用。

（二）积极与隐蔽原则

"积极"是指建立狱内耳目时主观上既要积极努力，又要持慎重的态度；既要解放思想，主动、大胆建立狱内耳目，又要反对和克服"易出事，不敢建"、"怕麻烦，不愿建"的消极思想；既要严格按照狱内耳目条件，讲求质量，注重实效，又要反对那种不考虑主、客观条件，急于求成、盲目滥建的做法。对符合狱内耳目条件的对象，不要操之过急，要按照条件进行严格审查，经过试用考核合格后方可将其发展为狱内耳目。对有些在初期不完全具备狱内耳目条件的对象，可通过一定的途径和方法加强教育，逐步培养，在其满足条件后再将其正式发展为狱内耳目。例如：对改造表现不太好，甚至经常与重点人员、危险人员在一起，或者本身就是犯罪团伙、集团成员中的罪犯，经过我们的耐心教育，愿为我工作，待其条件具备后将其发展为狱内耳目，这样的狱内耳目实际效果有可能会更好。

"隐蔽"是指狱内耳目的建立和使用要严格保密，要保证质量，要使内耳目队伍成为一支精明干练的秘密力量。隐蔽是要求保守狱内耳目的秘密。狱内耳目是狱内侦查同狱内犯罪作斗争的秘密力量，隐蔽是狱内耳目立足和开展工作以及完成任务的基本前提条件。一旦失去隐蔽性，不但发挥不了狱内耳目的作用，还有可能威胁到狱内耳目的安全，影响狱内侦查工作的顺利进行。监狱犯罪斗争形势严峻而复杂，狱内耳目工作环境条件险恶，狱内耳目经常接触各种危险人员，会遇到各种各样的复杂情况和问题。这就要求狱内耳目应具备一定的质量，以适应和应对狱内犯罪斗争形势。这就要求狱耳目建设中：一必须讲求质量、宁缺毋滥，严格按照狱内耳目的条件和要求建立狱内耳目，确保狱内耳目的质量，绝不能滥竽充数。二是要根据狱内侦查工作的实际，控制耳目的数量。应结合实际情况，按照轻重缓急，有层次、有步骤地开展狱内耳目建设，做到合理规划和布局，突出重点、兼顾一般，严格按照实际需要控制狱内耳目数量。狱内耳目的数量一般应按 3% ~ 5% 左右的比例，并结合具体情况适当把握。

（三）严格保守秘密原则

狱内耳目工作是一项隐蔽性工作，故要时刻注意严格保密，确保狱内耳目工作的秘密和身份的秘密。狱内耳目从选择、建立、使用甚至到撤销等整个工作过程的每一个环节，都属于绝密的范围，必须严守秘密，严格控制知情范围，不得向任何无关人员泄露。狱内耳目是狱内信息情报采集的重要手段之一。狱内信息情报采集是在监狱这一特殊环境内以监狱内的罪犯为范围开展的。因此，狱内耳目只能在罪犯中建立和使用，对象只能是罪犯。狱内耳目要确保其身份秘密，在建立狱内耳目时，既要让其知道在为我们工作，又不得给其任何名义，也不能直接对其本人宣布为"狱内耳目"，更不能在罪犯中暴露狱内耳目的身份。狱内耳目只能使用编号或代号，并只能在狱内侦查人员中使用。

【任务实施】

一、狱内耳目的选建

狱内耳目的选建是一项十分复杂的工作，关系到狱内耳目的质量，以及能否发挥其作用。选建狱内耳目应严格把关，有一个符合条件的就建立一个，什么时候符合条件就什么时候建立。

狱内侦查人员应根据需要和计划，结合各监狱在押罪犯的实际情况和环境比照狱内耳目的条件，在充分掌握情况的基础上，对于那些基本符合狱内耳目条件的罪犯，按一定的途径进行选择，并确定为狱内耳目的发展对象。在实际工作中，狱内侦查部门应根据各监狱在押罪犯的实际情况和监管改造环境，本着需要与可能的原则物色发展对象。选择狱内耳目发展对象的途径主要有：一是通过查阅罪犯档案选择。通过查阅罪犯档案和日常考核材料，可以掌握其基本情况、犯罪历史、认罪态度和现实表现等情况，形成对罪犯全方位的基本认识，在此基础上进行选择。二是从秘密检举揭发情况的罪犯中进行选择。有些罪犯主动向监狱人民警察检举揭发罪犯中的情况、狱内犯罪线索等，如经查证属实，而罪犯又符合狱内耳目条件的，可将其选为发展对象。三是从有立功赎罪愿望或表现的罪犯中选择。有立功赎罪愿望或表现是狱内耳目的主观条件基础。因此，可从有立功赎罪愿望或表现的罪犯中加以选择。四是从罪犯的各个层次，尤其是落后层中选择。这不仅有利于了解和掌握各层次罪犯的情况，更有利于掌握更多层次的狱内犯罪情况。五是从重点人员及各种危险人员周围的罪犯中选择。因这些罪犯最了解重点人员及各种危险人员的情况，在他们中选择狱内耳目有利于直接获取相关情况。六是从狱内犯罪活动的自首人员中选择。狱内犯罪活动的自首人员是指那些主动交待自己罪行的罪犯。七是从曾经在社会上做过治保工作、刑事特情、治安耳目的罪犯中选择。他们有从事类似狱内耳目工作的经验，知道如何了解情况，如何反映情况，如何保守秘密，如何保护自己。在他们当中选择狱内耳目，有利于狱内耳目工作的开展。

二、调查审查

为保证狱内耳目质量，对选定为狱内耳目培养对象的罪犯，应进行全面调查，了解情况。要对狱内耳目的家庭情况、个人历史、犯罪性质、性格特点、思想状况、改造表现、活动能力等进行全面了解。在全面掌握其情况的基础上，对每个发展对象从培养的目的性、对象的可靠性、完成任务的可能性和适应性等进行审查，从中选择出符合条件的培养对象。

三、培养教育

确定为狱内耳目培养对象后，狱内侦查人员对其必须有一个培养教育的过程。负责狱内耳目工作的狱内侦查人员要通过与其正面谈话，了解其思想状况和对待狱内耳目工作的态度，然后根据其不同的情况采取相应的培养教育内容和方法。培养教育的内容和方法包括：遵纪守法教育、工作方法教育和保守秘密教育。培养教育应注意针对性，重点帮助其提高认识，端正态度，克服缺点，争取立功赎罪。在培养教育中如果发现其不宜发展为狱内耳目的，应立即停止，并以巧妙的方法掩饰真正的目的，结束培养教育。

四、试用考核

经教育培养，狱内耳目培养对象条件成熟后，要对其进行试用考核。考核通过后，才能正式将其发展为狱内耳目。试用考核的内容和形式根据具体的狱内耳目培养对象而定。一般来说，试用考核的办法一般循序渐进。例如，在不暴露我意图的情况下，令其提供和汇报罪犯中一般的思想动态，如提供和汇报情况查证属实，再给其布置一般性的任务，让其去完成，进一步考察其愿为我工作或可控制的程度、活动能力和观察识别能力。经过一定考验期，一般不少于一个季度的期限，确属条件成熟、可靠的，即可发展为狱内耳目。反之，必须当机立断，予以放弃。

五、履行手续

经过教育培养，试用考核后，对于符合条件的狱内耳目培养对象，可有计划地个别正式确定为狱内耳目。正式确定为狱内耳目的，由负责物色发展狱内耳目的狱内侦查人员填写审批文书，逐级呈请上报主管领导审核。控制耳目由狱内侦查部门审核后报主管领导审批。专案耳目经狱内侦查部门审核后，由批准立案的领导审批。每一个狱内耳目都必须建立档案，以备今后的考核之用。

六、规定纪律、明确任务、确定联络方式

（一）规定狱内耳目纪律

为有效开展狱内耳目工作，对经批准建立的狱内耳目，必须向其宣布狱内耳目工作纪律，并令其严格遵守。在给狱内耳目宣布纪律时，应根据每个狱内耳目的自身情况和具体表现而有所侧重，不要千篇一律。狱内耳目工作的纪律主要有：服从命令，严守秘密，不得向任何人暴露为我工作的身份和意图；如实反映情况，不准伪造、谎报事实情况，不得挟嫌诬陷；因特殊需要，可参与一些经批准的活动，但不得参与作案和引诱、教唆他人犯罪；遵守监规，不得欺凌其他罪犯。纪律宣布后，领导和使用狱内耳目的狱内侦查人员应在工作中考察狱内耳目遵守纪律的情况，发现问题要及时教育、整顿和处理。

（二）明确具体任务

由于每个狱内耳目所处的具体环境不同，能力有差别，其任务也应有所不同。对于反应快、理解能力强的狱内耳目要言简意赅；反之，要具体讲清任务的内容和完成任务的方法等。

（三）确定联络方式

狱内耳目一律使用代号、编号，这既有利于保护狱内耳目，又有利于接头和联络。负责狱内耳目工作的狱内侦查人员要与狱内耳目规定好接头的方法，确定好联络的暗号，以确保狱内耳目工作的顺利进行。

七、狱内耳目的领导和使用

狱内耳目建立以后，对狱内耳目的领导采取专人负责、单线领导。

专人负责、单线领导，是指每个狱内耳目只能由一名狱内侦查人员负责，从选择、建立、领导和使用等全程均实行单线领导。狱内耳目也只允许与领导和使用他的狱内侦查人员联络（紧急情况除外），这是由狱内耳目的性质、特点决定的。不允许搞多头领导，否则极易暴露其身份。女性狱内耳目必须由女性狱内侦查人员领导使用，不准使用女性狱内耳目侦查男性罪犯，也不准使用男性狱内耳目侦查女性罪犯。

对狱内耳目的管理，控制耳目宏观上由监狱狱内侦查部门统一管理，在使用过程中，则由具体领导和使用狱内耳目的狱内侦查人员管理。专案耳目由具体负责专案侦查的狱内侦查人员管理和使用。如控制耳目转为专案耳目或专案耳目转为控制耳目时，其管理工作应视情况作出是否调整的决定。

（一）狱内耳目使用的范围

狱内耳目使用的范围主要有：①案件线索。在侦查具体狱内案件时，可以使用专案耳目。进行侦查时，为了发现线索，了解侦查对象的活动情况，掌握其犯罪事实，获取证据等，均可使用专案耳目。专案耳目使用的情况可视具体案情而定。②监视、控制重点、要害部位。监狱内对生产、生活等有重要作用的地方及相关重要设备往往是狱内犯罪人员破坏的重点，必须使用狱内耳目予以重点监视和控制。③监视、控制重点人员及危险人员。

重点人员及危险人员历来是监控的重点，通过安排狱内耳目与他们同吃、同住、同劳动、同学习，随时随地在一起，可监控他们的行为，最大限度地防止危害结果的发生。④调查了解犯情动态和敌情动向。及时发现潜在的危险，制定出有效的防范措施和对策。

（二）狱内耳目使用的要求

1. 精心指挥。精心指挥是指狱内侦查人员从对狱内耳目布置交待任务开始到完成任务时止的全过程，都要给予狱内耳目精心的帮助和指导。在布置任务时，要授以具体方法，提出具体要求，绝不能放任自流。在听取狱内耳目汇报时，要充分肯定其取得的成绩，同时指出存在的问题，讲明改正的方法。对狱内耳目主动提出的意见和建议，认为可行的则表示认可，也可和狱内耳目一起研究，这样研究的结果一般是比较切实可行的。对狱内耳目反映的情况，要认真分析研究、反复核对。

2. 量力使用。量力使用是指在给狱内耳目布置任务、提出要求时，应考虑狱内耳目的自身条件。正确使用狱内耳目直接关系到狱内耳目能否发挥其应有的作用和质量的提高，故要通过对狱内耳目自身能力的权衡，结合任务的实际需要交给狱内耳目力所能及的任务。适应能力强、心理素质较好、活动能力较强的狱内耳目，可布置复杂、较重要的任务；反之，则应布置简单、较次要的任务。不能不考虑狱内耳目自身能力的差异，强令其完成不可能完成的任务。

3. 接头讲究方法和策略。狱内耳目向狱内侦查人员汇报情况的方式叫接头。与狱内耳目接头如把握不好，容易暴露狱内耳目身份，导致狱内耳目工作陷入被动。为了及时获取汇报情况，掩护狱内耳目身份，在与狱内耳目接头时必须讲究方法和策略，应事先研究确定与狱内耳目接头的地点、汇报的形式（口头或书面汇报）等。常用的可行性接头方法主要有：①书面汇报。狱内耳目可利用写思想汇报、学习体会、生产计划、家信及申诉材料等形式将情报直接交给狱内侦查人员或投入指定的控告、举报箱里。②利用就诊看病接头。这种方法应视狱内耳目的身体状况灵活掌握。在接头的过程中，应象征性做一些检查或发给一些药品，防止引起他人的怀疑。③利用与罪犯多头个别谈话接头。以与罪犯谈心、了解思想动态或布置学习、生产任务等名义，分别找多个罪犯谈话，把狱内耳目安排在其中。要注意找狱内耳目谈话的时间应与其他罪犯谈话的时间大致相同。④利用亲属接见、社会帮教的名义接头。使用这种方法时要注意上次接见的间隔时间，不能过于频繁。接见时间不能过长，接见后应要求狱内耳目符合常规的接见情势、表现等。⑤利用公开提审的方式接头。利用公开提审的方式与狱内耳目接头，听取汇报、布置工作是一个比较可靠的方法。但这种方法不宜过多使用。⑥其他方法。如遇紧急情况，允许狱内耳目有意违反一定的监规纪律，达到接头的目的。无论以哪种方法、在什么地方接头，在具体使用时应注意因事、因人、因地、因时灵活运用。要防止每个狱内耳目始终采取一种方法接头，更要防止在同一时间、同一地点与两名以上的狱内耳目接头。

4. 掩护。掩护是指从狱内耳目的选择、建立到使用甚至撤销，尤其是在狱内耳目接近侦查对象时，取信于敌并打入犯罪团伙内部时，乃至破案及案件的诉讼过程中，都要制定周密的掩护狱内耳目的计划和方法，切实做好狱内耳目的掩护。这就要求：①在布置任务时应注意采取措施和方法进行掩护。②接头联系时注意掩护。③查证狱内耳目提供的线索或证据应另寻借口，并注意方法和策略。④在破案时给狱内耳目制造不在场的机会和理由，或一并关押，让主犯认为其罪行的暴露不是由狱内耳目造成的情景。⑤狱内耳目暴露以后，应立即采取补救措施，以便继续使用狱内耳目，保护狱内耳目的安全。⑥在刑事诉讼中及时与检察机关和法院沟通，做好在起诉和审判过程中对狱内耳目的保护工作。可采取的措施如下：将狱内耳目提供的材料转化为合法的证据材料；不公开出庭作证，必须要出庭作证的，应注意转化身份；协商争取另案处理，或在定罪量刑时予以酌情考虑。

5. 严格监督。狱内耳目本身来自罪犯这一特殊群体，思想状况比较复杂，个别狱内耳目消极因素较多，甚至还善于耍两面派，表面上向我，暗地里通风报信、陷害他人、搞破坏活动等。因此，要对狱内耳目进行严格监督，始终把他们的活动置于狱内侦查部门的严格监督之下。

6. 赏罚严明。使用狱内耳目的过程中，有的狱内耳目表现积极，成绩突出；有的工作一般或不起作用；有的甚至违法犯罪。对此，要根据狱内耳目取得的成绩或具体表现，该奖则奖，当罚应罚，并及时兑现。只有做到赏罚分明，才能充分调动其工作积极性。

7. 适时整顿。适时整顿是指为保证狱内耳目队伍质量，必须适时整顿。对不起作用的狱内耳目，要坚决予以撤换；对因工作方法不当或其他原因而暴露身份的狱内耳目，如仍有使用价值的，可调到其他单位或部门继续使用；对于停止使用的狱内耳目，必须向其宣布纪律，不许乱讲，否则追究其责任。

八、狱内耳目的撤销

对那些不适宜继续工作的狱内耳目，应当予以撤销；对于那些长期失去工作条件、丧失工作能力的狱内耳目，要停止使用，结束工作关系，并妥善安置；对于那些不愿意继续为狱内侦查部门工作，经教育仍无效的狱内耳目，应予以撤销；对于那些有严重违规违纪，乃至犯罪的狱内耳目，应当予以清除，并追究相应的责任。狱内耳目撤销工作要慎重，讲究方式、方法，尽量做到合情合理，以免产生不良影响。对于被撤销的狱内耳目，要做好善后工作，加强保密教育，采取保密措施。狱内耳目的撤销，由负责建立、领导和使用的狱内侦查人员填写审批文书，按批准时的权限逐级上报审核、审批。

九、狱内耳目教育、考核、奖惩与建档

对狱内耳目进行教育、考核、奖惩和建档是提高狱内耳目队伍素质的重要措施，也是对每个狱内耳目必须坚持做好的日常基础性工作。通过对狱内耳目的教育、考核、奖惩，促使狱内耳目思想稳定、服从指挥、严守纪律，确保狱内耳目的稳定和质量，更好地完成工作任务。

（一）狱内耳目的教育

狱内耳目的教育必须贯穿于狱内耳目工作的始终。一方面，狱内耳目本身就是罪犯，需要改造、教育；另一方面，狱内耳目常处阴暗面，接触的消极、落后因素多，存在随时随地被传染、被拉拢的可能。对狱内耳目的教育不等同于一般性的罪犯教育，要根据狱内耳目的具体情况、所担任的具体任务以及有可能出现的思想问题，有针对性地进行思想、工作方法、遵纪守法和保密等方面的教育：

一是通过思想教育用正确思想引导他们，提高他们对狱内耳目工作及工作形势的认识，厘清狱内耳目工作与自身改造的关系。二是通过工作方法教育提高狱内耳目素质。例如：给狱内耳目布置任务时，要教给狱内耳目一些斗争策略、业务常识和方法；听取汇报时，帮助狱内耳目总结工作情况，肯定成绩，指出不足，帮助其正确评价工作过程和工作方法，并提出改进意见，不断提高狱内耳目的工作成效。三是通过遵纪守法教育，使狱内耳目自觉听从指挥，更好地完成任务。不能让狱内耳目自以为有干部信任，就滋生"特权"思想，或在罪犯中称王称霸，或假公济私、打击报复等。对狱内耳目的遵纪守法教育应结合实际尽可能具体化，尤其是狱内耳目工作纪律方面的内容。发现狱内耳目非因工作原因或未得批准而有意违纪的，要严肃处理。四是通过保密意识教育狱内耳目，使其做到该说的才说，不该说的坚决不说，要守口如瓶。

（二）狱内耳目考核

通过对狱内耳目定期或不定期的考核，及时发现狱内耳目工作中存在的问题，并及时处理，以确保狱内耳目质量，保证狱内耳目队伍的可靠性。

1. 考核内容。狱内耳目考核的主要内容有：认罪态度、平时的改造表现、工作积极性、完成任务情况、遵纪守法情况和保守秘密情况等。

2. 考核方法。对狱内耳目考核无论采取哪种方法，都应做到谨慎巧妙，秘密进行，不能让狱内耳目有所察觉，但要让狱内耳目知道他的活动是会受到监督和检查的，以警戒其自觉遵纪守法。考核情况应当存入狱内耳目档案，作为奖惩的依据。对狱内耳目的考核方法主要有以下几种：①接头汇报。通过与狱内耳目的接头汇报，检查狱内耳目是否完成任务，如没有完成任务或完成不理想，应查明原因。②侧面调查。通过其他监狱人民警察或其他在押罪犯侧面了解狱内耳目的行为表现。注意了解的方式，切不可暴露意图。③突击清监。清监是狱政管理的一项制度，也是检查狱内耳目工作情况的有效方法。由于清监多采用不定期突然的形式进行，所以很容易发现问题。④复线考核。利用复线狱内耳目来了解和印证原狱内耳目的工作情况，是考核狱内耳目的最有效的方法之一。但此种方法在使用时要慎重，特别是在给复线狱内耳目交代任务时，切不可暴露目的。⑤情报印证。通过其他渠道获得的情报来印证狱内耳目情报的真实性，以此考核狱内耳目的工作情况和可靠度。⑥审讯对证。通过对狱内犯罪嫌疑人的审讯，考核狱内耳目在侦破案件中的表现和作用。⑦技术监控、监视。即运用监控设施来监视和考核狱内耳目的活动情况。

（三）狱内耳目奖惩

通过对狱内耳目的考核，及时兑现奖励或惩罚，对调动狱内耳目工作积极性、确保狱内耳目队伍稳定具有重要作用。

1. 狱内耳目奖励的条件。对于狱内耳目的奖励，主要结合狱内耳目的工作态度、日常表现，根据工作成绩，应当分别给予加分、表扬、记功、减刑、假释或其他物质奖励。常见的予以奖励的情形如下：①服从指挥，严守秘密，定期或不定期如实反映情况，工作成绩显著的；②及时汇报并在制止罪犯违反监规纪律中起主要作用的；③打入犯罪集团内部，提供侦查线索，取得确凿证据的；④及时发现并提供重要线索，制止重大、特大预谋案件的发生，或在侦查破案中发挥了重要作用的；⑤其他需要奖励的。

2. 狱内耳目惩罚的条件。对狱内耳目的惩罚，主要视其情节轻重，分别给予扣分、警告、记过、依法追究刑事责任等惩罚。常见的予以惩罚的情形如下：①阳奉阴违、虚报假情况的；②违法乱纪、称王称霸的；③假公济私、招摇撞骗的；④捏造事实、陷害他人、打击报复的；⑤包庇狱内犯罪嫌疑人员或违法犯罪的；⑥勾结狱内犯罪人员，制造假象企图将侦查引入歧途的；⑦诱人犯罪或参与作案的；⑧其他予以惩罚的。

3. 狱内耳目奖惩的方式和方法。对狱内耳目的奖励或惩罚一律秘密地个别进行。奖励或惩罚均应单独对其进行，并鼓励其继续为我工作或警告他要保守秘密，不得泄露秘密。

（四）狱内耳目档案与经费管理

1. 狱内耳目档案管理。档案管理是一项重要的狱内耳目工作。对狱内耳目应逐人建立档案，一人一卷。由狱内侦查部门集中管理，专人负责严格保管。档案内容包括两个方面：一是个人档案，主要内容包括原判决文书文件，狱内耳目改造、立功受奖或因果受罚情况，建立、撤销狱内耳目的审批手续，狱内耳目愿为我工作的申请书或保证书，狱内耳目的化名、代号、编号、考核记录等等；二是工作档案，主要内容包括：狱内侦查人员对狱内耳目的工作安排，狱内耳目反映情况记录和处理结果，狱内耳目工作成绩、过失记载，对狱内耳目的奖惩记录等等。

2. 狱内耳目经费管理。狱内耳目经费是开展狱内耳目工作的物质保障。国家财政拨给监狱的费用中有狱内耳目的专项经费。狱内耳目专项经费专款专用，主要用于奖励费、活动费、生活补助费、抚恤医疗费等。

【任务小结】

本学习任务介绍了什么是狱内耳目，帮助学生理解狱内耳目解决的问题，了解狱内耳目的种类及任务，掌握选建、使用、管理、教育、考核、奖惩与档案等狱内耳目相关理论知识，培养学生在狱内侦查中严格按照法律规定，运用所学的理论知识开展狱内耳目工作的业务技能和运用能力。

【思考题】

1. 什么是狱内耳目？狱内耳目解决什么问题？

2. 试述狱内耳目工作应遵循的基本原则。

3. 狱内耳目应具备哪些条件？

4. 试述如何选建狱内耳目。

5. 试述狱内耳目使用的要求。

6. 试述如何教育狱内耳目。

【任务训练】

训练项目：模拟狱内耳目的建立、领导、使用和管理

一、训练目的

通过模拟狱内耳目的建立、领导、使用和管理训练，使学生加深对狱内耳目的理解，培养学生进行狱内耳目选建、使用、管理、教育、考核、奖惩及档案整理工作的业务技能，并讲究策略和方法。

二、训练要求

1. 明确训练目的。

2. 掌握训练的具体内容。

3. 熟悉训练素材。

4. 按步骤、方法和要求进行训练。

三、训练条件和素材（具体训练条件和素材可根据训练目的及训练重点，由训练指导教师选择、调整）

（一）训练条件

模拟监狱及配套基本器材、设施、设备等。

（二）训练素材

罪犯资料。

四、训练方法和步骤

在指导教师指导下，学生在训练室分组模拟各角色（狱内侦查人员、狱内耳目）进行训练，具体方法和步骤如下：

1. 准备素材，确定训练方式，学生复习有关狱内耳目的理论知识，做好包括模拟狱内耳目建立、领导、使用和管理训练的情景场所及配套基本器材、设施、设备准备工作。

2. 实训指导教师介绍训练内容和要求，发放准备好的案例素材。

3. 学生阅读素材，掌握狱内耳目的相关事实和材料，在指导教师的指导下形成情景模拟方案。

4. 学生以分工负责的形式进行角色分配，具体可按狱内侦查人员、狱内耳目对象等进行角色模拟分配。实际操作时可根据情况进行角色添加或删减，排列组合形成情景模拟团队，如添加或删减狱内侦查部门负责人，相关罪犯等。

5. 完成模拟狱内耳目选建、使用、管理、教育、考核、奖惩及档案材料整理等工作情景操作。对素材案例中没能提供的条件，由学生酌情进行合理设计和补充。

6. 整理训练成果，形成书面材料。

五、训练成果

1. 完成狱内耳目整套工作的完整视频，并交训练指导教师。

2. 总结训练成果，写出训练心得体会。

3. 指导教师进行讲评及训练成绩考核、评定。

工作任务四　重点罪犯的甄别与管控

【任务目标】

知识目标：通过本学习任务的学习，培养学生知道什么是重点罪犯，如何甄别重点罪犯，尤其是重点罪犯中的危险性罪犯，掌握重点罪犯管控的方法与措施。

能力目标：通过本学习任务的学习、训练，培养学生掌握监狱重点罪犯排查与识别的基本内容、分析方法、管控措施；培养学生运用所学知识、技能，有效地甄别与控制重点罪犯（尤其是危险性罪犯）防范监管安全事故。

【任务概述】

监管安全是监狱管理的首要任务，而重点罪犯无疑是监狱安全管理的重点对象。重点罪犯受多种因素影响，极有可能出现危及监狱安全的行为，监狱须对其进行特别管束与控制。重点罪犯的甄别是做好安全防控的基础，重点罪犯的管控是做好安全防控的保障。要理性识别各种危险与风险诱因源，有效降低监管安全事故发生概率。要加强对罪犯的危险度评估，确定罪犯危险性质和危险程度。对重点人员要制订"一人一策"，落实重点防控措施；对个别极高危险及有精神障碍的罪犯要落实特殊防控，注重心理疏导的应用。

【任务基础】

管教实践中，有些罪犯一旦发生危害监管安全的危险行为，就会给监狱安全带来严重破坏乃至恶劣影响。对各类重点罪犯的防范与管控，是防范监狱安全风险、保障监狱持续安全的一项十分重要的基础性工作。

一、什么是重点罪犯

重点罪犯，是指基于罪犯主客观因素及一定事由，对监狱安全构成一定威胁，需要监狱特别管束的重点控制对象。在监狱的实际工作中，往往将三类罪犯列为"重点罪犯"加以管控：一是服刑期间有可能实施给监狱安全或社会安全造成现实或潜在危害行为的罪犯，称为危险罪犯。这类罪犯根据危险行为种类划分为脱逃危险罪犯、行凶危险罪犯、自杀危险罪犯和其他危险罪犯。二是犯罪恶习深，不思悔改或难以改造，常采取对抗管教或以违反监规纪律为手段抗拒改造行为的罪犯，称为顽固犯；三是具有特定犯罪性质或捕前特殊身份案件的罪犯，称为重要案犯。当前列为重要案犯管理的罪犯主要有三种情况：一是身份类，包括担任政府部门处级以上领导职务的；曾掌握国家机密的公务人员；对社会作出过有影响成绩的知名人士；外籍罪犯。二是犯罪性质类，包括危害国家安全的罪犯；邪教组织的罪犯；涉黑涉毒罪犯；团伙犯罪的首要分子。三是社会影响类，主要指犯罪行为在社会上引起较大反响，公众普遍关注的大案、要案中的涉案罪犯。这三类罪犯在一定客观条件作用下有可能相互转变，如顽固性罪犯转变为危险性罪犯，重要案犯转变为既是顽固犯也有危险性等多种性质的罪犯等。对这三类罪犯必须高度关注，及时掌握他们的思想动态、言行举止，以便第一时间采取针对性的管控措施。

监狱实践中，重点罪犯的管控重点是防范出现危害监管安全的危险性行为，而危险性罪犯又是对重点罪犯防控的重点对象。一般来说，危险行为主要有三种表现形式：一是罪犯可能实施狱内又犯罪行为，如可能实施狱内脱逃、行凶、劫持人质、破坏监管秩序等犯罪行为；二是罪犯可能实施针对自身的各种不确定行为，如自杀、自残的行为；三是精神病罪犯在其精神病发作期间有可能实施的危险行为。此外，也要防控重要案犯在服刑期间，因其身份和案情的原因，给社会带来新的不良影响和危害的行为。同一名罪犯有可能存在一种或多种危险性行为，无论哪种危险行为，都会给监狱安全带来现实的或者潜在的威胁，只是危险行为的状态以及产生危害的程度不同而已。

危险性罪犯虽然会对监狱安全构成现实或潜在的威胁，但也不是不可防控的，只要我们能及时甄别危险性罪犯，就能够减缓或消除危险行为的发生。对危险罪犯的甄别与管控，就是从保证监狱安全需要出发，运用科学的方法，对罪犯在服刑期间各个阶段有可能或潜在的危险性进行评价和鉴定，为控制这些危险行为的发生提供依据，继而为各种针对性的管控措施的落实奠定基础。

二、对罪犯危险状态的认识

（一）危险种类

从监管安全风险角度来看，大致以下几种情况需要作为危险性状态进行评估管控。

1. 具有危害国家安全或恐怖极端主义思想的。

2. 具有邪教思想或反社会人格心理严重的。

3. 对政法机关极端仇视，具有袭警或强烈报复心理的。

4. 有脱逃、行凶、破坏监管秩序等犯罪倾向或行为的。

5. 有余罪、漏罪等犯罪嫌疑的。

6. 有自残、自杀思想倾向或行为的。

7. 有隐瞒真实身份信息行为或身份信息未查实的。

8. 有私藏违禁品行为且动机不明的。

9. 因生理或精神疾病、障碍导致言行举止异常，具有伤害他人倾向或行为的。

10. 因警囚、亲囚、囚囚和工囚矛盾有可能激化，或情绪异常的。

11. 因家庭发生重大变故出现情绪异常的。

12. 悲观绝望心理严重的。

13. 有其他因素具有现实危险情形的。

（二）危险程度

从监狱工作实践来看，不同的危险罪犯潜在的危险程度是不同的，不同罪犯在不同时期其危险性质的程度也是不同的，罪犯危险等级就是依据罪犯存在的一种或多种危险程度，对监狱和社会的安全秩序构成威胁的强度以及所需戒备的不同情况，划分为极高危险，高度危险，中度危险，低度危险四种等级。罪犯存在最高程度的脱逃、行凶、自杀、其他危险行为等一种或多种危险，对监狱和社会的安全和秩序可能造成恶劣影响，需要最高等级戒备监管的，可列为极高危险罪犯；罪犯存在较高程度的脱逃、行凶、自杀、其他危险行为等一种或多种危险，对监狱和社会的安全和秩序构成较高的威胁，需要高度等级戒备监管的，可列为高度危险罪犯；罪犯存在一般程度的脱逃、行凶、自杀、其他危险行为等一种或多种危险，对监狱和社会的安全和秩序构成一般性的威胁，需要中度等级戒备监管的，可列为中度危险罪犯；罪犯存在较低程度的脱逃、行凶、自杀、其他危险行为等一种或多种危险，对监狱和社会的安全和秩序构成较低的威胁，需要低度等级戒备监管的，可列为低度危险罪犯。

（三）危险行为发生机制

1. 危险罪犯的成因分析。由于罪犯成分复杂、刑期构成复杂、个体情况复杂、思想认知复杂等，罪犯危险因素原因来源具有复杂性。罪犯危险性成因大致可以归纳如下：

（1）恐怖极端主义思想。恐怖主义罪犯和极端主义罪犯的危险性和其成长环境密切相关，其思想顽固性、主观恶性的深度都超过一般案由的罪犯，其实施危险行为的概率比一般类型罪犯更大。

（2）严重的心理疾病。近年来，如反社会人格障碍、抑郁症等具有严重心理疾病的罪犯呈上升趋势，给监管安全带来很大的挑战。且多数人暴力、自杀倾向突出，自控能力相对较差，具有突发性，有时一个小小的刺激，就可能引发严重的监管事件。

（3）因家庭或个人利益严重受损。罪犯监禁环境下，如果遇妻子离婚、家庭成员因病因灾死亡或者个人的财产重大损失等事件，很多人往往不能冷静面对，容易产生怨恨、绝望等心理，继而有可能实施报复、脱逃、自杀等极端行为。

（4）对社会"仇恨"的积累。因社会、家庭等因素的影响，有的罪犯对政府或政法机关有着十分强烈的不满情绪。不思悔改，故意惹是生非，对民警的管理采取抵触、抗拒的心态。这种不良的心理状态易成为狱内矛盾滋生、升级的主要因素，很容易因为一些微不足道的小事情，而诱发监管安全事故。

（5）因自身某些诉求难以达到目的。主要包括入监前就已存在的或入监后原有矛盾又有新的变化，以及改造期间产生的与社会、监狱管理的矛盾。如对社会拆迁征地、狱内患病治疗、刑事奖惩兑现等问题产生不满。这些问题的"积淀",当遇到某些外力的刺激,可能进一步激化矛盾,用实施危害监管安全事故的行为来发泄不满情绪。

(6)狱内矛盾得不到及时处置。罪犯与罪犯、罪犯与民警之间的矛盾,或者由罪犯之间引发的矛盾迁怒于民警管理处置的不满。如不能及时化解矛盾,就会给监管安全工作留下隐患。有的罪犯遇到问题总是往坏处想,即使是正常的工作安排与调整、正常的行政奖惩,也可能作出片面乃至武断的臆测与评价。现实中,有些矛盾在逐步积压和发酵后,有时遇到一些小摩擦、小误会、小利益,有的罪犯可能情绪失控,失去理智,继而产生极端的扰乱监管安全事故。

(7)劣习积重难返。很多涉黑涉毒类罪犯、暴力型罪犯、惯累犯,他们往往恶习深,道德意识、心理意识和行为习惯具有很强的反社会性和强烈的犯罪原动因。他们内心深处拒绝接受监管改造,一旦出现监管漏洞,就有可能实施危害监管安全的行为。

(8)悲观绝望心理。罪犯服刑后,由于心理落差太大,对前途缺乏信心;或者因家庭变故受到打击,负罪感加重;或者长期不能适应改造环境,精神压力大。罪犯若看不到希望,就会产生绝望心理,如不能有效干预,就有可能发生自杀或伤害他人等危险行为。

2. 罪犯危险行为发生的原因分析。罪犯危险性的存在是客观的,但并不意味着罪犯危险性必然转化为监管安全事故。只要我们管控有力,措施有效,就可以抑制或消除危害监管安全行为事件的发生。分析以往发生的罪犯脱逃、行凶、自杀及其他危险行为事件,主要存在着以下问题:

(1)对危险罪犯缺乏有效的管控措施。尽管罪犯发生危险行为原因是多方面的,但缺乏对危险性罪犯有效管控是重要的因素。产生问题的原因大致分为以下情况:一是没有及时甄别罪犯的危险性,对一些潜在的高危人群,没有实施更严格的监管控制措施。二是虽然对罪犯的危险性情况进行了甄别控制,但对罪犯的危险程度认识不清,思想麻痹,管控措施不力。三是对危险性罪犯管控的针对性不强,如管控措施方法简单,手段单一,千人一策,就很难达到防控的效果。不同危险罪犯其管控点是有所侧重的,只有采取相应监管控制措施才能起到事半功倍的效果。要最大限度地减少或消除监管安全事故的发生,及时、准确甄别罪犯的潜在危险因素和现实危险程度,才能为有效防控罪犯危险行为的发生提供依据。

(2)对危险罪犯管控措施出现漏洞。安全措施和安全设施,如同一面"安全墙"、一张"安全网"。从管控工作角度分析,只要任何一个环节出现漏洞,都有可能为危险行为的实施创造机会和条件。造成危险行为结果发生的原因大致有:一是民警的责任意识不强,执行制度不到位,出现管理漏洞;二是安全警戒设施出现隐患和漏洞;三是重点时段、重点环节、重点部位的管理出现薄弱环节和漏洞;四是危险违禁物品管理存在隐患和漏洞。对危险罪犯管控,一方面需要严格的制度保障,另一方面要确保相关的监管设施和危险违禁物品处于安全管理状态,这对于遏阻危险行为的发生有着重要的作用。

(3)出现引发危险行为的特定情景。罪犯实施危险行为是监管安全事故发生的风险源。从对监管安全事故的发生机理看，任何监管事故发生的"必然"规律，是风险源遇到"诱因"演变成监管安全事故。主要体现在：一是警囚、亲囚、囚囚和工囚矛盾排查处置不及时或方法简单，造成矛盾激化；二是出现了诱发侵害的客体或场景，促使危险行为的发生；三是出现了危险人自认为无法解决的状况；四是受外界负面影响，引发极端报复行为；五是当监狱发生不可预测的突发事件，如：大面积停电、疫情、火灾等，由于民警把主要精力放在突发事件的处置上而出现管理漏洞，诱发个别罪犯趁机作乱。只有我们认真分析危险因素源，开展针对性的危险因素诱因管控，才能有效减少或控制监管安全事故。

三、罪犯危险性评估工作要求

罪犯危险性评估是监狱机关运用专门的技术和方法，对罪犯发生危及监狱秩序与稳定的脱逃、行凶、抗改、自杀等行为以及再犯罪的可能性进行系统科学的评估和预测。

（一）评估主体

省监狱管理局设立评估领导小组及工作机构，监狱成立专业评估机构，负责罪犯危险性评估工作。监区民警作为评估人员参与对罪犯危险性评估，主要负责日常资料收集以及在监狱专业评估机构授权下实施罪犯危险性评估。极高危险、高度危险等级罪犯的认定，由监狱专业评估机构作出。被监狱评定为极高危险等级的罪犯，由监狱管理局审核确定。中、低度危险等级罪犯的认定，可以由监区评估人员作出。

（二）评估对象

罪犯危险性评估贯穿于罪犯服刑的全过程，在不同的阶段，罪犯危险性评估的重点有所不同。根据罪犯服刑三个阶段，分别开展入监危险性评估、中期危险性评估、出监危险性评估。同时考虑到罪犯危险性存在的突发情形，增加了即时危险性评估。

入监危险性评估。入监危险性评估是监狱对新收押罪犯开展的危险性评估，主要应用于罪犯分类关押。此类评估应做到全员覆盖，确定新收押罪犯具体的危险类别和危险等级，提出相应的分类关押建议。此评估在罪犯入监教育阶段完成。

中期危险性评估。中期危险性是监狱对服刑中期罪犯开展的危险性评估，主要应用于罪犯教育管控。对确定为高度危险以上等级的罪犯，一般每6个月进行一次危险性评估，对确定为中度危险以下等级的罪犯，一般每1年进行一次危险性评估。

出监危险性评估。出监危险性评估是监狱对即将刑满释放或拟提请假释、暂予监外执行罪犯开展的危险性评估，主要为安置帮教和社区矫正工作建议。出监危险性评估一般在罪犯刑满释放前3个月前完成，拟提请假释、暂予监外执行罪犯的出监危险性评估一般在提请前完成。实际服刑期限不足6个月的罪犯可以结合入监危险性评估同步实施。对暴力恐怖罪犯和极端主义罪犯，应开展出监后的社会危险性评估。

即时危险性评估。即时危险性评估是监狱对有脱逃、行凶、自杀等征兆或出现对抗管理教育、患有重大疾病、突发家庭变故、受到处罚、遭受伤害等情形的罪犯开展危险性评估，主要应用于应急处置工作。罪犯一旦出现此类情形，监狱机关应当即时对其进行危险性评估和管控。

（三）评估依据

对罪犯开展危险性评估是一个综合的动态的过程，需要根据罪犯个体的差异和改造进程中不同的阶段进行针对性的评估和诊断。其基本原理是根据与罪犯实施危险行为有关的因素推测罪犯实施危险行为的可能性大小的一种预测活动。

目前，主要是通过对罪犯进行思想、心理和行为的收集和研判分析来确定罪犯危险性。主要的收集方式有三种：一是采集基本信息；二是开展调查访谈；三是量表工具测试。具体涉及内容包含：①罪犯的个人基本情况。包括年龄、文化程度、健康状况、捕前身份、成长经历、特殊技能等；②违法犯罪史，包括以往历次违法情况、犯罪类型、案情、刑期、犯罪性质等；③婚姻家庭情况，包括亲情关系、家庭结构、家庭变故等；④财产居住状况，包括经济状况、居住条件、居住环境等；⑤社会交往情况，包括交往的对象、交往的方式、有无与违法犯罪人交往等；⑥成瘾状况，包括类型、程度等；⑦生理心理状况，包括生理条件、情绪稳定性、认知状况、性格缺陷等；⑧犯罪思维与态度，包括反社会的价值观、对犯罪的看法等；⑨现实改造表现，包括学习、劳动、认罪悔罪、遵规守纪、会见通信、人际关系等。

通过对以上这些维度和因子的综合研判和分析，对罪犯发生危及监狱秩序与稳定的违规违法行为以及再犯罪可能性作出评估和预测，进而确定罪犯危险类别和危险等级。

（四）评估方法

罪犯危险性评估的主要方法有档案分析、结构性面谈、量表测试、行为观察、社会调查、统计分析、综合诊断等。由于罪犯危险性评估工作具有复杂性，如何运用评估方法和手段对于罪犯危险性预测的正确性有着至关重要的影响。

监狱机关应当运用多种方法来开展罪犯危险性评估，通过不同方法之间的相互验证，以提高评估结果的可靠性、准确性。具体工作中，需要注意三个结合：一是动态因素与静态因素相结合。静态因素是指有关罪犯历史资料，个体信息等相对稳定的评估因素，而动态因素则是与罪犯改造活动发生联系的诸如监狱环境、家庭环境、社会环境因素及遇到的应激事件对罪犯的影响，如常见的家庭突发变故往往容易导致危险罪犯的情绪波动。二是统计分析与经验判断相结合。统计分析是大量科学实证研究基础上的归纳和总结，根据其设计的各项因子评判与罪犯危险性之间的关联性。然而，危险性评估的复杂性在于产生罪犯危险性的行为具有多变性，同样一件事，在不同的个体身上引发的感受可能截然不同，如离婚，有的无法释怀深受打击，有的却如释重负。这种不同的状态会直接影响罪犯危险性程度。经验判断则通过了解罪犯有关情况，由民警确定罪犯的危险状态。三是调查访谈与量表测试相结合。量表测试是科学认识罪犯的个性特征，心理状态等方面的有效工具，但由于操作环境要求高，容易受到客观因素的影响。而调查访谈能够更加深入全面地认识罪犯的犯罪原因、恶习深度、思想状态、言行表现、人际关系、犯罪思维等。

（五）评估报告

对罪犯开展危险性评估后要及时出具评估报告。评估报告应包括罪犯危险类别、危险等级及建议措施等内容。罪犯危险类别可划分为脱逃、行凶、暴狱、抗改、自杀和再犯罪危险等类别。根据危险程度，划分为极高危险、高度危险、中度危险和低度危险等四级。建议措施包括分类关押意见、教育管理措施、安置帮教建议等。

四、罪犯危险性评估的结果应用

罪犯危险性评估是科学认识罪犯的一项基础性工作，是有效教育管理罪犯的重要依据，对于维护监狱安全稳定，提高教育改造质量，规范刑罚执行，具有十分重要的意义。

危险性评估结果是罪犯分类关押的重要依据。极高度等级的罪犯应分流至高度戒备监狱或监区关押；高度危险等级和跨度危险等级的罪犯根据需要分流至中度戒备等级以上的监狱或监区关押；低度危险等级的罪犯可以分流至各戒备等级的监狱或监区关押。罪犯危险等级发生变化的，应及时分流；没有条件分流的，应当及时调整和变更管控措施。

危险性评估结果是有效管控罪犯的重要依据。应当根据罪犯危险性评估结果确定的危险等级，对罪犯实行分级管理，采取相应的管控措施，危险等级越高的，管控措施越严。监狱应当将危险性评估结果作为狱情研判的重要内容，以提高狱情研判的科学性和准确性。

危险性评估结果是教育改造罪犯的重要依据。应当根据罪犯的危险类别和危险等级，制定相应的教育改造措施，并不断调整和完善，做到因人施教，降低或消除罪犯危险。

危险性评估结果是组织罪犯劳动改造的重要依据。应当根据罪犯危险性评估结果，合理组织罪犯劳动，科学选择劳动项目，安排适宜劳动岗位，防控安全风险，促进安全生产。

危险性评估结果是正确执行刑罚的重要依据。应当根据罪犯出监后再犯罪的可能性，提出是否适用假释、暂予监外执行等建议以及罪犯刑满释放后安置帮教建议；根据暴力恐怖罪犯和极端主义罪犯出监后社会危险性评估结果，提出刑满释放后安置教育建议。

五、对危险性罪犯的防控策略

对危险性罪犯的防控，主要通过采取针对性防控措施，达到有效消除或降低危险行为发生的目的。根据危险性质和危险程度的不同可划分为重点防控和特殊防控。

（一）重点防控

1. 对潜在危险人，实行分类管控。对危险性罪犯的评估是做好危险防控工作的基础。首先，要做好新收押罪犯的危险性评估，根据新收押罪犯具体的危险性质和危险程度，提出相应的分类关押建议。对于服刑中期出现的危险性罪犯开展即时评估，确有现实危险行为的及时从严管控，危险性行为暂时难以缓解或消除的关押到相应的高戒备场所从严管控。其次，要有专门的民警负责对危险罪犯的教育管控工作，对于高度、极高度危险等级的罪犯，由监狱领导挂帅并指定相关业务部门的民警参与教育管控工作，落实相应的工作责任。同时，民警对危险罪犯应做到"三明"，即明确基本情况、明确危险等级和性质、明确劳动岗位和睡觉床位。再次，对危险罪犯管理措施上应做到"四不"、"四控"、"四固定"和"两严格"。"四不"是指危险罪犯不得使用杀伤力强的劳动工具、不得接触外来车辆和易燃易爆及高腐蚀性的化学物品、不得从事流动或事务性劳动、不得安排零星和要害部位劳动；"四控"是指民警直控、狱内信息员明控、狱内耳目暗控、连号罪犯夹控；"四固定"是指危险罪犯的睡觉床位、学习座位、队列排位、劳动岗位做到相对固定；"两严格"是指危险罪犯外出就诊等应严格搜身和落实管理措施、会见或亲情电话等应严格落实现场直接监听的管理要求。

2. 动态跟踪，实施"一人一策"管控。要坚持源头治理，多管齐下，综合研判。从新犯入监筛选到改造的不同阶段动态跟踪，排查潜在的有可能造成监管安全的危险源，并进行动态应对。

对于确定的危险性罪犯，负责包教管控的民警要时刻掌握罪犯的思想动态，行为举止，开展有针对性的矫治工作，实施"一人一策"的专档管理制度，促使罪犯缓解或消除危险行为。同时监区其他管理民警也要及时提供了解到的有关罪犯信息，如检查罪犯信件或会见监听过程中，日常谈话或管理工作中获取的罪犯信息及时传递给负责包教管控的民警，便于包教管控民警动态掌握危险罪犯各方面信息，从而分析、判断罪犯的危险程度，教育效果，不断调整和完善切实可行的个别化矫治对策，提高管控措施的有效性。

要充分运用罪犯联号包夹制度，通过选择现实表现好，有一定观察和识别能力的罪犯，与危险罪犯编为同行联号小组进行包夹监控。运用狱内耳目有重点地对危险罪犯的思想动态和行为表现进行收集和监控。对于参与联号包夹罪犯或狱内耳目，民警必须采取定期和不定时相结合的方法，了解危险罪犯现实思想动态，现实改造表现，并及时提出具体的指导要求。

要注重发挥技术手段的作用，运用监控、监视等科技手段及时掌握危险罪犯的一举一动，实现全方位、多层次、无缝式的动态监控措施。

3. 分析研判，及时消除危险因素。首先，健全专题分析机制。监区直接管理民警要实施"即时分析、当日分析、每周分析"的工作机制。即时分析是指民警本人或现场执勤民警共同对现时收集的有可能诱发监管安全的犯情进行初步分析研判。当日分析是对当日收到的有可能诱发监管安全的犯情进行集体分析研判，每周分析是对危险性罪犯言行表现进行集体深入研判。同时，监狱业务部门每月定期或不定期地开展对危险性罪犯的专题分析研判。

其次，坚持清单化管理。对排查出来的可能诱发危害监管安全风险的因素实行负面清单制度，落实监区、监狱专人负责，及时消除监管隐患，严防危险因素处于失控状态或转化为监管事故，实现"发现得早，化解得了，控制得住，处置得好"的目标，将罪犯发生危险行为的苗头消灭在萌芽阶段。要建立统一的协调机制，坚持分类化管控。对不同的危险性质和危险程度的罪犯，要利用监狱相关部门、社会有关方面的各类资源进行综合干预，及时化解矛盾冲突，减缓或消除诱发罪犯实施危险行为的各类负面因素。

4. 制定应急控制对策。要重视应急控制能力的建设，制订规范的风险应对指导手册。加强对一线民警处置技巧和能力水平的培训。当出现罪犯危险行为苗头时，做到第一时间介入、控制，严防危险行为处于失控状态或转化为监管事故。要重视硬件防控措施在防范工作中的功能运用。尤其对一时情绪失控而可能走极端的危险性罪犯，要按照"先控制、后化解"的程序操作。执勤民警要配备必要的安全警用装备、警戒约束器材，做到第一时间依法控制危险罪犯的危害监管安全行为。监狱建立突发事件应急机制，制定狱内各种突发事件的应急预案并加强实战演练，确保监狱能够迅速出击应对突发事件，短时间内处置，以最大限度地控制事态、减少损失、降低影响。

（二）特殊防控

1. 高戒备管理。确有极个别极高危险的罪犯，若短时间内很难消除危险因素，就需要落实专门的防控措施，防止危害监管安全事故的发生。目前普遍采取的是高戒备管理模式，这既威慑一部分危险性不大的罪犯，又能使高度危险的罪犯有缓冲和转化的空间。值得特别注意的是，由于极高危险性罪犯个体之间的差异性大，必须十分重视差异化管束，体现赏罚分明的不同处遇，发挥高戒备管理不同"戒尺"的惩戒效应。同时，开展行为矫正、心理疏导，着重突出对矫正过程的强化。通过依法严格的强制措施，形成"一对一或多对一"的教育矫治态势。

2. 开展心理干预与治疗。对于有精神障碍或疾病的罪犯，要重视疾病诊治，加大心理辅导力度，通过掌握其外表、思想、言语、行为等方面的特征变化进行针对性的防控。协调当地精神病医院指派专家定期来监狱对精神障碍罪犯进行巡诊，开展针对性的药物治疗。平时，要挑选改造表现积极，思想情绪稳定，身体强壮且反应能力强的罪犯专门监护精神障碍罪犯，以在发生突发事件时能够做出快速处置。要严格限制精神障碍罪犯的活动区域，禁止精神障碍罪犯与其他罪犯接触，避免其攻击其他罪犯，并防止其他罪犯对精神障碍罪犯进行挑逗而诱发安全事故。

3. 依法打击抗改行为。对危险性罪犯的消极抗拒改造的行为，尤其是破坏监管秩序的违法犯罪行为，一定要及时，依法收集固定证据，给予监规纪律处罚，构成犯罪的及时依法处理。

六、对顽固罪犯、重要案犯的防控

1. 对顽固罪犯的防控。

（1）参照对危险罪犯的管控措施，重点落实包管包教措施，细化对罪犯行为恶习的个性化矫正和针对性思想教育，促使其端正改造态度。

（2）及时掌握思想动态，发现有脱逃、自杀等危险性可能的，列入危险罪犯管控。

2. 对重要案犯的防控。

（1）一般不实行包夹控制措施，重点在于动态地掌握思想、行为等方面的改造表现情况，同时防范罪犯利用原身份或原犯罪性质，在监内外造成新的不良社会影响或构成新的危害。

（2）严格控制外界联系，亲属会见要严格审核，监听要认真。对外通信要严格审查，防止不良信息的传递。在狱内生活、学习、劳动岗位安排，要从严控制，未经批准不得擅自安排从事勤杂性劳动岗位。

（3）重要案犯出现不思悔改的顽固思想或具有危害监管安全危险的，要及时列入顽固罪犯或危险罪犯要求管控。

【任务实例】

新入监罪犯贺××危险度评估报告

一、基本情况

1. 个人情况

罪犯贺××，男，19××年××月××日出生，汉族，小学文化，离异，无业。户籍地为：××省××市××乡××村。无犯罪前科。因犯参加黑社会性质组织罪、聚众斗殴罪、赌博罪、容留他人吸毒罪，于20××年×月××日被××市人民法院判处有期徒刑五年四个月，于20××年×月××日投入我监服刑。

2. 家庭情况

自述家中有父亲（70岁）、母亲（71岁）、和一个大儿子（20岁）、一个小儿子（12岁），与妻子已离异，目前大儿子由前妻抚养；小儿子由该犯父亲抚养。父母也是离异的，从小与母亲生活，和家中亲人关系良好，家庭经济条件一般。

3. 个人成长情况

自幼在家中的生活不幸福，生活条件差，母亲一个人要承担家里所有的事情，也没有太多的精力管他，小学辍学后，在社会上流浪，久而久之，养成了不良恶习，从而走上了犯罪的道路。

4. 犯罪情况

20××年×月至20××年××月，伙同他人在××市，参与赌博，并参与他人纠集持械斗殴。20××年×月至20××年××月该犯参加以张××为首的黑社会性质组织。

5. 身体健康情况

手上和背部均有明显的刀砍伤疤痕，右脚有习惯性脱臼，无其他方面疾病。

6. 法院判决的认知

拒不认罪服法，认为自己当时与朋友在吃夜宵与别人发生口角，对方拿刀砍他，并被人砍伤，自己是"正当防卫"把刀抢来，才把别人砍伤的。对参加黑社会性质组织也拒不承认，自述来××市是打工的，不存在参加黑社会性质组织的行为，认罪悔罪意识较差。

二、改造表现

1. 行为养成及纪律遵守情况

行为自由散漫，性情粗暴、容易冲动且自控能力差，与组内同犯关系较差，常与同犯发生争吵。20××年×月××日，私自拆卸床板上松动的铁钉，用于给自己饭勺做标记，被训诫处理，并对处理表示不满，有较大情绪：认为铁钉又没拿走，我用好就放回去了。

2. 日常学习及训练情况

学习态度不端正，经常违反学习纪律，借自身的病情等原因拒绝服从监区日常的管理要求。参加日常队列训练，行为懒散，总体表现较差。20××年×月××日，因违反学习规定，罪犯组长向其提醒注意，反而拒不听从，满腹牢骚，并与罪犯组长抬扛，之后情绪激动，准备动手，被其他罪犯劝阻。

3. 民警谈话等教育接受程度

从民警日常教育谈话来看，该犯态度不够端正，表面接管教育，但行为仍然我行我素，对改造抱有无所谓的态度。

4. 家庭变故因素

自述小时候父母离异，家庭经济困苦。自己在20××年与妻子办理离婚手续，现在小儿子由父母抚养，大儿子由前妻抚养，长期不与家人联系，也无家人联系方式。

5. 行为表象

该犯在入监教育期间，总体表现较差，日常改造中行为养成较差，性格较冲动、脾气暴躁，自控能力差，对于监规纪律抵触心理较大，服从意识较差，经常在组内争吵，行为表现粗暴。

（1）该犯自述自己有暴力倾向。曾表示：吸毒后多次对妻子使用暴力，同犯别想欺负他。

（2）日常改造中，曾扬言：反正我不减刑假释，谁不服跟谁来！

（3）组内与同犯相处较差，说话冲动、粗鲁，脾气暴躁，一言不合就大声吼叫、瞪眼。

三、心理测试、心理危机预警、SPEC系统危险性评估、结构性访谈信息记录情况：

（一）心理测试：（COPA-PI）

P1：外倾（42）

*较低分：人格比较趋于内向，偏好安静和独处，不太合群，不爱社交活动，交际能力较差，交际面较窄，朋友较少，与人相处、合作能力较弱，除了亲密朋友之外，对一般人不爱说话，有点冷漠，不太随和。

P3：同情（34）

*低分：明显缺乏同情心。冷酷无情，心肠硬，不易被感动和体察别人感情，有"冷血动物"之称。缺乏责任感，不同情弱者和关心帮助他人，不近人情。

P11：变态心理（59）

*较高分：有较强的变态倾向。变态心理倾向突出表现在以下几个方面：偷窃癖、虐待狂、性变态、纵火狂、妄想症和幻觉、心理过敏等。

根据心理测试结果综合分析：该犯人格比较趋于内向，不太合群，明显缺乏同情心，心肠硬，行事冲动鲁莽，从不多加思考。这与该犯的日常行为表现相符，证明该犯有较强的潜在暴力性，容易因冲动、暴躁而导致暴力行为。

（二）心理危机预警评测：

焦虑症状（GAD-7）0（0~21）正常

抑郁症状（PHQ-9）0（0~27）正常

躯体症状（PHQ-15）0（0~30）正常

睡眠质量（PSQI）1（0~21）正常

（三）SPEC 系统危险性评估：

脱逃危险性评估（E-HCR15）：

经典危险分数：3.7 危险等级：低

Logistic Regression 分数：0.05546188566750935

高致危因素：H3

暴力危险评估（V-HCR16）：

经典危险分数：41.16　危险等级：高

Logistic Regression 分数：1

高致危因素：H2、H4、C1、C3、C4、C5、R6、R0

自杀危险性评估（S-HCR21）：

经典危险分数：4.88　危险等级：低

Logistic Regression 分数：0.9999999996696934

高致危因素：H5、H6

四、评估小组意见

评估小组从心理测试、罪犯结构性访谈信息记录表、罪犯心理危机预警评测报告、SPEC 系统危险性评估、罪犯档案、入监表现以及谈话教育，具体分析如下：

1. 该犯在入监教育期间，总体表现较差，自入监以来表现出性格粗暴、易发脾气的特点，自控能力较差，经常与同犯产生言语争执，且拒不认罪，抱有无所谓的态度，改造难度大。

2. 该犯手上和背部均有明显的刀砍伤疤痕，右脚有习惯性脱臼，时常借身体原因逃避改造。

3. 心理测试结果分析：该犯人格比较趋于内向，不太合群，明显缺乏同情心，心肠硬，行事冲动鲁莽，从不多加思考。这与该犯的日常行为表现相符，证明该犯有较强的潜在暴力性，容易因冲动、暴躁而导致暴力行为。

4. SPEC 系统危险性评估提示：高度暴力危险。

综合以上几点，监区评估小组认定罪犯贺××目前具有高度暴力危险性，重点防控为行凶暴力危险。

五、评估小组建议

1. 该犯入监后改造态度消极，行为养成差，未能树立身份意识。要在加强纪律约束的同时，强化认罪悔罪的教育，明确当前国家扫黑除恶斗争的高压态势，督促其认清形势，必要时可采取一定强制手段和矫治措施。

2. 针对性情暴躁、冲动，要加强心理矫治及心理健康引导教育，安排在改造氛围相对较好的罪犯小组，鼓励其多参与各类有组织的文体活动，培养良好人际关系。加强联号互监的监督、包夹措施落实，时时掌握该犯言行举止，如有异常及时制止、干预。

3. 要重点关注和及时化解该犯因生活小事引发的矛盾与冲突，一旦遭受刺激和挫折，要及时对其心理疏导，让其负面情绪得以及时宣泄。

4. 重视搜身、清监检查，杜绝其接触危险性工具可能性。

5. 联系社会相关部门，促进罪犯与亲人之间的联系，以唤醒和增强其责任感，促使其改造。

×监区评估小组

20××年×月××日

【任务小结】

本学习任务介绍了什么是危险性罪犯，分析了罪犯危险行为发生的原因，帮助学生重点了解对危险性罪犯的评估方法、内容、管控措施，从而提高对罪犯危险性质和危险程度的甄别能力和技巧运用。

【思考题】

1. 试述危险性行为发生的原因及有效管控措施？

2. 危险性罪犯的评估方法和依据有哪些方面？

3. 谈谈作为管理民警应掌握危险罪犯的哪些基本情况？

4. 你管理的监区，出现一名自杀危险性罪犯时，应该如何管控，为什么？

【任务训练】

训练项目：模拟危险性罪犯评估

一、训练目的

通过模拟实训，使学生加深对危险性罪犯评估的理解，掌握危险性罪犯评估工作的基本内容、依据和方法，以及如何制订针对性管控措施，从而培养学生的实际操作技能和实际运用能力。

二、训练要求

1. 明确训练目的。

2. 掌握训练的具体内容。

3. 熟悉训练素材。

4. 按步骤、方法和要求进行训练。

三、训练条件和素材（具体训练条件和素材可根据训练目的及训练重点由训练老师选择、调整）

（一）训练条件

案例、心理量表等相关评估资料。

（二）训练素材

罪犯徐某某个案材料

1. 罪犯徐某某的人生轨迹

罪犯徐某某，男，1976年6月22日出生，汉族，小学文化，浙江省定海县人，一次行政拘留经历，九次服刑经历：曾有脱逃经历，1996年7月19日因盗窃罪被判处有期徒刑一年；1998年11月16日因盗窃罪被判处有期徒刑一年；2000年8月7日因盗窃罪被判处有期徒刑二年；2003年7月14日因盗窃、抢夺罪被判处有期徒刑三年六个月；2006年12月1日因偷盗少量公私财物被行政拘留3日；2007年5月30日因盗窃罪被判处有期徒刑一年；2009年4月29日因盗窃罪被判处有期徒刑四年；2013年4月8日因盗窃罪被判处有期徒刑一年；2014年12月2日因盗窃罪被判处有期徒刑一年八个月。

罪犯徐某某最近一次服刑，只是他多次服刑后的又一次重复与重演。2016年1月24日刑满释放，仅仅四天后，即同年1月29日即开始重操旧业，在舟山定海区、普陀区等地实施盗窃，至4月5日共窃得财物、现金13593无。同年4月1日又在定海区抢夺人民币2845元。出狱仅4天，他就开始琢磨着如何盗窃了，用他自己的话讲：4天已经太长，第二天就已经熬不住了，手都发痒了。其实，他的心早就痒了。

2. 罪犯徐某某的家庭生活情况

在20岁以前的岁月中，由于父亲早亡，因其多次盗窃，扰得四邻不安、社区纷怨。因其多次犯罪服刑，母亲自觉教子无方，面对邻居街坊的质难和家庭生活的困顿，更觉无脸见人，看看别人家团和美满，看看别人家的孩子成才得力，郁闷愈结，最终徐某某在服刑期间自缢身亡，家中再无其他亲人。该犯服刑前长期无人看管，四处游荡，处于游手好闲的状态，亦未学到什么适合谋生的技能。数次服刑释放间隙期间，也以盗窃为生，缺乏正常的社会能力，缺乏对家庭和亲人的感情认同。

如果说徐某某有一点对家的向往和亲人的盼念，那么这种感觉在他写平安信时才会被不经意地触动。每次入监，监区都会统一安排给家人写平安信，徐某某总是很为难地说："我就不写了吧，因为我实在不知道寄给谁。"有一次他实在没办法了，总算想到一个他较为熟悉的人：他们村的村书记。因为他服刑这么多年之后，早已没有了朋友，而父母也先后去世，亲戚则早已避之不及，除了村书记，他实在没有其他的朋友，更谈不上亲人。但这种对亲人的眷念和遗憾如同幻觉，只是一闪而过，更没有成为他的内心的寄托与改造的动力。

也正是由于长期缺少亲情的关怀，徐某某刚刚40岁的年纪，却有一半的时间在监狱度过，长期的服刑改造生活，使徐某某与社会的脱节太多，在性格中形成了放任偏执，暴躁多疑的特性，人格也出现了变异。

3. 罪犯徐某某服刑改造记事

2016年9月27日，入监当天在收押现场，该犯即以"你不是民警，你管不了我"为由，不服从勤杂犯的正常协管，在勤杂犯向民警汇报情况的过程中，徐某某突然转身用头撞墙，发泄不满情绪，后被民警抱住并制止其进一步撞墙。民警随即对其进行谈话教育，徐某某却叫嚣"我来了好几次了，好多人我都认识的"，"送我去禁闭好了！"因其抗拒监管，被监区扣思想分1.5分。

入监仅仅过了一周，10月5日上午，在监区例行的新犯行为养成训练过程中，罪犯徐某某觉得太累，在他看来，对他这种老资格的"九朝元老"，这样的训练实在没有必要。在其不认真训练的行为被训练组长发现并被指出后，该犯觉得太有失面子，心生不满。在训练中他突然起身，冲向操场边的监室墙，再一次以撞墙的方式发泄心中的不满，试图逃避训练，被迅速控制。事后，徐某某被扣分1.5分，同时给予"约束床"控制一周处理。监区将其安排在重控组内由专人全天候包夹控制。

罪犯徐某某由于有过多次服刑的经验，对监狱各项制度及和为规范有较强的抵触情绪和对抗心理。主要表现为：自身联号意识不强，行为养成差，不服从小组管理；广播操与手语操学习不积极、不配合；队列训练总以身体不舒服等理由为借口逃避正常的训练改造。

正当民警考虑如何将他弄到约束床上时，罪犯徐某某主动说：我自己来，这张床我已用过好多次了。说完自己爬了上去，毫不在乎地躺下，颇有一种夸耀甚至自豪的意味。事后问其感受，该犯说：还好，与坐牢没有什么区别。私下跟同乡交流时，表示每次来监狱基本上都要去严管的，所以不怕严管，并希望到严管监区去，这样清静。其九次服刑经历中有几次直接从严管监区释放，严管似乎对其毫无效用。每次归案后总能如实供述犯罪情况，对法院判决毫无异议，但形成明显对比的是：其自身毫无罪责感。然而监区并没有放弃对徐某某的帮教与挽救，每次入监，都会安排针对性的个别谈话，安排同乡与其结成互助对子，生活上给予适当关照。

徐某某恶习深，尤其怕劳动，经常完不成劳动任务，多次受到扣分处理，并经常影响小组的流水线作业，小组内其他罪犯对其也颇有意见，该犯扬言"你们再逼我让你们好看"。罪犯劳动组长有时对其提出劳动快点的要求，该犯扬言说"你小子话多，再话多弄死你"之类的言语。

4. 罪犯徐某某精神健康状况

徐某某自述在外期间患有胃病，牙齿经常疼痛，经常以身体不好为由不参加队列训练，但经医疗检查显示其并无明显影响其改造的疾病。经同德医院专家会诊，结果表明，该犯有轻度人格障碍（反社会型）。

对徐某某进行心理测试评估结果

根据心理测试评估结果，具体量值情况如下：

PD4：冲动性（65），表示冲动，鲁莽；

PD8：同情心（65），表示缺乏同情心；

PD11：聪慧性（62），表示有较强的戒备心理；

PD13：犯罪思维模式（60），表示具有较为明显的犯罪思维模式。

该犯情绪稳定性差，情绪易变，起伏不定。面对现实中的困难和挫折欠沉着、冷静，容易受到环境支配，情绪起伏难以恢复平静，甚至情绪骤变明显。

该犯行事缺乏思考，常以自我为中心，不顾现实，随心所欲，缺乏自我抑制。

该犯不安守本分，恃强霸道，崇尚冒险刺激，不甘于现状。为人武断，胆大妄为，喜欢寻事挑衅，惹是生非。崇尚迷信暴力解决分歧。

该犯有较强的报复欲，与人冲突时决不退让，气量狭小，睚眦必报。为了达到个人目的，会不择手段，不留余地，不易屈服，易走极端。

四、训练方法和步骤

在老师指导下，学生在训练室模拟监区评估小组民警进行危险性罪犯评估工作，具体方法和步骤如下：

1. 准备素材，确定训练方式，学生复习有关危险性罪犯评估工作的理论知识，实训指导老师介绍训练内容和要求，发放准备好的实训素材。

2. 学生阅读素材，掌握实训素材的相关事实和材料，在老师的指导下形成情景模拟方案。

3. 学生以分工负责的形式进行角色分配，具体可按心理咨询民警、包教民警、监区领导、其他评估民警等进行角色模拟分配，实际操作时可根据情况进行角色的添加或删减，形成情景模拟团队，也可添加上级相关部门工作人员参与等。

4. 完成模拟危险性罪犯评估工作情景操作，对素材案例中没能提供的条件，由学生酌情进行合理设计和补充。

5. 整理训练成果，形成书面材料。

五、训练成果

1. 分析罪犯徐某某属于什么性质的危险罪犯，明确分析的依据，并制订针对性管控措施，交训练指导老师。

2. 总结训练成果，写出训练心得。

3. 指导老师进行讲评及训练成绩考评、评定。

工作任务五　重点时空的防控

【任务目标】

知识目标：通过本学习任务的学习，培养学生知道防控狱内重点时空的内容和要求，防控重点工作的相关基础知识理论。

能力目标：通过本学习任务的学习、训练，培养学生理解和掌握狱内重点时空防范与控制的工作程序和规范要求。并将所学知识、技能和能力运用于对狱内重点管控的实际工作之中。

【任务概述】

在监狱安全管理工作实践中，有时会存在时间和空间管理上的隐患和漏洞，从而为罪犯实施破坏监管秩序行为提供便利。监狱安全管理中的重点时空，一般包含重要部位、重要时段、重要环节、重要场所。要根据监管改造工作的环境变化，制定针对性的防控措施，应对可能出现的罪犯破坏监管安全行为，消减与避免给监管秩序造成的不必要损害。掌握狱内重点时空防控的基础知识与方法，有助于防止和减少狱内监管安全事故的发生，确保监管秩序的长远稳定。

【任务基础】

监狱惩罚与改造罪犯的监管活动需要在一定的时间和空间内完成，罪犯实施破坏监管安全的行为，就是利用了民警监管活动过程中存在的时空管理上的隐患或漏洞。对于容易发生危害监管安全的时间和空间因素，简称为重点时空。实践表明，发生监管安全行为的时间和空间有其自身的规律性因素，认真研究这些因素，就能有效地开展针对性的预防和控制。

一、重点时空包括哪些方面

监狱工作中，时间不是罪犯实施危险性行为的根本原因，但是，时间因素可能提供给潜在危险性罪犯此时实施易于得逞的信息，从而促成危害监管安全行为事件的发生。控制监管活动过程中的相关时间因素，就是控制潜在的危险性罪犯实施危险行为的时间因素，使潜在的危险行为无法形成决意，从而达到控制危害行为事件的发生的目的。重点时空中的"空间"则指罪犯实施危害监管安全行为的具体地点和场所，不同罪犯在实施危害监管安全行为具有不同的选择性。美国犯罪学家奥斯卡·纽曼在其《可防御的空间：通过城市设计预防犯罪》中提出"既然我们不能抑制人们的犯罪动机，我们何不从犯罪的目标和条件上限制犯罪？因为众所周知，如果没有作案的条件和目标，犯罪是不能发生的。"此即著名的"防卫空间"理论。该理论对于我们预防监管安全事故的发生有着重要的借鉴意义。现实中，如果现场管理空间出现了隐患或漏洞，又有实施危害安全行为的时间便利，就极容易发生危害监管安全事件。尽量避免时间管理上的盲点与疏忽，创造一种不能实施或难以实施的空间环境，就能消除或限制潜在危险行为发生，最终达到预防监管安全事故的目标。

在监狱工作实践中，对重点时空的管控主要有四个环节：①监狱重要监管警戒设施和需要重点防卫的部位，简称重要部位。主要有三类情况：警戒设施类，如监狱围墙、岗楼、电网、报警装置等设施；监管功能类，如民警值班室、罪犯会见室、监管大门等现场；罪犯生活设施类，如供电系统、燃气系统、物资仓库、卫生间等区域。②监狱管理力量比较薄弱的时段，简称为重要时段。主要包括二类情况：一类是罪犯正常作息期间的节点管理，如罪犯就寝、就餐、就医、出收工、节假日等时段。另一类是特殊时期的现场管理，如监狱重大活动、突发人身或自然灾害等时段。③监狱中易产生监管安全事故隐患和漏洞环节，简称重要环节，主要体现在民警交接班期间或罪犯改造场所变动过程，如出收工途中、外出就医途中、装卸货物过程等环节。④组织罪犯劳动、学习、生活的场所，简称重要场所。此类场所很多时候罪犯虽然在民警眼皮底下，但如果民警责任心不强、工作不细致，容易出现纰漏。

二、重点时空防控的特点

绝大部分监管安全事故的发生，在时间与空间上有着一定的规律性，即潜在的危害监管安全行为人认为具备了易于得逞的时空信息，就会促使危害行为的发生。监狱重点时空管控具有以下特点：

（一）明确的针对性

监狱关押对象的人员复杂性和监管区域的相对封闭性，使得一些罪犯因各种原因不认罪服法，一旦出现监管警戒设施或日常管理的薄弱环节，他们为了逃避刑罚惩罚，不惜铤而走险以身试法。如通过破坏围墙、电网等警戒设施脱逃，或利用劳动、生活、学习现场管理漏洞实施又犯罪活动。大量案例提醒我们，在监管改造罪犯的过程中对任何监管安全事故隐患不能抱有麻痹、侥幸心理。重点时空的防控措施就是针对易发生监管安全事故的时机、对象和场所，开展有针对性的预防、处置与打击，筑牢"安全墙"，织密"防护网"，从而达到控制和消除监管安全事故的发生。司法部也在35条《加强监狱安全管理工作若干规定》中对安全警戒设施、现场管理等进行了明确的要求，各监狱要严格落实执勤扼守、巡逻检查、隐患排查、技术监控等制度，确保规范、精准管控措施的有效性。

（二）潜在的危险性

随着大量涉黑、涉毒、涉枪、涉暴和高智商罪犯被收押，这些人不仅犯罪手段凶残，而且犯罪方法日趋智能化。他们虽然受到了法律的惩罚，但仍有一部分人不思悔改，恶习不改，抗拒改造。他们会在监狱严密的管控中寻找薄弱环节和漏洞，一旦找准时机，便可能在狱内进行各种破坏监管安全的行为。而监狱的重要部位、重要时段、重要环节、重要场所，往往成为犯罪分子首选破坏和攻击的目标。如发生在呼和浩特第二监狱的4名重刑囚犯高某、乔某某、董某某、李某某，将监区民警兰某某残忍杀害后越狱脱逃案件，民警兰某某同志身中54刀，可见罪犯极其丧心病狂。从防控角度出发，潜在的危险性主要表现为：一是民警的值勤扼守、巡逻检查在明处，而罪犯往往在暗处，且大多数罪犯经长期预谋，伺机而动，而当其罪行暴露，往往对前来阻止的人员进行攻击，而这种侵害矛头一般直接指向民警。个别罪犯为了脱逃，在其他手段与方法难以奏效的情况下，会瞄准监狱大门，瞄准监管民警，最终往往会通过残杀民警的方式来实现自己的目的。二是随着监狱的硬件设施越来越好，装备越来越先进，防范体系越来越完善，有的罪犯破坏监管安全的方法和手段也在迭代升级。如罪犯采取"点穴法"，破坏要害部位、毁坏供电系统及照明系统，剪断线路，整个系统就会陷于瘫痪，而这些操作或许只需要一个铁丝、一根布条，甚至什么都不用。同时，硬件设施的提高，也使个别民警患上了"依赖综合征"，丧失了应有的警惕性。如果执勤擅离职守，安检蜻蜓点水，工作漫不经心，有时就会给罪犯以某种暗示与机会。因此，我们必须时时刻刻保持高度的警惕性，不能有丝毫的麻痹松懈思想。

（三）情况的复杂性

重点时空的防控涉及不同的环境与对象，情况往往很复杂。首先，环境不同，防控的风险、难点也不同。从发生监管安全事故的情况看，易出现监管安全事故主要是监管力量相对薄弱的时候，此时的监管风险和防控难点主要体现在：一是不同的时间轴可能影响不同罪犯选择实施犯罪等危害监管安全的条件。二是罪犯在不同服刑阶段或不同季节，发生监管安全事故的类型可能有所不同。三是不同监管环境诱发罪犯择机选择实施危害监管安全行为，这需要民警制定与跟进管控罪犯可能铤而走险的不同措施。其次，对象不同，管控的难度、要求也不同。有些监管环节由于警力相对薄弱或可能出现的管理盲区，就容易存在安全事故隐患和漏洞。如罪犯外出就医过程、日常作息节点、异常气候影响等，内外部复杂的环境因素给民警管控工作提出了很高的要求。另外，自然或人为因素造成的管理隐患和漏洞，也给民警管控工作增加了很多不确定性。如警戒设施的老化与损坏、习艺场所物品管理、监狱大门管理的疏忽等，容易被别有用心的罪犯利用。因此，需要重视不同场所容易出现的监管隐患和漏洞，既要注重"硬件"防范设施建设，也要切实提升"软件"管理能力。

三、重点时空防控的基本要求

重点时空的防控就是发挥各类管控措施的价值与优势，以应付可能出现的对监管安全秩序的破坏与攻击，避免造成不必要的损害，从而使被保护对象处于没有危险，不受侵害，不出事故的安全状态。在对重点时空防控过程中，要遵循以下基本要求：

（一）坚持人防、物防、技防及联防相结合机制

通过"人防""物防""技防""联防"编织一张时空的防护立体网，在这张立体的防护网中，要加强对对人、事、物的扼守与管控，及时发现和处置不安全因素或隐患。从时间、空间、对象、处置条件上阻断监管安全事故行为的发生。"人防"即通过对人、事、物的观察，分析出其中的不安全因素，做出反应并采取相应的措施。"人防"是落实各种防控措施的基础，没有这个基础，其他防范措施就像摆设，都将流于形式。尽管现代监狱安全防控措施日趋完善，技术手段日益先进，但无论多么先进的防控技术，都离不开人的管理运用，即使是最坚固的笼子、最先进的科技，也会因人为破坏攻击或者自然损坏等因素，而失去其功效与作用。"物防"基本上是一种被动的防控手段，是通过物质装置和设施达到延缓或阻碍监管安全事故的发生，是一种替代人的管理以确保物体和区域安全的措施。"物防"有助于突破人的心理极限和生理极限，通过"物防"可以威吓、推迟或防范安全事故的发生，为"人防"赢得充分的反映和处置时间。"技防"是对人防、物防措施在技术上的补充与加强，其实质是用技术手段弥补人防物防的局限性，提高对隐患与漏洞的探测、延迟和反映能力，从而达到预期的防控目标。"联防"是监管安全措施在人防、物防、技防、手段的延伸，是被实践证明的一项行之有效的防范措施。通过协调武警、公安、社区以及相关部门，实现资源与信息共享、便于快速、高效处置监管安全突发事件，提升防控措施的警示威慑作用，避免与减少监管事故发生带来的损失。

（二）实行严格的责任分工负责制

民警是确保监管安全的维护者和主导者。对重点时空的防控要结合不同对象、不同环境、不同特点和要求，按照设置合理、岗位明确、权责相适、运行顺畅的原则，通过采取武装看押、扼守执勤、巡逻检查、技术防控等方法，确保安全管控全天候、无死角，出现安全漏洞和监管隐患能及时发现、迅速处置。从安全工作实际出发，对涉及监管安全的重要警戒设施、重点场所，如监狱围墙岗楼、监管大门等必须由武警、民警分工合作，实施专门的武装警戒、值勤扼守。同时，要强化落实责任制，充分发挥民警在扼守与防控工作中的主观能动性，并将各项安全任务分解到人、到岗、到位，克服松懈思想、侥幸心理和厌战情绪。要根据不同的环境、对象和安全目标，落实执勤岗位职责要求。针对重点时空不同防控工作要求，构建相互协调处置责任体系，防止一些监管隐患和漏洞久拖不决，或遇突发事件手忙脚乱，造成严重负面影响。构建完善的处置责任体系，是威慑和防范监管安全发生不可缺少的组成部分。

（三）落实规范有效的隐患排查机制

监狱必须规范和落实对各项监管制度、监管设施、警戒设施的隐患排查机制。通过囊

括各个重点时空管理环节的动态检查，消除或限制企图危害监管安全行为的实施条件，堵塞罪犯实施破坏监管安全行为的可能，或者创造一种不能实施危害监管安全的时空环境，要采取全面检查和重点检查相结合的方式对监狱的警戒设施、监管设施、罪犯的活动场所等进行安全检查，提高发现监管隐患漏洞的能力，确保重要部位和场所的安全。在安全隐患检查时要重视以下四个方面：一是监管措施的落实情况；二是警戒设施功能是否有效、性能是否可靠；三是评判是否存在影响警戒设施功能的隐患；四是研究分析隐患的形成原因。对监管设施中存在的隐患，要查清隐患是自然因素还是人为因素形成。对于人为因素形成的隐患必须查明情况，对于有明显犯罪破坏迹象的应立案侦查。管教实践中，隐患是存在于人防、物防、技防中潜在的易造成危害的缺陷，隐患整改是安全工作中一项长期任务，需要各方面参与和协作。要坚持"预防为主"强化安全意识，牢固树立安全检查观，及时发现事故隐患，确保监狱长久安全。

（四）强化核心与重点制度管理机制

完备的制度体系是监管安全可靠性的基础，是系统稳定性的前提，是实践操作性的依据，也是超前防范的保证。首先要确保监管安全各要素、各部门之间有效协调、相互配合、有效制约、相互促进，从制度建设方面实现监管安全的"铜墙铁壁"。其次，要注意构建安全管理以及执法工作的监督与保证机制，使得每项制度、每个措施都能有效落实，不因人而异、不因时而废、不因事而扰。最后，要重视制度的不断发展、不断创新，确保制度建设充满活力，确保制度在安全管理实践中的基础作用得到发挥。

【任务实施】

从监管安全管控角度而言，重点时空的防控是在对监管安全事故高发时空特点和内在规律进行分析的基础上，根据不同时空的防控重点，适时地、有针对性地采取管控和处置措施，以消除或限制任何企图危害监管安全行为的条件，以达到预防监管安全事故发生的目的。

一、重要部位

重要部位是指监狱的重要监管设施和需要重点防卫的部位，一般包括监狱大门、围墙、警戒设施、会见室、民警值班室、重要物资仓库等。实践中，罪犯往往利用某一设施或某一特定位置存在的隐患或薄弱管理环节，伺机而动，实施脱逃、自杀、行凶、破坏等危害监管安全的行为。重要部位防控的目标主要解决的问题，一是确保警戒设施、围墙等防控措施功能发挥作用，不受人为破坏或者自然损坏而出现隐患和漏洞；二是确保某些特定位置（如民警值班室、监管大门等）不受罪犯的冲击或侵袭而出现安全事故；三是确保重要设施、物资的安全，防止罪犯利用供电系统、燃气系统、物资仓库等实施破坏行为，制造重大安全事故。

（一）确定重要部位，落实防控措施

首先，需要确定不同重要部位防控的针对性、可行性。由于重要部位具有涉及对象内容多，地域相对分散的特点，故我们在制定防控措施过程中，一定要结合实际。要明确控制什么，怎么控制，对每个控制点要做到任务明确，责任到人。其次，需要确定重要防控部位的控制反馈机制。由于重要部位防控容易产生精神疲倦或懈怠状态，因此，完善检查反馈机制，及时改进管控工作中的不足，发现存在的隐患和漏洞，才能确保防控措施的落实。

（二）控制重要部位的方法

1. 武装扼守。武装扼守一般由武装警察部队控制。主要对监狱围墙、大门、警戒地带实施武装戒备，其主要任务是威慑和禁止罪犯进入或接近围墙等警戒设施及警戒区域，防止和制止狱内罪犯或狱外人员对监狱设施的破坏或侵袭。

2. 执勤守护。狱内其他重要部位应由监狱民警负责值勤守护。其主要任务是甄别和检查相关人员、车辆、物资等，确保进出监狱大门、重要设施及物资的安全，防止狱内罪犯或狱外不法分子混入（出）监狱，或对重要设施及物资进行破坏。执勤室要设置安全护栏装置，配备必需的警用和技术装备，保持通讯畅通和报警系统完好。监狱大门供零散人员出入的侧门、会见室和监狱围墙之间的通道要有阻滞功能，防止罪犯强行冲出监狱和外部人员冲击监狱，监狱重要设备及物资仓库等应增设必要的防护报警装置。

3. 巡逻检查。巡逻检查，即组织适当的警力进行巡查是控制重要部位的重要措施之一。通过定时或不定时的巡逻检查，能实时动态地发现重要部位防控措施的落实情况，对人为因素造成的防控措施不到位或防控设施受到破坏等状况进行及时的处置。监狱应建立具备一定专业性，熟悉和掌握各个重要部位情况和狱内情况的警力巡查力量，带着问题进行有重点、有针对性的巡查，并注意巡查的变化性，对巡查的时间和路线适时进行调整变化，使狱内外不法分子难以摸清民警的巡查规律。

4. 检查和清查。这是监狱例行性的工作。检查是对相关警戒设施、物资等管控措施落实情况进行查验和审核的工作。清查则是对相关设施、物品进行的专门清点与核查。检查和清查的目标在于消除和发现管控工作中存在的安全隐患，及时改进相关工作措施。其主要内容是：①警戒设施状况，即各类警戒设施是否有效、性能是否可靠。例如：电网电压能否达到规定值，防护装置是否牢固，报警装置是否失灵，通讯是否畅通，围墙及警戒带有无变化、是否符合要求等。②安全隐患类情况，即确认是否存在影响警戒设施功能的隐患。如：防护网是否完好无损，围墙是否有砖石脱落，围墙下是否有杂物堆放，警戒带有无阻碍视线的物品，禁闭室内有无违禁物品或危险物品，重要物资仓库内及其附近有无易燃易爆物品，消防设施是否可靠，值勤记录是否完整等。③制度执行是否到位，即各项管控制度执行情况，以及哪些方面需要改进完善等。

5. 技术监控。技术监控在监狱管控中获得广泛的应用。监狱应根据实际情况，在重要部位除加强安全设施，要千方百计提高技术防控的科技含量，合理布局。运用视频监控、音频监控和红外报警等技术手段，充分发挥技术监控的作用。

（三）相关重要部位防控实务要求

1. 监狱围墙、岗楼、大门等安全警戒设施要求。根据司法部《监狱建设标准》《关于加强监狱安全管理工作的若干规定》和监狱信息化建设的相关要求，警戒设施应符合下列要求：

中度戒备监狱围墙一般应高出地面 5.5m，墙体应达到 0.49m 厚实心砖墙的安全防护要求，围墙上部宜设置武装通道，围墙地基必须坚固，围墙下部必须设挡板，且深度不应少于 2m，当围墙基础埋深 2m 时，可用围墙基础代替挡板。围墙转角应里展弧形、表面应光滑，无任何可攀登处。围墙内侧 5m，外侧 10m 为警戒隔离带，隔离带内应无障碍。围墙内侧 5m，外侧 10m 均应设一道不低于 4m 高的防攀爬金属隔离网，网上应设监控、报警装置。

高戒备监狱围墙应高出地面 7m，墙体应达到 0.3m 厚钢筋混凝土的安全防护要求，上部应设置武装巡逻道，围墙地基必须坚固、围墙下部必须设钢筋混凝土挡板，且深度不应少于 2m，可用围墙基础代替挡板。如遇软土等特殊地基时，围墙基础埋深适当加深。围墙内侧 5m，外侧 12m 为警戒隔离带，隔离带内应无障碍。围墙内侧 5m，外侧 10m 均应设一道不低于 4m 高的防攀爬金属隔离网，网上应设监控、报警装置。围墙外侧的两道隔离网之间应设置防冲撞设施。高度戒备监狱罪犯室外活动区域宜设置必要的防航空器劫持的设施，高度戒备监狱围墙内建筑物使用的玻璃，应根据监管安全的实际需要，具备相应的安全性能。

监狱围墙应设置照明装置，照明灯具的位置、距离应当适当，照明灯具应配有防护罩。监狱围墙内、外侧警戒线内照明效果应达到白昼化效果。监狱围墙上部应安装电网，高度离地面不低于 4m，打击电压不低于 6000 伏，在持续电击时间不少于 15 分钟后，电网仍能正常工作。电网不得少于 6 根电线，每根电线之间的间隙不得大于 20cm，相邻电网支架不得大于 6m，电网应至少设东、南、西、北共 4 段以上的断电报警装置，且每区段具有触电网报警、断网报警、电线短路报警功能。主电网断电后，应能自动切换到备用电源，并保证正常工作时间不少于 4 个小时。

岗楼应为封闭建筑物，四周应有平台，平台应高出围墙 1.5m 以上，并设 1.2m 高栏杆。岗楼一般应设于围墙转折点处，视界、射界良好，无观察死角，岗楼之间视界、射界应重叠，且岗楼间距不应大于 150m。岗楼应设置金属防护门及通讯报警、监控及探照灯等装置。

监狱大门应分设车辆通道、警察专用通道和家属会见专用通道，均应设二道门，且电动 AB 门开闭，并应设带封顶的护栏。其中，警察专用通道和家属会见专用通道应安装带有数字密码和人体特征识别功能的电子门禁系统、安检设备和一人一卡一通过的立体滚闸；车辆通道宜宽 6m、高 5m，车辆通道进深（AB 门之间的距离）不宜小于 15m，通道两端应设防冲撞装置，通道顶部和地面应安装阻车器、车底扫描仪、生命探测仪、安检设备、人体特征识别、照明设备等等安检装置。监狱大门处应设门卫执勤值班室，武警哨位，并应设置防护装置，外门应为金属门。室内应设通讯、监控和报警装置、并设有可在室内控制大门开闭的装置。

禁闭室应集中设置于监狱围墙内，自成一区，离其他建筑物距离宜大于 20m，并设禁闭监室、值班室、预审室、监控室及民警巡视专用通道。禁闭室室内净高不低于 3m，单间使用面积不少于 6㎡。禁闭室监室内不应设电器开关及插座，应采用低压照明（宜采用 24V 电压），并设置安全防护罩照明控制，由警察值班室统一管理。设置禁闭室视频监控系统及系统操作平台。禁闭室视频监控系统既应具备独立运行的功能，也应具备与监狱总控系统联动的功能。禁闭室的执勤值班室、教育谈话室、预审室应安装触发式报警装置或遥控报警装置及有线、无线通讯设施，并配备全套的安保警戒具及单警装备。禁闭室内、放风场地、盥洗室、厕所等场所应安装视频监控前端设备摄像机，对禁闭罪犯实施全方位、全天候监控管理。

监狱的家属会见室应设于监狱围墙内，监狱大门附近，并分别设置家属和罪犯专用通道。会见室中应分别设置从严、一般和从宽的区域和设施。其窗地比不应小于 1/7，室内净高不低于 3m。

监舍楼内应设执勤值班室、谈话教育室，且应位于楼层出入口附近，并应设置牢固的防护设施，内设民警专用通道及专用卫生间。民警值班室内应设置通讯和报警装置。监舍楼应根据实际需要设置夜间照明灯具，各房间和走廊的照明均应在民警值班室的控制之下，监舍楼内配电箱应设在每层的民警值班室内。

监狱的安全防护还应符合下列要求：室外疏散楼梯周围应设金属防护栅栏；通向屋顶的消防爬梯离地面高度不应小于 3m，且 3m 水平距离内不应开设门窗洞口。罪犯用房楼梯的临空部位应用金属栅栏封闭。围墙内所有建筑物外窗应设金属防护栅栏，内窗宜设置防护设施。围墙内所有建筑物的门应安全、坚固。监狱围墙内所有的水、电、暖气检查口、检查井口及穿越围墙的各种管道口、检查井口等处应设牢固的防护装置。监舍楼管道、电线均应暗装，出口及插座均应设带锁的金属箱；监舍楼内灯控开关应设在警察值班室内。

2. 监狱围墙、大门、禁闭室、会见室安全管理要求。

第一，监控中心值班民警职责。监控系统是监狱安全警戒防范系统的重要组成部分。监狱要做到三大现场视频监控全覆盖、视频监控角度合理、图像清晰，显示时间统一并与北京时间一致，视频资料储存时间不少于 30 天。所有视频监控应按规定进行资产编码、命名、归类、排序等管理。监狱大门、围墙、禁闭室、会见室等要害部位与驻武警哨位监控，应相互接入对方值班室（监狱指挥中心、武警作战勤务室）。

监狱总监控室（监狱指挥中心）和分控室应配备专职执勤民警对监控系统实行 24 小时值守，负责实时监控。监控系统由狱政科负责管理，设置专人负责对监控系统进行日常管理、维修和维护，确保视频监控系统正常运行。执勤民警上岗前应当进行专业知识和操作技能培训，培训合格后，方可上岗。严格视频图像信息资料的密级管理。不得擅自复制、提供、传播图像信息资料；不得擅自删改、破坏图像信息资料的原始数据记录。检察、纪检、监察和狱内侦查部门，调查案件需要调取、查看和复制视频系统图像信息和相关资料的，应经分管监狱领导批准。监控执勤民警严格按规定步骤进行操作，密切注意监控设备运行状况，不得无故中断监控，保证监控设备安全运行。监狱应争取落实与公安机关的视频资源共享，接入监狱周边及三级防逃追捕圈内的区域视频监控。

当监控系统发生或发现问题时，处置要求：①系统发生运行故障，不能正常工作时，系统操作民警或值班负责人应立即通知驻监武警、狱内应急防暴队及狱内各值勤点民警，加强警戒和防范，并报告监狱值班领导和狱政管理部门，由专业人员及时处理。②系统出现异常情况报警后，立即调出报警信号来源的图像，并进行图像跟踪、放大等处理。在实时监控的同时，迅速报告领导和相关部门，并依据指令迅速调度值勤民警、狱内防暴民警和驻监武警，赶赴现场处置。③监控巡视发现异常情况时，如发现罪犯靠近警戒区域或违规违纪等行为，应及时通知相关执勤民警或狱内防暴机动民警到现场核实处理。如发现罪犯有脱逃迹象，应按应急处置预案程序处置。

第二，监管现场巡逻或执勤民警职责。民警在监管区域现场巡逻或执勤，是防控狱内监管安全事故，确保监狱安全稳定的核心制度。根据不同的监管责任区域和监管要求，其具体的工作侧重点必须按照岗位职责要求，认真履职。

监狱应急防暴警戒巡逻的主要职责：平息狱内凶杀、哄监闹事等突发性监管安全事件；负责监内巡逻检查和查岗查哨；巡逻检查监管警戒设施的安全，制止违规违纪行为、违法犯罪活动；其他监狱决定执行的任务。警戒巡逻中发现罪犯在围墙警戒区域或及其周边有违规违纪行为时，应立即制止，并认真核实姓名、编号、所属监区。经初步查证后，通知所属监区带回进一步处理。发现罪犯有脱逃、行凶等危险时，应当立即采取强制措施，控制事态发展，并及时向监狱领导和指挥中心报告。发现围墙安全警戒、照明等出现损坏、存在重大安全隐患时，应当立即采取应急布控措施。加强隐患现场的安全警戒，并及时报告监狱领导和指挥中心。

监门执勤岗位的主要职责：监门执勤岗位实行早、中、晚三班24小时工作制。具体工作包括：

监门物防设施的安全管理与隐患排查；视频监控系统、应急报警系统和门禁控制系统的操作；查验进出人员身份证件及其他凭证或相关证明，其主要工作：查验出入监门的本单位监管民警、驻监检察人员、其他因长期从事监狱内工作需要进出的人员。对于检查、参观、帮教等活动人员，需查证由业务经办部门申报办理，由狱政部门开具的《人员临时出入证》，并核对人数后由业务部门民警集体带领进出。外协人员需要进入监管区域的，经申报批准后，由管理民警带领出入，并进行安全检查。外出就诊、押回重审、收押释放罪犯出入大门时，查验相关手续、进行出入监门交接记录，并对罪犯查验身份及搜身检查，严防违禁物品流入监内。

做好进出人员和车辆的安全检查、登记、放行工作，其主要工作：验证出入车辆单位、司机姓名、身份证件、驾驶证号、车辆牌号、进监事由、联系电话等，由狱政科签发

《车辆临时出入证》；车辆只允许司机一人随车进入，其余人员经人行通道接受检查进入；监门值班民警应对车辆的驾驶室内、前机盖、后备箱、顶部及底盘进行细致的检查，防止违禁品带入。确认安全后，方可放行。发现可疑情况，妥善处理，并迅速向上级报告。机动车辆进入监狱后，应当由执勤民警随车进行全程监控。车辆停放时，车头应朝里。驾驶员离开车辆时，必须拔出点火钥匙，关闭车辆电源，摇上玻璃，锁好车门。禁止驾驶员与罪犯单独接触，禁止为罪犯传递信息或物品。监门执勤民警应对出入车辆进行详细的登记。记录内容为：用车单位、带车民警、司机姓名、身份证件、驾驶证号、车辆牌号、进监事由、进监时间、出监时间、联系方式等事项。车辆驶出监狱前，必须接受严格的检查。客车必须严格检查驾乘人员身份和后备箱；货车必须严格检查驾驶室内驾乘人员身份、随车装载货物以及车辆盘部分。防止罪犯藏匿于车载货物之中或攀爬于车辆底盘随车驶出监狱大门实施脱逃。进出监狱车辆检查采用人工检查和技术监控相结合的方法，大门行车通道配备车底视频监控探头和照明设备，主要防止罪犯藏匿车辆底盘部位随车脱逃。

对出入人员携带物品的查检，其主要工作：出入监狱大门人员所携带的物品必须进行严格的安全检查，一律不准将手机等通讯工具（移动电话、固定电话子母机等其他能与狱外联系的通讯工具）带入监管区；防止危险品、违禁品流入监管区；严禁携带枪支、弹药、危险品、违禁品进入监管区。监狱大门处设置手机存放专柜，进入监管区的民警、狱内工勤人员，可将手机等通讯工具存入手机柜；进入监管区的外来人员，应将携带的手机、枪弹及其他危险品、违禁品，交由监狱大门值班民警保管或存入贵宾专柜。除经批准的新闻工作者，其他任何人员不得携带录音机、摄像机、照相机等进入监管区或罪犯作业场所。允许携带录音机、摄像机、照相机等进入监区或罪犯作业场所的新闻工作者，不得违反规定录制、拍摄与批准采访活动无关的内容。

特别要注意的是，监狱大门执勤民警要做好出入人员与出入证件的身份核实与查对工作。出入人员在经过门禁系统的安检、指纹及面部识别的同时，也应进行人工的身份核实与查对，确保安全无误后，方可放行。

第三，禁闭室民警执勤职责。禁闭室安全管理由专职民警负责，实行双人双岗执勤制，其主要包括以下内容：

在收押罪犯时，执勤民警必须严格审查禁闭审批手续，确保关押禁闭符合法定条件和法定程序；对禁闭罪犯进行全面的人身和物品检查，防止违禁品或危险品带入禁闭室；详细填写《罪犯禁闭登记簿》，填写内容包括：禁闭罪犯所在的监区（分监区）、姓名、年龄、罪名、刑期、禁闭事由、禁闭期限、送押民警、收押民警等。

在日常管理中，执勤民警应亲自掌管和使用禁闭室钥匙，亲自负责启封落锁；亲自负责组织指挥，监督管理禁闭罪犯起床、就寝、就餐、整理卫生、洗漱、放风等日常活动，严禁使用勤杂劳动岗位的罪犯代行民警管理职权。

在巡查检查中，执勤民警应严密注意禁闭室内及禁闭犯的情况。对禁闭罪犯的情绪变化、反常表现及其他重大情况，及时汇报监控指挥中心或分管领导；对不思悔改、无理取闹、不按照要求进行反省、放风或有严重自杀倾向及其他危险行为的禁闭罪犯，应及时请示监狱分管领导批准，加戴警戒具，以有效惩戒和防止自杀、破坏、袭警等监管安全事件的发生。

在放风活动时，执勤民警应严格控制放风活动的区域和时间；严禁相互交流，严禁与外界人员接触，严防串通、串供、传递信件和私送物品等问题的发生；未经批准的人员，不准接近禁闭室和禁闭罪犯；严禁值班民警同禁闭室隔离审查的罪犯谈论涉及案情的话题。

在谈话教育时，执勤民警应将罪犯提出禁闭室，交由监区（分监区）民警在谈话室或预审室进行谈话教育，并登记和签字。一般情况不允许在禁闭号室内进行谈话教育；特殊情况需要在禁闭号室内谈话教育的，应经监狱分管领导批准。对禁闭罪犯的谈话教育，在场民警不能少于 2 名，严禁单独与禁闭罪犯谈话。

在交班接班时，执勤民警应对警戒设施、隔离设施、监控设施、照明设施及门窗防护设施进行全面的安全检查；对禁闭号室、盥洗室、厕所、放风场所等部位进行彻底的隐患排查，并对禁闭罪犯的表现情况进行交接，以确保禁闭室安全管理工作的连续性。执勤民警应认真规范地填写值班记录，详细记载罪犯在禁闭期间每班的活动、反省、遵守纪律、民警谈话情况以及其他重大情况。

第四，会见室执勤民警职责。严格审核会见人身份，审查内容：罪犯亲属、监护人会见罪犯，需持身份证或其他可以证明身份的有效证件和证明与罪犯关系的证明材料。符合会见条件的，经审核批准，按规定时间、地点会见。罪犯因严管、禁闭、隔离审查、患有传染病以及处在入监集训期间的罪犯暂停会见。特殊情况需会见的，应经分管监狱领导批准。

会见人或被会见人系外国人或港、澳、台籍的，会见时应向省监狱管理局提出书面申请。申请应说明：会见人的姓名和身份证件名称、证件号码，与被会见人的关系，被会见人的姓名、罪名、刑期、服刑地点，申请会见的日期，会见所用语言，并应同时提交与被会见人关系的证明材料，由省监狱管理局审核批准。

执勤民警必须切实加强对会见现场的安全管理和对会见全过程的监听、监视和监督管理。严格检查会见物品。会见人送给罪犯的物品应经监狱民警严格检查。对罪犯会见人送来的现金（人民币），应在存款处办理存款手续。会见人给罪犯的物品原则上从监狱罪犯生活物资供应站（点）购买，生活必需品、学习用书籍和少量农副产品应由监管民警严格检查，从严控制。药品原则上不允许在会见窗口传递，确需家属送来药品的，应交民警经监狱医院检验确认后，由民警按时发给罪犯并监督服用。严禁会见人将危险品、违禁品以及不符合规定的物品、现金私下送交罪犯，一经发现，监管民警可中止会见，并按有关规定处理。来监会见人员不得携带手机、照相机、摄像机、录音机等进入会见室，这些物品在会见时应交监狱暂为保管，会见结束时发还。罪犯交由家属带回的物品，也应由监管民警严格检查，方可带出监狱。

严格监督管理会见过程。现场监管民警应加强对会见现场的监督管理，发现下列情况，中止会见：会见人不符合会见范围的；会见人或罪犯违反监狱有关规定，经制止拒不改正的；会见时使用隐语或暗语的；谈论案件内容或传递案情及串供的；谈论国家、监狱工作秘密的；谈话内容可能引起罪犯思想波动的；传递违禁品的；未经监狱和罪犯同意对会见进行录音、录像和拍照的；其他违反法律、法规、规章以及妨碍监狱管理秩序的行为的；其他需要中止会见的。对中止会见的，应做好记录，及时报告狱政部门。

会见室、监区（分监区）民警，应分别做好对罪犯会见相关情况的登记或记录，内容包括：罪犯姓名、会见人姓名、人数，与罪犯关系、会见谈话主要内容、会见留存物品、上账现金情况等。

会见监听及发现问题的处理。会见监听的内容包括：①有否泄露监狱机关的秘密，包括监狱的地形及规模，监狱关押罪犯的数量，押犯的构成及地域分布，监狱的警力配备，监狱的基本设施，押犯的调遣，监狱的经济秘密，以及其他秘密。②有否使用禁止的隐语或外国语谈话。③有否使用旁人不懂的方言。④有否含有碍罪犯改造的谈话内容，包括有否攻击人民民主专政和社会主义制度；有否攻击党的政策，特别是有否攻击党的改造罪犯的政策；有否不满党和政府的其他言论；罪犯及家属有无对司法机关的不满言论；罪犯的家庭变故；家属的忧虑及罪犯的心理包袱；有否内外勾结的犯罪预谋和罪犯又犯罪思想的流露；有否罪犯私捎口信，托家属传递违禁物品；其他有碍罪犯改造的谈话内容。

发现罪犯与会见人内外勾结预谋犯罪，以及泄露监狱机关的重要秘密时，应立即采取中止会见，回监区（分监区）后做进一步调查处理。必要时，报告狱侦部门介入侦查处理。发现会见人向罪犯传递有碍改造的言论或信息，民警应立即予以制止，给予口头警告，批评指正；必要时，也可立即中止会见。对于有错不改的罪犯与会见人，应在严肃批评的同时中止会见，并可对罪犯及会见人做出停止会见 3~6 个月的处理。发现罪犯家庭变故时应插话加以开导，防止罪犯走向极端，回监区（分监区）后做进一步教育或控制。对违反会见制度，私传违禁品的，立即中止会见，带回监区（分监区）后做进一步的处理；必要时，予以警告、记过或禁闭处罚，并在下次会见时，重点监听、监管，从严检查。

二、重要时段

重要时段是指监狱安全管理工作中警力相对薄弱，易出现隐患和漏洞的时间范围，主要包括日常作息点、文体活动、节假日和休息日、重大庆典、重大自然灾害等特殊时期。重要时段防控的目标在于：一是通过合理警力配置，加强巡逻检查，减少或消除一切可被罪犯利用的时机和条件，堵塞管理漏洞；二是有序组织，严格控制罪犯随意流动，单独流动，强化罪犯相互制约、相互监督的约束机制，实现正常的改造活动秩序；三是重点关注重点人、重点事，抓现象、抓苗头，发现问题及时处置，把问题消灭在萌芽状态。

（一）重要时段的管控措施分析

由于重要时段涉及了罪犯的作息过程和日常活动区域，而每个时段的现场环境和管理要求又有所不同。因此，在重要时段防控过程的策略包含以下要求：一是实施区域管控，弥补现场警力不足，有针对性地强化管控约束措施。如罪犯的洗漱过程，一般容易引起相互之间的矛盾或纠纷，这就需要特别管束防范。二是完善处置联动、快速干预机制，由于罪犯的有些活动现场具有公共性质，人员相互混杂，易造成罪犯原有的管控系统出现短暂的约束弱化状态，容易出现防控薄弱环节和漏洞，有的时段民警会潜在地失去对部分罪犯的控制，从而让一些潜在的危险罪犯伺机而动，实施危害监管安全的行为。三是服从指挥，严肃纪律。如异常气候时期，由于管控力度弱化，可能出现管理漏洞，此时发生罪犯矛盾或纠纷，就有可能发生难以预料的事态。

（二）常见重要时段的控制方法

1. 日常作息节点的防控。日常作息节点的防控要点：一是罪犯早晨起床和晚间就寝，需要洗漱、搞卫生等时，要注意防止罪犯因相互拥挤发生摩擦，引起争吵、打架等行为，要落实罪犯有序洗漱管理措施；二是出、收工和监内学习集队过程中，由于罪犯在一定范围内流动，要落实罪犯以小组为单位的有序集合管理措施，防止出现短暂的失控状态；三是早、中、晚就餐期间，在做好有序就餐的同时，防止个别罪犯借饭菜问题故意扰乱改造秩序，制造不满和对立情绪，另外罪犯就餐必须固定位置，严禁自由搭伴；四是罪犯就寝后，要加强巡视和检查，观察是否有异常情况，以便及时处置。

2. 文体活动过程的防控。组织罪犯文体活动，由于具有竞争性、对抗性，有利于罪犯的教育改造。文体活动过程的防控要点：一是要认真制订管理规则，制订处置突发事件预案，平时要选择部分有悔改表现的罪犯协助维护秩序，预防罪犯趁机滋事或实施违法犯罪行为；二是要落实临时罪犯联号制度，严肃纪律，防止罪犯随意流动，防止罪犯脱离民警视线单独活动。三是要重视搜身检查，防范罪犯夹带违禁物品与违规物品，以消除潜在的监管隐患。

3. 节假日、休息日的防控。节假日、休息日由于监狱警力相对较少，而罪犯在监舍内相对自由度较大，容易发生监管安全事故。节假日、休息日的防控要点：一是节前应进行隐患排查和安全检查，排查重点管控对象，清查各种违禁品、危险品；二是建立联动机制，严格落实报告制度，一旦发生狱内突发事件或狱内犯罪案件，迅速出警，及时处置；三是有序组织各类活动，如观看电视要有秩序维护要求，发挥组长等罪犯积极性，落实罪犯自律管理措施等。

4. 特殊时期的防控。特殊时期包括国家举办重大庆典、重大国际活动或政治敏感时期。特殊时期的防控要点：一是重视罪犯思想动态的收集研判，尤其对邪教类或具有反社会心理的罪犯，要进行严密布控，防止他们趁机制造事端；二是严格落实特殊时期安全稳定工作的各种要求，严格落实各项管控措施，及时打击和处理出现的不良行为和违规苗头。

5. 异常气候时期的防控。异常气候是指台风、暴雨、雾霾、高温等天气异常情况。异常天气条件下，由于民警忙于应对恶劣环境带来的困难与挑战，与正常情况相比警力显得尤为紧张，此时易产生安全隐患和漏洞。异常气候时期的防控要点：一是警力要合理调配，按照预防异常气候的应急预案要求有序应对；二是迅速将罪犯集中在相对安全的区域，开展人数清点，宣布临时纪律，落实具体安全措施，防止罪犯寻衅滋事，伺机作乱；三是对于在异常气候中受伤的人员要及时组织救治，预防次生伤害事件的出现；四是加强对围墙、电网等警戒设施和重要场所的巡逻检查，严防趁机脱逃等犯罪行为的发生。

三、重要环节

重要环节是指监狱改造罪犯工作中，因现场管理环境复杂或警力相对薄弱又时常疏忽，易被罪犯利用产生脱逃、自杀等事故隐患的环节。实践中，狱内重点环节主要包括新犯入监、罪犯调遣、会见、就医、车辆进出及装卸货物等环节。

（一）重点环节防控措施分析

狱内重要环节一般是罪犯需要暂时脱离监狱围墙等封闭监管的区域，所处的区域环境相对开放复杂，不利于民警现场管控，容易出现管控漏洞的环节。如新入监罪犯的收押过程，由于他们思想状况极其不稳定，很容易发生监管安全事故。因此，做好重点环节的防控显得十分重要。一是要克服麻痹思想，依据现场不同环境特点，落实严密的防控措施，如罪犯外出看病必须使用警戒具，保证充足的警力押解和安全的行进路线；二是由于重点环节需要面对复杂的环境，控制难度较大，故要制定突发事件应对预案，配备必要的警用装备。既要防范罪犯，也要防范狱外人员伺机作乱；三是严格开展人身、物品的检查；四是请求公安机关或相关保卫部门协作配合。

（二）常见重点环节防控措施

1. 新犯入监的防控。多数新入监罪犯，都会产生较大的心理落差，而出现思想不稳定状况。因此，必须落实对新犯入监收押过程的安全管控，使其平稳过渡逐渐适应服刑改造生活。对新入监罪犯的防控要点：一是对新入监罪犯的人身、物品必须进行认真全面的安全检查，防止违禁品流入监内造成安全事故隐患；二是要及时收集新犯的思想动态，同时发挥改造积极罪犯进行包夹控制；三是要加强教育管理，指导新犯适应改造环境，熟悉改造行为规范，防止老犯对新犯实行打骂、欺压、侮辱等行为。

2. 罪犯调遣的防控。罪犯调遣过程涉及指挥、车辆、人员、后勤、线路等诸多环节。要特别注重以下防控要点的落实：一是落实严格保密，严禁随意向外公开调遣工作方案与内容，严禁提前公布调遣名单；二是实行预案管理，要制定详细调遣方案，对可能出现的意外事件要实施应急预案管控。如车辆故障处置，突发急病救治等；三是注重协作配合，与沿途停靠站点的公安、武装力量等部门保持密切协作，扼守交通要道，确保沿途行车安全、道路畅通；四是配备足够的警力，对调遣罪犯要认真进行人身、物品检查，一般全程使用手（脚）铐等戒具管控，重点危险性罪犯落实包夹措施；五是加强应急防控，既要防范罪犯出现危害监管安全的行为，如故意对抗管理，争吵打人等，又要防范外部人员的侵袭，如制造交通事故，冲击调遣队伍等，努力把事故苗头消灭在萌芽之中；六是做好后勤保障，处理好有关吃、喝、拉等生活细节工作，促使罪犯情绪稳定。

3. 罪犯会见环节的防控。在亲属会见过程中，防止个别罪犯因家中重大变故，突然失去理智做出应激性反应；同时，要防止罪犯利用会见契机向家属传送、指使违法犯罪信息。对罪犯会见环节的防控要点：一是罪犯不得与亲属有任何身体接触，家属会见与等候会见场所要严格隔离，对于进出会见场所的罪犯需要进行人身搜查，对于进入会见场所的亲属必须有严格的身份审核和安保检查，防止危险或违禁物品带入；二是民警现场管控，要维护良好的会见场所秩序，规范有序安排罪犯与亲属会见，发现违反会见规定或存在安全问题的应立即制止或停止；三是加强对会见过程的监听、监视和录音，动态掌握罪犯的思想，严防交谈不利于罪犯改造的信息或串通相关案情；四是对于罪犯家属随身不适合带入会见场所的物品，配备保管柜等安全保障措施；五是要设置报警装置，配备必要的警力和警戒器材以处置突发事件。

4. 罪犯就医环节的防控。罪犯就医，特别是监外就医是罪犯脱逃隐患比较大的环节。罪犯就医环节的防控要点：一是严格控制，经审核批准监内就医的由民警直接带离前往就医点，需要监外就医的必须配备足够的警力，极度危险罪犯需要落实严格的防控措施；二是加强警戒，罪犯监外就医必须由专门的车辆运送，押送民警佩戴执法仪等警用装备，并且要对罪犯搜身检查，全程戴戒具，不准向罪犯提前泄露具体就诊的时间、地点，就医过程民警要做到全程有效监管，确保罪犯不脱离视线；三是要在定点医院就诊，当日返回，如需住院另行审批。社会医院罪犯住院治疗时民警须 24 小时直接监管，病房应安装必要的安全防护警戒设施，就医过程如遇突发事件，要即时报告并严格按照预案处置。

5. 车辆进出、装卸货物环节的防控。车辆进出、装卸货物环节的管控，重点在于严防罪犯劫持车辆或藏匿在车辆内混出大门趁机脱逃。车辆进出、装卸货物环节的管控要点：一是车辆进出"五步骤"，即狱政部门对车辆及驾驶员进行身份审查，办理准进出审批手续；监门执勤民警核对身份和审批材料，向驾驶员告知监狱相关规定；对车辆和人员进出必须进行安全检查；登记并发放出入证件、车辆龙头锁、标志牌；由责任监狱民警带人、带车，实行一警一车制度。二是车辆管理"四必须"。即车辆必须按指定位置停放，车头朝里；车辆停下必须关好门窗，熄火，上好车辆龙头锁；停车期间钥匙必须交由监狱民警保管，驾驶员在指定点休息等待，不准与罪犯接触；监内行驶必须按规定线路，速度慢行。三是车辆装卸现场"五要素"。即装卸罪犯名单必须固定和审批；装卸罪犯必须着便于识别的标志服；民警全程直接监管；装卸完毕要对装卸罪犯进行搜身；车辆离开前应对区域内所有罪犯进行总人数清点。

四、重要场所

重要场所是指监管改造工作中，组织罪犯开展劳动、学习、生活的场所，简称"三大现场"。有效管理和控制重点场所既是监管改造工作的任务，也是防控监管安全事故发生的关键。

（一）重要场所的特点分析

重要场所贯穿罪犯接受惩罚与改造的全过程，体现了集中性、组织性、任务性的特点。所谓集中性，是指较多数量的罪犯在同一时间范围内处在同一有限空间。这时期管理民警数量相对少，精力受限，而管控区域又相对较大，容易出现监管盲区。所谓组织性，是指罪犯是按照管理设置的班组进行活动。受制于完成具体的劳动、学习、生活活动影响，原有的固定班组会做临时性调整，或个别活动岗位脱离班组管理，客观上弱化了对罪犯的约束控制力。所谓任务性，是指场所内的活动有明确的方向和目标，场所内所有的活动都要符合既定的要求，都要为实现目标努力。这会造成一些罪犯的抗拒心理和抗改行为，同时场所内为完成任务需要，配备的工具、器材也有可能成为危险物品。重要场所的特点影响着其控制措施与方法的选择，防控目标就是要有针对性地消除管理隐患，堵塞管理漏洞。

（二）重要场所的防控方法

1. 劳动现场的防控。罪犯人数管控。罪犯人数是安全管控的重要措施，主要体现以下要点：①全程监管。民警要对劳动现场人员岗位的设置、任务的安排与变更，具体负责并进行全流程监管。②清点检查。在劳动过程中，要进行定时和不定时的罪犯人数清点检查。③专人管理。不准罪犯单独劳动，个别因生产需要零星、分散劳动的罪犯，应由民警专人管理，落实罪犯相互包夹措施，并在规定的时间、地点内集中清点人数。

劳动现场管控。现场管控是确保秩序稳定的重要方法，主要体现以下要点：①限定区域。实行劳动场所不同岗位区域限制管理，确因生产劳动需要流动的罪犯必须限制活动区域，并设置警戒标志，严禁罪犯擅自超越警戒范围。②岗位固定。任何罪犯应根据劳动生产岗位设置的要求，使用固定的工具或器材、固定的劳动位置，未经现场管理民警允许，不准与其他罪犯调换或离开固定岗位。同时，要注意不把相互间有矛盾的罪犯安排在相近或同一岗位。③有序变动。确因劳动生产需要临时变动岗位的，需经现场管理民警同意批准，有序进入新的劳动岗位。④特批离开。因病或其他因素需要离开劳动生产岗位的罪犯，必须由现场民警特别同意批准，指定专责民警带离。

劳动工具和生产设备管控。劳动生产工具和器材设备以及相关的材料，均具有一定的危险性，加强管控是防范监管安全事故发生的重要手段。主要体现以下要点：①管理规范。实施统一分级管理、统一品种规格、统一名称编号、统一钝化标准、统一配发收回、统一固定位置、统一牵制长度、统一清点要求、统一管理台账、统一易耗品管理的"十统一"要求，严禁罪犯私自改变或私藏。②分类管控。按照类型分级管控，对危险程度高的、劳动工具和生产设备（如刀具）必须使用时领取，使用完成后立即入库保管；牵制固定专人使用，任何生产工具或器材必须在生产岗位上固定牵制，确因需要流动的生产维修工具、器材，要制定直接管控的手段方法，确保安全。落实清单管理责任，对劳动生产工具及器材设备要有详细的清单，严禁危险性罪犯接触或使用具有一定杀伤性的工具或器材。③加强原材料的管理。实行需用材料及时出库，备用、选用材料库存保管，用后生产原材料及时收回入库的管理措施。生产厂房、车间容易被罪犯利用成为凶器或脱逃等危险性较大的原材料，要采取集中存放或捆绑固定等形式，并由专人值守管理。④健全检查机制。要通过定期与不定期检查，防止罪犯私自改制或私藏劳动物品，切实消除监管隐患。

物防、技防要求。监狱生产劳动场所与监管改造场所应分开设置，相对独立封闭，且离开监狱围墙至少20m，各自成区管理，有完善的物理隔离设施、监管警戒设施、视频监控设施、安全防护设施、通讯报警设施以及安全生产管理与指挥调度系统设施。要将劳动工具清点系统数据实时接入监控指挥中心。

2. 学习现场的防控。教学现场管控。管控工作的要点：①开展课堂点名。通过课堂点名掌握应到、实到、缺课人员情况，防止出现管理漏洞；②严格课堂纪律。禁止罪犯在课堂上私下交谈，或谈论不利于改造的言论；③建立管理体系。安排表现积极的罪犯担任班级组长，协助教学现场秩序；④做好现场监管。在外聘或罪犯担任教学任务的班级，必须安排现场专职民警到场监管。

教学编班管控。做好教学编班，能为学习场所管控提供良好的基础。其要点是：①不打乱管理系统。能按原管辖单位编班的则按原管辖单位编班，不能按原单位编班的就将这些人员集中安排座位。②临时包夹。实行临时相互包夹机制，尤其是对危险性罪犯要安排表现好的罪犯相互包夹。

3. 生活现场的防控。分区控制。要创造条件对罪犯实行活动功能区域分区管控，实行有组织、有秩序管理。如通过分流人员进入电视室、阅读室、活动室等，既能减少相互之间的矛盾与干扰，又能便于监狱民警管理。

控制单独活动。禁止罪犯单独随意进出其他监舍，或与他犯窃窃私语。对于个别不愿意参加各类活动的零星罪犯，可以在一定时间内让他们在指定区域从事自己的事务。

加强巡查，维护良好的秩序。现场巡视和巡查，一般不少于2名民警。要通过定期和不定期的人数清点和活动区域巡查，及时解决和化解罪犯之间产生的摩擦或矛盾，防止由于处置不及时而激化矛盾。要有序组织管理罪犯各项活动，防止出现混乱失控场面，引发监管事故。要观察罪犯生活现场活动的全过程，一旦发现异常情况及时采取措施。

清单式定置管理。对于罪犯公共物品、集中管理的个人物品、个人管理物品应实行清单式定置管理，并在季节变更、物资配发、使用损耗等引起物品数量变更后，做到及时更新清单。严禁罪犯私下赠送、调换，防止出现矛盾或利益纠纷，确保秩序的安全。

罪犯的学习、生活现场一般都在监舍楼内。监舍楼及其罪犯生活场所的安全监管防控设施，主要包括：安全警戒设施、隔离设施、防护设施、照明设施和报警设施等。各监舍楼及其生活场所的洗漱室、厕所、物品储藏室、图书阅览室、文体活动室、浴室、晒衣间等房间对外门窗，应安装牢固的防护设施。防护栏一般使用钢筋或不锈钢材料进行焊接，并与墙体钉接牢固；钢筋直径不低于1.8cm，不锈钢管材不低于1.2cm，使用不锈钢空心管材的护栏，钢管内部按一定间距（不低于30cm）插入钢筋以加强支撑和防护作用；护栏与墙体钉接后，应用瓷砖贴面或用水泥抹平。同时，这些部位都应安装摄像探头，楼层（监区）监控分控执勤民警，进行全方位、全天候监控管理。监舍楼内的民警执勤室，个别谈话教育室，均应安装触发式报警装置，或配备遥控报警器，一旦发现管辖区域内的安全状况，及时向监控指挥中心报警。

监舍楼及罪犯学习、生活、劳动等监管改造场所，应当安装手机屏蔽系统设备，防止罪犯利用手机或其他移动通讯工具与外界联系，从事非法活动。

【任务实例】

案例一

20××年10月25日2时30分左右，×监狱×监区罪犯董××，第五次起床观察天气，发现起雾。随后，用手扒开监舍窗户栏杆，带上脱逃工具，钻出监舍，潜至多功能大厅中间位置，用剪刀剪下胶带，将铝合金细管连接起来（20分钟左右），然后窜到监狱东围墙2号岗楼处，翻越内隔离网，攀上电子哨兵监控立柱，站在电子哨兵监控探头立柱上，用铝合金管挑住绳梯铁钩子一端，将绳梯挂在岗楼封闭栅栏上，另一端系在电子哨兵监控头立柱顶端。然后，顺着绳子攀上岗楼封闭护栏，沿护栏移动到监狱围墙外侧，跳下岗楼脱逃。后经全力追捕后归案。

案例二

某年7、8月，某监狱三名限制减刑罪犯胡某、刘某、曹某，认为其所在监区分管劳动改造的副队长滕某故意刁难他们，预谋对其实施报复。8月29日，刘犯拿起车间地板上一块松动的铁板，砸碎生产办公室窗户玻璃，紧随其后的胡犯捡起一块尖锐玻璃，踹门进入行政办公室，用玻璃捅刺滕某头部、颈部，滕某在抵挡过程中左手掌被刺伤。刘犯、曹犯堵在行政办公室门口，阻止他人进入办公室解救，并将服刑人员刘某某、陈某打伤。

案发后，民警和服刑人员合力将胡犯、刘犯、曹犯三人控制。经鉴定，包括民警滕某在内的三人构成轻微伤。三人作案时，胡犯尚处于死缓考验期，曹某死缓考验期已过，但尚未减为无期徒刑。最终，经市中级人民法院一审判处胡犯死刑立即执行；刘某有期徒刑十年，剥夺政治权利二年，合并执行无期徒刑，剥夺政治权利终身；曹某有期徒刑十年，剥夺政治权利二年，合并执行无期徒刑，剥夺政治权利终身。

【任务小结】

本学习任务介绍了什么是狱内重点时空的扼守与防控，帮助学生理解和掌握重点时空扼守与防控的内容、方法，培养学生针对重点时空包含的重点部位、重点时段、重点环节、重点场所的不同防控重点，能将所学知识在工作实际中实践，并掌握一定的防控技能和运用能力。

【思考题】

1. 试述重点时空防控的基本要求？

2. 你作为劳动现场管理民警，如何做好劳动生产工具的管控？

3. 你负责与其他民警押送罪犯外出看病，应如何做好安全防控工作？

4. 车辆需要进入监管区域装卸货物，应注意哪些问题？

【任务训练】

训练项目：模拟狱内重点管控

一、训练目的

通过模拟实训，使学生加深对狱内重要部位、重要时段、重要环节、重要场所防控知识的理解，掌握防控工作的基本内容及方法，培养学生的实际操作技能和实际运用能力。

二、训练要求

1. 明确训练目的。

2. 掌握训练的具体内容。

3. 熟悉训练素材。

4. 按步骤、方法和要求进行训练。

三、训练条件和素材（具体训练条件和素材可根据训练目的及训练重点由训练老师选择、调整）

（一）训练条件

模拟监狱相关场所及配套基本器材、设施、设备、装备等。

（二）训练素材

20××年6月21日，×监狱×监区罪犯周××未经许可擅自在砂轮机磨制物品，见现场管理民警巡查，神情紧张，将手中磨制物品扔进机旁水罐内，经检查在水罐中查获一块2cm×8cm的铁片。当日，在罪犯周××劳动岗位的操作平台下，民警还查获自制匕首两把：其中一把长21cm，另一把长约15cm。

经立案侦查，罪犯周××（抢劫、盗窃罪，13年）自20××年4月底、5月初产生脱逃念头，先后预谋四种脱逃方案：①利用监区生产区大门开关频繁，强行冲出大门脱逃；②利用外来车辆进出生产区，躲在车上混出大门脱逃；③翻越监狱墙脱逃；④利用坦白余罪，骗取民警的信任，挟持人质强行脱逃。为此，罪犯周××进行了犯罪预谋准备，从6月初开始，每天中午12时左右利用现场罪犯少的机会、民警巡查少的机会，私自使用砂轮机磨制匕首两把，并开有横向血槽，制作完成后，藏于工具箱缝隙中。后又将匕首转移至车床操作平台的木板下。该犯从监内供应站特意买了两件背心，一件打上号码，另一件藏在监狱储藏室。并在监宿内将准备好的床单和毛巾毯制成6米多绳子一根，后又用生产材料（4根包装带）在劳动现场结成6米多绳子一根作为备用，还从监舍晒衣间拆了4个衣钩带到厂区劳动区域，又从厂区厕所窗户上卸了两个风钩，用修机器时的老虎钳制作成钩子，收工时把背包带、钩子插在腰上带入监舍，分别放在被子里和枕头海绵里，伺机脱逃。

四、训练方法和步骤

在老师指导下，学生在训练室模拟各角色（狱侦查民警、管理民警、罪犯等）进行训练，具体方法和步骤如下：

1. 准备素材，确定训练方式，学生复习有关重点管控的理论知识，做好包括模拟狱内重点管控的情景场所及配套基本器材、设施、设备、装备等准备工作。

2. 实训指导老师介绍训练内容和要求，发放准备好的实训素材。

3. 学生阅读素材，掌握实训素材的相关事实和材料，在老师的指导下形成情景模拟方案。

4. 学生以分工负责的形式进行角色分配，具体可按狱侦查民警、管理民警、罪犯等进行角色模拟分配，实际操作时可根据情况进行角色的添加或删减，排列组合形成情景模拟团队，如添加监狱、监区领导或相关部门工作人员等。

5. 完成模拟狱内重点管控工作情景操作，对素材案例中没能提供的条件，由学生酌情进行合理设计和补充。

6. 整理训练成果，形成书面材料。

五、训练成果

1. 完成狱内重点防控工作的视频资料，交训练指导老师。

2. 总结训练成果，写出训练心得。

3. 指导老师进行讲评及训练成绩考评、评定。

工作任务六　重点物品防控

【任务目标】

知识目标：通过本学习任务的学习，培养学生明确重点物品防控内容，尤其是对违禁物品的类型，来源渠道，以及排查与防控的内容与要求。

能力目标：通过本学习任务的学习、训练，培养学生理解和掌握重点物品排查的方法，控制的措施。

【任务概述】

监狱对重点物品的管理和控制，是有效预防和控制狱内行凶、自杀、脱逃等危害监管安全事故发生的重要环节，也是确保监管安全的一项日常性基础工作。这里所指的重点物品，是指因监狱改造、生产、建筑施工等需要进入监管场所，如易燃、易爆、剧毒、麻醉和锐器、攀高物等罪犯有可能用于危害监管安全危险行为的物品。监狱重点物品的来源多种多样，方法不断翻新，涉及人员十分复杂。罪犯私藏重点物品，尤其是违规违禁物品，威胁监管安全，妨碍执法公正，损害监狱形象。对重点物品的管理，存在工作繁忙、监管漏洞、制度不严、法规缺失等方面的问题。对罪犯藏匿重点物品，尤其是违规违禁物品，监狱通过常规清查、重点清查、专项清查、突击清查等方法，减少与防控狱内违规违禁物品传播，必须查源头、抓管理、严查处、重教育，完善制度防控，堵塞监管漏洞，实现从被动防控向主动防控转变。

【任务基础】

罪犯实施危害监管安全行为的犯罪活动，一般离不开犯罪工具，而重点物品，尤其是违规违禁物品获取，往往是他们的首选目标。违规违禁物品是指罪犯通过隐藏的方法和手段，在监内私自制造、持有、藏匿或秘密携带、使用，被法律法规和监狱制度明文规定禁止的，并对监狱正常的监管秩序与监管安全构成危害或潜在威胁的物品。监狱重点物品的防控工作，既是有效预防和控制狱内行凶、自杀、脱逃等危害监管安全事故发生的重要环节，也是确保监管安全的一项日常性基础工作。

一、常见重点物品防控类型

对于狱内重点物品的类型可以从不同角度归类，依据监狱日常管理工作，主要分为三类：一类是将法律法规或监狱制度明文禁止罪犯持有且罪犯一旦持有使用将会对监狱安全稳定造成严重威胁的物品，如枪支弹药、毒品、各种货币现钞、手机或具有移动通讯功能的电子设备等物品，简称违禁品；二类是将监狱规定在限定区域和时间内限制罪犯持有使用，且罪犯一旦违规持有使用将会对监管秩序造成不利影响的物品，如含有酒精的饮品、火种及可用作点火的可燃物品、绝缘物品、玻璃陶瓷等物品，简称违规品；三类是将因监狱生产、建筑施工及罪犯生活等原因确需进入监管区，且按照规定应当由民警集中、妥善管理和保存的物品。罪犯持有使用此类物品，有可能会对监管安全稳定和他人人身安全造成威胁。如各类刀具和刃器具、用于生产易燃易爆品、麻醉品、绳索的物品，简称危险品。监狱一般将违禁品、违规品、危险品统称重点物品。当前，随着社会的发展，监狱面对的重点物品种类增多，防控难度增加，许多意想不到的监内正常物品被罪犯利用于危害监管安全。因此，有些监内常用的本身不具备危险性质，但有可能被罪犯利用或加工制作成为危害监管安全作案工具的物品，也列入重点物品监管控制。

对于监狱重点物品的清查与管控，工作实践中往往是围绕罪犯这个特殊群体入手，从重点物品危险程度分析，强化落实针对性防控措施，从而最大限度提高防控的有效性，达到消除或减少监管安全事故发生的目的。因此，一般常见重点物品危险程度防控可以分为以下类型：

第一类，高度危险类物品。高度危险类物品，是指具有潜在或可能引起重大刑事案件发生，对监管安全事故造成重大影响的物品。这类物品是国家法律法规或监狱规定明文禁止或严格管制的，包括：各类枪支弹药、易燃易爆和有毒、有害物品；各类刀具和特殊专用工具；各类毒品、麻醉剂、管制类药品；各类反动、淫秽、宣扬极端思想的书刊、音录像制品等。

第二类，严格控制类物品。严格控制类物品，是指物品本身不具备危险性，如果不采取严格的管控措施，可能成为罪犯威胁监管安全的作案工具。这类物品是根据监狱的特殊性，通过制定相关制度或监规纪律明文规定的，包括：各类通讯工具和电脑及可传播的载体或介质；各类货币、金融卡和有价证券；各类玻璃陶瓷制品、含有酒精类食品、火种及可用作点火的可燃物；各类登高、攀高和绝缘物品；各类狱外带入的服装、假发、身份类证件；各类用于生产的原材料及机械维修配件；用于治疗的常规药品、医用消毒剂等。

第三类，限制使用类物品。限制使用类物品，是指属于罪犯日常正常使用的物品，但必须在规定的时间和地点规范或限时使用，防止罪犯出于某种需求，擅自加工制作，从而改变物品的原有形状，成为危险类物品，用于实施危害监管安全的行为。这类物品需要落实严格的使用管理制度，主要包括：各类晒衣（裤）架、剃须理发工具、剪指甲工具；各类学习文具、文体器械类用品；用于狱内生产、教学等配备的电脑或器材等日常用品。

二、重点物品的渠道来源分析

重点物品的管控最有效的措施就是查清来源，堵塞漏洞，这是实现被动管控向主动管控转变的前提和基础。尽管重点物品流入监内的方法不断翻新、隐秘，但概括下来，主要有以下几种渠道：

1. 个别民警违规融入或处置。现实中，个别民警丧失警惕或与罪犯界线不清，严重违反监管制度，为狱内罪犯持有违禁物品创造条件。主要体现在：一是个别民警私自违规带入监内使用，却因保管不善或无意遗失在监内，最终被罪犯利用；二是个别民警因私利或碍于"关系犯"情面，丧失立场，给罪犯捎带违规违禁物品；三是个别民警思想麻痹，监管缺失，放任罪犯随意使用某些物品，从而被罪犯利用。

2. 监内物品管理失控。由于监狱劳动、学习、生活等活动需要，存在着一定数量的物品，如用于生产和罪犯生活卫生的各类刀具和刃器具、生产原材料、机械工具、文体器材等，由于管理制度不严或存在着隐患漏洞，容易被罪犯利用。主要体现在：一是未按制度领取、使用、回收、保管物品，从而造成物品的流失，致使罪犯能够轻易得到；二是有的防护设施安装不牢固，被罪犯轻易拆解利用；三是一些废旧物品或维修报废材料监管失控，没有及时清理出监，被罪犯捡拾藏匿；四是罪犯狱内购买日常用品时，在材质、规格和数量方面，未考虑罪犯特殊群体的特点加以限制，从而被个别罪犯购买后违规利用。

3. 社会外来人员带入。有的罪犯千方百计与外来人员接触，投其所好，抓住这部分人员贪小便宜的心理或碍于情面的弱点，通过外来人员将违规违禁物品带入监内。主要包含三类人员：第一类是监内辅助管理（如外聘保安、协警）人员及设施安装、维修、保养人员，这些人员如果不严格遵守监狱关于物品管理的制度，就容易不经意间留下违规违禁物品被罪犯使用；第二类是生产技术指导与协作人员，他们进出监狱机会频繁，与很多罪犯有过正面接触，时间长了易与罪犯建立情感联络，最容易在私带违规违禁物品上被罪犯引诱；第三类是罪犯亲朋好友，主要通过会见物品或利用亲情帮教机会带入。其主要途径是利用民警检查不严或搜身不细，通过材料、工具或物品等夹带、随身携带等方法，并通过现场民警存在的管理漏洞，转交或私下接触将物品交给罪犯。

4. 罪犯自制或窃取带入。一些罪犯利用劳动、学习、生活现场管理的盲区或漏洞，尤其是劳动现场的机械设备、原材料等，自制或窃取相关物品，实施危害监管安全的行为。主要体现在：一是利用部分设施或工具牵制不牢固或需要临时流动使用之机，乘人不备藏匿；二是对原材料进行加工制造，使其具有一定的危险性；三是通过改制正常使用的生产、生活与学习用具，改变用途，如用晒衣架挂钩、将布条做成攀高绳索等。

5. 新入监罪犯带入。个别罪犯从看守所押送到监狱后，在对罪犯的检查过程中，未严格按照流程规范要求，开展认真、细致的物品检查与人身搜查，导致违禁物品的流入。

三、重点物品流入狱内的危害

狱内重点物品与监管安全事故的发生，有着内在的必然联系。其危害性主要表现在：

（一）威胁监管安全

第一，重点物品尤其是具有人身伤害性的物品，使民警、罪犯的人身安全时刻处在不确定状态，存在着现实的危险性。近些年，尽管监管秩序总体比较稳定，狱内杀人、行凶、脱逃、自杀等危害监管安全案件数量明显下降，但随着押犯构成的变化，这种危险性仍然存在。而危险性罪犯实施破坏监管安全的杀人、行凶、脱逃、自杀等行为，一般需要获取作案工具，一旦具有伤害可能性的物品流入罪犯之手，就极有可能造成监管事故的发生，严重威胁民警或罪犯的人身安全。

第二，重点物品管理不严，客观上导致罪犯违规违纪行为的攀升，从而引发罪犯不稳定的改造情绪，严重危害日常管理，存在着对监管安全秩序的现实破坏性。如有些罪犯在监内私自调换、买卖、使用烟酒或私藏手机与外界联系，当相互之间发生纠纷或矛盾后，极易引发打架争吵等扰乱监管秩序的行为，甚至造成严重伤害事件。此外，一旦违规违禁物品大量存在、唾手可得，客观上也会使一些原本改造平稳的罪犯在遭遇突然负面刺激时快速获取违禁物品而实施危害监管安全的行为。

（二）妨碍执法的公正性

公正执法是监狱工作的生命线。执法公正直接关系到监管场所秩序的安全与稳定。重点物品，尤其是具有危险性质的违规违禁物品流入的渠道和原因尽管多种多样，但是最根本的原因还在于民警的执法上存在思想偏差与管理漏洞。一是执行规章制度不严，检查落实不细。尤其是个别民警丧失原则，与罪犯界线不分，违反监管工作纪律和规章制度，给罪犯私带违规违禁物品的行为，严重影响民警的公正执法形象，给监管安全防控工作带来潜在的风险。二是严重干扰正常监管执法活动。尤其是个别民警存在的少作为、不作为、乱作为现象，易干扰其他民警的公正执法活动。一些罪犯利用违规违禁物品进行违规违纪行为，阳奉阴违结成团伙，严重毒化监内良好的改造氛围，扰乱正常的监管秩序，既降低了民警在罪犯中的威信度，也在客观上造成危害监管安全稳定的现实危险。

（三）损害监狱良好的社会形象

重点物品中存在的危险性就像一颗潜在的"定时炸弹"，时刻有可能给监狱安全造成严重后果，且重点物品中的违规违禁物品流入狱内发生监管安全事故被社会关注，监狱就会受到社会舆论的质疑，如2015年1月20日澎湃新闻发布报道《黑龙江在押犯用微信诈骗多名女性，胁迫警察妻子入狱发生关系》，引发热议，并被多家媒体转载，给监狱形象造成极其恶劣的负面影响。这些负面舆论，严重打击了民警的职业认同感和价值感，以及社会对监狱的执法管理的信任度，使监狱良好的执法形象受到严重损害。

四、重点物品防控工作的难点

近年来，监狱不断加大对重点物品，尤其是违规违禁物品的清查力度，并取得了良好成效。但是，面对日趋复杂的犯罪形态，狱内违法违规手段的不断翻新，狱内违规违禁物品仍然屡禁不止，已成为监管执法面临的一大顽症。狱内重点物品，尤其是违规违禁物品屡查屡有，屡清不绝，既有主观原因，也有客观原因。分析重点物品，尤其是违规违禁物品防控工作的难点，其目的在于我们要正视面临的问题，扬长避短，最大限度地减少和消除防控工作的薄弱环节。重点物品防控工作的难点主要有：

（一）任务繁重，情况复杂

通过对清缴违规违禁物品的案件分析来看，狱内重点物品，尤其是违禁物品的种类纷繁复杂。民警日常检查任务繁重，给清查工作带来十分严峻的考验。其难点主要表现为：一是清查手段基本停留在以人工检查为主的阶段。由于缺少先进的安检设备，面对大量的人员、物品、车辆进出难以做到全面细致的检查。二是现场管控警力不足。由于现场管理民警每天既要应对罪犯劳动、学习、生活区域管理等日常工作，又要负责罪犯进出不同区域的日常安全搜身检查，工作量十分繁重，容易出现检查不到位的情况。三是对于生产原材料、生活必需品、学习文具器等物品的使用管理，由于种类繁多、场景复杂，工作量大，容易出现管控盲区或清查覆盖面小，难以达到预期效果，造成物品流失而被罪犯利用。

（二）渠道隐蔽，查处困难

为了规避查处打击，重点物品，尤其是违禁物品流入监内的渠道变得更加隐蔽，给查处打击工作带来难度。一是发现难。个别单位由于罪犯互监联号监督意识淡化，加上持有违规违禁物品罪犯行为的诡秘，及时发现此类线索比较困难，尤其是外来人员私带违禁物品行为，出于双方的利益关系，往往手段隐蔽。二是查证难。一些罪犯将查获的重点物品，尤其是违规违禁物品来源推给刑满释放人员，或将其藏匿于劳动厂区、监舍、活动大厅等隐蔽处，要查清来源十分困难，即便被查获也因无人认领而导致无法打击。有的将物品分散藏匿，给鉴别工作带来难度，即使查获也因无法认定而规避处罚。三是处罚难。根据目前的相关法规，对查实的私自藏匿违规违禁物品罪犯一般只能给予行政处分，违法的"成本"与牟利"成本"严重倒挂。而对于外来人员携带传递违规违禁物品的行为，监狱只能禁止其入监而没有其他处罚措施。

（三）制度不严，监督不力

目前，对重点物品，尤其是违规违禁物品的清查工作既要不断提高科技手段的运用，更要重视制度的完善和落实工作。对于狱内重点物品的清查工作没有捷径可言，执行严格的制度管理是关键。当前主要存在以下问题：一是重视程度不够。个别民警对重点物品，尤其是违规违禁物品的危害性认识不足，清查工作流于形式，对查处的违规违禁物品采取大事化小，不了了之的处置方式，起不到惩戒效果。二是制度执行不严。由于清查工作任务繁重，日复一日，易滋生个别民警的懈怠行为，出现搜身检查不到位、不细致，执行制度走样，检查形同虚设的现象。三是缺乏有效的监督机制。个别单位对重点物品，尤其是违规违禁物品清查工作制度执行存在强调任务多，而缺乏有效的跟踪监督的现象，对清查工作中存在的问题重视不够，缺乏解决问题的实招。

（四）法规缺失，打击不够

当前，对于罪犯私自持有藏匿违规违禁物品的行为，一方面处罚的手段、惩戒力度不够，如对罪犯私自持有藏匿违规违禁物品的行为仅规定可以给予警告、记过或者禁闭处罚，或者扣除奖励分，再没有更严厉的处罚措施。正是由于法律规定的缺失，致使私自持有藏匿违规违禁物品行为的违法成本比较小，导致个别违法人员有恃无恐。另一方面教育警示、宣传教育不到位，缺乏有效的高压态势和良好的制约环境。同时，严厉查处的力度不够，如对于查处罪犯私自持有藏匿违规违禁物品的行为，必须查清来源，分清责任。要对民警进行责任意识教育，失职追责处罚，对罪犯进行严厉的纪律处罚，并落实限制其减刑假释等措施，从而起到警示教育及震慑违法人员的效果。

【任务实施】

一、监狱重点物品的清查

重点物品清查，指监狱通过一定的方式、方法对涉及进出入监管场所的人与物品，以及对监管场所内的罪犯和物品进行彻底检查，从而阻断或排除隐藏或可能藏匿的重点物品，尤其是违规违禁物品的一项管控措施。

（一）清查的方法

监狱清查重点物品，尤其是违规违禁物品的方法有很多种，在具体清查活动中，可以是一种方法进行，也可采用多种方法进行。

1. 常规清查。常规清查监狱重点物品是防控的一项日常性工作，是指由民警专人负责，对所有需要涉及进（出）入监管场所的人、物品，以及监管场所内的罪犯和物品进（出）入劳动、学习、生活现场区域的，进行彻底搜查、检查，从而阻断和排除夹带、携带、藏匿的重点物品。此方法一般用于当日民警组织罪犯参加进（出）入生产劳动、文技学习、生活作息等活动现场对人和物品进行的清查。同时，对于进（出）入监管场所的其他情况，包括监管民警、外来人员、车辆及物品等，也必须在进（出）入监管场所时，接受安全清查。

2. 重点清查。重点清查针对有可能藏匿重点物品的监管场所重点区域，或有线索或迹象指向可能携带重点物品的人或物、车辆，对其进行有目的的搜查、检查，从而排除或查获重点物品的一种清查行动方法。这一清查方法一般是通过收集犯情，分析研判，或者收到相关线索，发现有可能携带、藏匿重点物品，而进行有重点的搜查、检查。

3. 专项清查。专项清查是指针对某个时期重点物品呈现多发或在管控过程中暴露出来的突出问题，需要在较短时间内整改和消除，而集中专门力量进行搜查、检查的一种清查行动方法。这一清查方法一般具有针对性和阶段性。主要是通过集中精力，精准查处，从而迅速扭转重点物品管控的被动局面。

4. 定期清查。定期清查是指监狱按照相关规定和工作要求，带有一定规律性的或在相对固定时间对监管场所的人、物品进行的例行搜查、检查的一种清查行动方法。这一清查方法一般在时间上相对固定，带有警示、预防功能，多数在节假日前后，作为其他清查方法的补充。

5. 突击清查。突击清查是指临时决定对监管场所的人员、物品进行搜查、检查的一种清查行动方法。这种清查一般带有主观随机性，对场所的人员、物品选择也较随意。当怀疑某种行为或现象具有藏匿或携带重点物品，即进行搜查、检查。这种清查方法往往起到意想不到的效果，对罪犯藏匿或携带重点物品具有较大的震慑作用。

（二）清查的实施

对重点物品的清查活动是一项极其纷繁复杂的工作，清查应注意根据对象、场所、物品的具体情况，充分发挥有限的警力资源优势，有重点、有目标地开展。既要有利于重点物品的清查，又要防止清查对象消极对立情绪。

1. 组织力量，明确目标。首先，依据不同对象、场所、物品管控目标要求，有组织地合理配置警力。如日常对外来进（出）入监所的人员、车辆、物品等清查，其主要目标是阻断或排除重点物品，尤其是违规违禁物品的流入。因此，应安排专业的清查民警，按规范流程开展搜查、检查。针对监内罪犯的日常清查，则可组织现场管理民警搜查、检查。其次，依据不同的清查方法合理地调配警力，如实施重点清查，其主要目标是排除和查获可能藏匿的重点物品，尤其是违规违禁物品，因此，要有计划、有步骤、有分工、有目标的组织民警开展搜查、检查，做到合理分工，有的放矢。最后，依据清查现场情势和条件的不同，灵活组织配置警力。很多时候，既要安排警力对人实施搜身检查，又要安排警力对设施与物品进行检查。总之，警力组织有力，配置合理，目标明确，才能全面、到位、高效、不留死角地做好清查工作。

2. 控制现场，划定范围。进行清查时，必须要根据现场条件，依据不同对象，划定专门的清查范围。一是对人身搜查、检查，要划定在可控的范围内，防止出现可能或潜在的危险情况。如对外来进（出）人员，设置专门的搜身、检查区域，即可防止与其他物品或人员交叉混杂，又兼顾个人隐私，防止产生不必要的摩擦与纠纷。而对罪犯的人身搜查、检查，必须安排在不妨碍清查且相对空旷、便于管控的区域进行。二是对物品、车辆的检查，要遵循非必要进入（出）监的物品、车辆一律摆放在指定区域统一管理的要求。对外来物品、车辆放置规定的检查区域，接受安全检查。对于狱内物品，根据其使用区域的清单实施定点管控，严禁在不同区域外流转。防范罪犯在搜身、检查过程中，传递、丢弃、藏匿、毁灭相关物品。

3. 讲究方法，有序清查。对于重点物品的清查工作涉及人多面广，工作任务繁重，必须讲究方法，有序开展。一是组织有序，如对外来人员、物品、车辆的清查，要合理分流，按先后顺序，一般是先人身、后物品、再车辆依次进行；同样，对狱内罪犯的人身、物品检查，也要从有利于安全防控出发，先进行人身搜查，再开展物品检查。二是程序规范，指的是清查过程要严格依法依规进行。如对外来人员、物品、车辆的清查分为三个步骤：首先，引导清查对象到指定区域待查；其次，告知清查相关的要求及内容；最后，有的放矢地开展检查。期间，清查民警动作要迅速，方法要文明，不得无故损坏被清查对象的财物等。三是处置严谨，指的是对清查过程中出现的各类问题，要合情合理，依法依规处理。

4. 查清来源，重则立案。在清查工作中，对于查获的重点物品，应进行分类登记，建立台账，根据不同情况做出相应的处理。一般分为三种情况：一是对于外来人员携带的一般违规违禁物品。应向其做出政策和制度说明，告知其带入监内的后果与危害，责令其放到专门的储物柜暂时保管，待其出监后带回；二是对于狱内罪犯携带的重点物品，要查清物品的来源、用途，查清涉案罪犯的思想动态，视情节轻重做出处理。三是对于清查中发现的有潜在可能或现实危险的重点物品，应立即启动应急预案。根据案件管辖权限，属于公安机关管辖的，立即将相关案件证据材料移送至公安机关。属于监狱管辖的，应立即立案侦查。

二、重点物品防控策略

（一）查源头，堵塞监管漏洞

重点物品防控重点是堵住源头。只有从源头上阻断重点物品，堵塞监管漏洞，才能掌握防控工作的主动权。

1. 开展物品准入评估。所有需要进入狱内的物品，进入前都要对其危险性进行安全评估。包括因劳动、学习、生活需要使用的原材料、设施工具等物品，进入狱内超市的食物或日用品，罪犯亲朋好友会见等物品。要认真研究此类物品材料、种类、规格是否有被罪犯利用的可能性。对经安全评估进入监狱的物品，要按照物品类型和危险程度，划定防控等级，建立管控清单，并对使用人、场所、时间制定明确的标准。尤其是对危险性程度较高的物品，如刀具类、易燃类等物品，选择相对表现好的罪犯，落实专责民警管理，并对物品进行牵制、编号，定人、定岗使用，一旦发现遗失或被窃能及时发现去向，对于无法确保使用安全的物品一律不得进入狱内。

2. 健全使用监督机制。要完善狱内物品领取、使用、回收、保管、检查全流程监管机制，依据劳动、学习、生活不同场所使用的特点，以及不同物品危险程度高低，落实针对性防控措施，防止物品失控、脱管。如狱内攀高物必须由专人负责，使用后及时清理出监；对劳动现场需要流动使用的工具，配备专用储藏箱，设置清单，规范使用人，落实检查责任人。建立环环相扣的监督机制，确保工具一旦遗失或被窃，能第一时间及时发现，迅速查处，以从源头上防止因特定物品的遗失或被窃而产生的潜在监管风险，提高管控的有效性。

3. 落实清查安检措施。清监、安检是控制重点物品流入狱内的重要手段，对于阻断危险物品流入狱内有着十分重要的作用。现实中，要加大罪犯劳动、学习、生活现场的清监力度，时刻保持高压态势，严控违规违禁物品的存留空间。同时，对进出狱内车辆、物品要实行许可制管理，对一切未经许可的车辆、物品，不论民警职工、外来协作人员驾驶或携带一律不准进入，切实掐断违规违禁物品流入监内的途径。

4. 提高装备水平含量。要加大科技检测手段的投入，充分运用新技术、新装备对进出狱内人员、物品、车辆开展违规违禁物品清查、检查，从技术上提高对重点物品，尤其是违规违禁物品的有效防控。

（二）抓管理，完善制度防控

规范有序的管理是防控重点物品的基础性工作，重点物品流入狱内说明我们执法管理中，存在着制度执行不到位，落实责任制不到位，制度管理有漏洞等问题。只有构筑牢固的制度管理防控体系，才能遏阻重点物品的流入，确保监狱安全与稳定。

1. 落实"三大现场"管控。"三大现场"的管控重点是对罪犯的直接管理和对物品的直接控制。要强化现场检查，保证罪犯不脱管，物品不失控，从而减少罪犯私藏和使用违规违禁物品的机会。具体措施包括：一是严格区域管理。罪犯不准擅自离开规定的活动范围，使用的物品必须在指定的区域，未经现场直接管理民警批准，严禁相互间调换或变更；二是实施使用许可，尤其是劳动现场的原材料、器械工具等，未经民警允许不得私自接触或使用；三是控制使用数量，在保证正常使用的情况下，要尽可能减少罪犯使用物品的数量和种类，确需更换的，实行交旧换新的领用制度，以减少罪犯接触过多物品的机会，降低物品防控的风险。

2. 建立物品管控制度。民警对监管职责范围内的物品，必须做到心中有数，努力降低管理过程中的现实危险性。要对进入狱内三大现场的物品，实行进出入、库存、使用、替换、报废等管理清单制。明确不同危险等级物品保管、使用的审批权限，罪犯使用的条件及管控要求。防止个别民警责任心不强，渎职失控的情况出现，使危险性罪犯有机可乘。外来人员物品如果确需进入狱内使用，也要进监时登记，出监时核对。对于罪犯个人物品，要详细规定物品的种类、数量和规格，建立物品管理登记制度，尤其是在罪犯入监时，通过搜身检查后，一些不适合存放在监内的物品，由亲属带回或统一保管。

3. 加强对外接触管理。要严格管控罪犯与外来人员、物品的接触，最有效的措施是制度管控。一是必须严格落实罪犯会见、亲情帮教、外出就医的各项管理制度，防止工作随意性，如会见物品必须经过安全检查，不准民警私自带入监内；二是外来人员必须按管理制度要求在规定区域活动，未经民警同意不准外来人员私自与罪犯接触，对违反规定的行为要立即制止，做出相应的处理；三是要落实全程、全方位监管，并对出入人员、物品进行安全检查。

（三）严查处，开展精准打击

打击狱内罪犯持有使用违规违禁物品，历来是狱内侦查部门的一项重要工作。要通过情报导侦，及时发现线索，实施精准打击。一是要通过犯情分析研判、检举揭发、秘密手段等方法，及时发现问题，并且彻查深究，查清来源，无论涉及什么人，都要追查到底，决不姑息，依法依规给予严肃处理。二是加强与公安、检察机关的警务协作。针对外来人员带入违规违禁物品的行为，要主动与公安、检察部门联系，提供相关证据，寻求他们的支持和帮助；对情节严重的提请公安机关视情给予警告、罚款、没收财物、行政拘留等处罚。三是要充分运用监狱社会综合治理这一载体，对违反监狱相关规定，给罪犯提供违规违禁物品的亲属或朋友，及时将查处的相关信息通报有关社区、单位领导或部门，寻求他

监狱安全管理实务

们的帮助和支持。

（四）重教育，营造良好氛围

通过舆论宣传教育工作，净化监狱改造风气。一是要重视对民警的忧患意识、责任意识教育，增强民警工作使命感，提高其对违规违禁物品危害性的认识。使人们能严守工作纪律，严格执行管控制度。二是结合重点物品流入监内的特点和形式，对于进入监内的职工、外来协作、罪犯亲属等特定对象，利用狱务公开平台、网络宣传平台、宣传报道平台、警示教育栏等载体，开展政策、法规和具体规章制度的宣传，扩大知悉面和知情度，增强他们对监狱工作防控违规违禁物品工作的理解和支持。三是加强对罪犯的教育引导，使罪犯消除"侥幸心理"，明确私藏重点物品对自身改造的利害关系，鼓励罪犯开展相互监督，积极开展检举揭发，主动上交重点物品等行为，形成良好防控监督氛围。

【任务实例】

罪犯干某，男，49岁，浙江××人，绑架、诈骗罪，六年，2013年8月28日入监。该犯之前有1次被收容教养，1次服刑，3次吸毒劳教，2次戒毒经历。本次犯罪中，在公安民警对其进行抓捕时，持刀挟持人质、拒捕并砍伤公安民警。2014年3月被列为监狱级危险犯。

2015年2月12日，干犯因生产质量受到民警批评，晚上又赌气不参加片区的生产分析会，受到扣0.5分处理。事后，干犯拒绝在考核表上签字，分监区领导多次找其谈话教育，效果一直较差。通过同犯信息，民警了解到干犯认为是工艺员利用分管民警周某对其进行打击报复，于是产生了报复民警和工艺员的想法。

2015年3月5日中午12点30分，民警张某向同组罪犯周某（干犯老乡）了解干犯情况，周犯反映说干犯发蛋糕给他，说不吃掉也没用要发霉的，还叫其调小组等。民警张某觉得干犯言行反常，当即向分监区指导员作了汇报。指导员立即组织民警前往监舍，对干犯的壁柜、床铺、床头柜、储物包等个人物品进行彻底的搜查。从该犯个人床头柜眼镜盒底部夹层查出用线串好的机针六枚，床头柜纸箱里查出削尖的竹签（长约11.5cm，直径0.8cm）和锋利塑料片一片（长约8.5cm，宽约4cm），个人壁柜内的书包里查出自画地图一张（东西南北涉及杭州、江西、安徽、福建等地交通示意图）。清监后，民警立即向上汇报，并对干犯采取控制，监狱进行立案调查。

从3月5日隔离审查开始，一提到清查出的物证用途时，干犯就百般狡辩，始终咬定自己准备机针是用于吞食自伤，把事情闹大，让民警周某下不了台；削尖的竹签是用于缝衣被等，一度使审讯陷入了僵局。专案组根据干犯有7次改造经历，有较强的反侦查能力，且从不会见家人，情感极其冷漠，还有劫持人质的情节，目前掌握到只有一人作案的可能，意识到要突破其口供存在较大的困难。于是，监狱组织狱侦经验丰富的民警充实到专案组，充分利用干犯比较信任的民警开展攻心教育。

经过27天的努力，4月2日干犯终于承认了预谋案件经过：2月12日被扣分处理后，

92

该犯一直认为面子过不去，想报复民警周某和工艺员陈某。2 月 13 日晚，干犯看到《钱江晚报》上浙江省的通车地图后，开始准备作案工具。该犯从《钱江晚报》上复制了地图藏在信封内；并将事先私藏的竹签磨得更尖；在厂区闲置设备等地方收集了 6 枚机针，并将 6 枚机针用胶带粘于脚底偷偷带入监舍。3 月 5 日，从其他民警处得知民警周某将于 3 月 6 日值班，于是准备在 3 月 6 日晚，利用民警周某值班之际，先假装肚子痛，趁民警进来询问时，利用磨尖的竹签劫持民警逃出监狱大门；如果当晚进来的不是民警周某，就吞针自杀，6 枚机针用线串起来吞入后，不容易被排出，再利用出监手术之际伺机脱逃。

【任务小结】

本任务介绍了常见重点物品的防控类型及危害性，尤其是违禁违规物品的流入渠道，帮助学生明确重点物品清查的形式、内容和方法，了解防控重点物品流入的基本措施，具备一定的重点物品清查技能和实务工作能力。

【思考题】

1. 试述狱内违禁物品屡禁不止的原因是什么？解决此问题，最有效的方法和措施有哪些？

2. 如何组织开展对罪犯生活现场的清查？

3. 清查的方法有哪些？

4. 在日常工作中，当你收到违禁物品藏匿线索后会选择怎样清查，为什么？

【任务训练】

训练项目一：模拟狱内重点管控

一、训练目的

通过模拟实训，使学生加深对违禁物品清查与防控知识的理解，掌握清查工作的基本目标、内容及方法，培养学生的实际操作技能和实际运用能力。

二、训练要求

1. 明确训练目的。

2. 掌握训练的具体内容。

3. 熟悉训练素材。

4. 按步骤、方法和要求进行训练。

三、训练条件和素材（具体训练条件和素材可根据训练目的及训练重点由训练老师选择、调整）

（一）训练条件

模拟监狱相关场所及配套基本器材、设施、设备、装备等。

（二）训练素材

20××年×月××日下午，××监狱×监区在对生产厂区重点部位突击清查时，罪犯修理工孔××神色慌张，发现电工间地上有香烟外盒拉丝，并查获香烟（长嘴利群）1支，打火机1只。经对罪犯孔××审查后，其交代了通过家属或朋友多次给外协人员余××（外聘电工）账号汇款，用于购买香烟，葡萄酒、食品、手机等违禁物品，并带入狱内生产厂区的事实，然后再利用垃圾桶作为藏匿、运输工具，带入监内宿舍全部过程，涉及罪犯姚××、钱××、吴×、王×、杨××、郭××等。

同时，监区组织民警开展了专项清查，查获物品包括：①分别藏匿在罪犯宿舍、储藏室等处的香烟3条，打火机4只，用可乐瓶带入兑好的葡萄酒6瓶；②利用民警巡查的间隙，选择在中午1点到2点间、傍晚5点半至6点半间、晚上就寝后，多次拨打的通讯工具手机及充电器1只；③若干违规带入的食品等物。

四、训练方法和步骤

在老师指导下，学生在训练室模拟各角色（狱侦查民警、管理民警、外协人员、罪犯等）进行训练，具体方法和步骤如下：

1. 准备素材，确定训练方式，学生复习有关清查的理论知识，做好包括模拟狱内清查的情景场所及配套基本器材、设施、设备、装备等准备工作。

2. 实训指导老师介绍训练内容和要求，发放准备好的实训素材。

3. 学生阅读素材，掌握实训素材的相关事实和材料，在老师的指导下形成情景模拟方案。

4. 学生以分工负责的形式进行角色分配，具体可按狱侦查民警、管理民警、外协人员、罪犯等进行角色模拟分配，实际操作时可根据情况进行角色的添加或删减，排列组合形成情景模拟团队，如添加相关部门工作人员等。

5. 完成模拟清查工作情景操作，对素材案例中没能提供的条件，由学生酌情进行合理设计和补充。

6. 整理训练成果，形成书面材料。

五、训练成果

1. 完成清查工作的视频资料，交训练指导老师。

2. 总结训练成果，写出训练心得。

3. 指导老师进行讲评及训练成绩考评、评定。

训练项目二：重点物品案例分析

一、训练目的

通过案例分析，使学生加深对狱内重点物品防控知识的理解，防控方法和技能的掌握，培养学生实际操作技能和实际运用的能力。

二、训练要求

1. 明确防控重点物品的内容与方法。

2. 在老师指导下，学生分成若干小组。

3. 熟悉训练素材，根据素材进行案例讨论分析。

三、训练的方法和步骤

1. 具体训练素材可根据训练目的及训练重点由训练老师选择、调整。

2. 案例讨论分析结束后，指导老师对本次案例分析讨论进行总结讲评、成绩考评。

案例

×监狱×监区罪犯廖××投入服刑改造后，一直不安心改造、哀叹改造生活生不如死，流露出在监狱待不下去要脱逃的想法。20××年×月××日晚上 6 点左右，其将事先准备好的铁块藏在身上，看见值班民警程某从外面进来的时候，廖犯向其谎称有重要情况汇报。程某将廖犯带往谈话室开门时，廖犯乘机拿出事先藏在腰间的铁块朝民警程某后脑猛砸一下，将其砸倒在地，程某从地上爬起与廖犯展开搏斗，廖犯随即又拿起铁块朝他头上连砸两下。见程某嘴里还有声音，便又朝他头部连续击打了四、五下，直到不能动弹。廖犯穿上程某的警服和皮鞋，发现自己是个光头，很容易被识破身份，又跑回民警值班房间找帽子未果，便拿了一把伞准备遮挡光头，然后下楼逃跑。当廖犯跑到一楼推民警楼梯通道门时，被其他民警发现并抓获。

分析：此案在重点物品管控中暴露了哪些问题？拟写一篇关于案件中存在的重点物品防控教训以及应采取的对策报告。

工作任务七　监管安全事件的预防

【任务目标】

知识目标：通过本学习任务的学习，培养学生掌握狱内重大安全事故的特点、原因、形式，以及重大安全事故防控的基本理论。

能力目标：通过本学习任务的学习、训练，培养学生掌握狱内防控安全事故工作要求，并将所学知识、技能和能力运用于对狱内重大安全事故风险的工作实践。

【任务概述】

监狱安全事故是指监管场所源自罪犯自身、监管设施、民警管理及狱外环境存在的隐患或诸多因素共同作用导致出现监管秩序受到损害的危险事故，或造成的不稳定状态。尤其是监狱严重安全事故的发生，不但会造成重大人身财产损害，而且会造成重大政治影响，给监管工作带来极其严重的破坏力。尽管监狱安全事故包括监管安全事故（如罪犯脱逃、自杀等），公共卫生事故（如传染性疫情、食物中毒等），生产安全事故（如机械伤人、易燃易爆物爆炸等），自然灾害事故（如地震、水灾等），但从监狱安全的角度看，监管安全事故是对监狱安全最大的威胁。防控监管安全事故的发生是确保监狱安全的重中之重。监狱工作实践中，影响监管安全的事件主要体现在三个方面：一是防止狱内又犯罪案件的发生，如脱逃、行凶等犯罪行为；二是防范狱内罪犯自杀及其他非正常死亡事件的发生；三是防控因狱内各种矛盾引发的群体性事件。而预防狱内又犯罪行为以及自杀事件的发生，是监管安全事故风险防控工作的重点。

【任务基础】

监管安全事故是客观存在的。从监狱实际工作来看，防控的目标就是采取各种措施减少事件风险的可能性，或者把可能的损失控制在一定范围内。防控的宗旨、目的是保证监管场所处于没有危险、不受侵害、不出现事故的安全状态。

一、监管安全事故的特点

（一）具有不确定性

由于极少数罪犯具有强烈的反社会心理和强烈的犯罪原动因，他们的恶习深，劣性难改，内心拒绝接受监管改造，具有行为的狡诈性和人格的复杂性，其作案手段比一般刑事案犯更狡猾、更隐蔽、更疯狂。只要一有机会就有可能进行各种又犯罪活动。此外，有些监管安全事故的发生，是由一些小矛盾、小事件所引发，也有可能是激情或没有明显的先兆，作案常常临时起意，其目的单一、随意性强，因一句口角，一个摩擦，或受到某种因素诱发和刺激，就能将对方打伤或打死，行为不计后果。其发生的时间、地点、方式、规模以及影响具有相当的不确定性。

（二）具有严重的危害性

有的在押罪犯对自己的犯罪行为受到刑罚处罚极为不满，反感情绪和反社会意识并存，仇恨和报复心理强烈，往往把办理过他们案件的司法人员、管教民警或将罪犯中的改造积极分子视为仇敌，这些人胆大妄为、手段残忍、不计后果，只要一有机会，就有可能以十分凶残的方式不计后果地疯狂进行报复，甚至以死相拼，以此来发泄自己的所谓仇恨。一旦发生监管安全事故，往往以人员伤亡、财产损失为标志。不论什么性质的监管安全事故，都必然不同程度地给监狱造成破坏、混乱和恐惧，罪犯脱逃、行凶、自杀等行为对社会心理和个人心理造成的破坏性影响，会不同程度地渗透到监狱工作的各个层面。尤其是重大监管安全事故会给监狱这一特定范围内，甚至社会范围内造成难以估量的严重后果。

（三）具有复杂性

由于罪犯案由、刑期及个体情况的复杂性，加之价值观的多元性，导致了引发危险因素原因来源的复杂性。一些罪犯为了逃避侦查和法律的惩罚，在进行又犯罪活动时，往往利用各种各样的方式方法伪装、掩盖自己的犯罪动机、目的和行为。他们当面一套，背后一套，有的还以积极的面貌骗取民警的信任，具有明显的两面性、隐蔽性。有的罪犯为了使犯罪行为得逞，在作案前往往进行周密设计，寻找最佳作案时机，并进行物资上的准备，犯罪预谋有的达数月甚至更久。

此外，当前社会矛盾呈现的范围比历史上任何时期都更为广泛，社会关系中的利益关系多样化，监狱作为社会的一部分，也呈现出矛盾相互交织的情形，狱内与狱外、罪犯与罪犯、罪犯与民警的矛盾交织在一起，而这些矛盾若不能及时化解，如果出现监狱管理制度漏洞、狱内外突发事件或意外事件的刺激，极有可能演变成引发安全危险事故的风险因素，这反映了对管控监管安全事故因素风险点的难度和复杂性。

（四）具有处置的迫切性

狱内监管安全事故是服刑罪犯在监狱特定的环境条件下，原有犯罪心理的强化和巩固，是原有犯罪行为的延续和发展。如果不能对其进行有效的防控，必将削弱监狱行刑的效应，影响监狱职能的发挥。从对监管安全事故应对的角度讲，尤其是基层一线民警，一且发生监管安全事故，及时应对和处置事故危情就能防止造成更加严重的人身或财产损失以及对社会的严重破坏后果。因此，面对监管安全事故风险，既要早发现、早预防、早处理，又要抓早、抓小、抓苗头，同时也要提高处置能力，做到控制得住、处置得了，把事故造成的损害降至最小限度。

二、常见监管安全事故的主要形式

（一）罪犯袭警

近年来，罪犯袭警的案件时有发生，罪犯袭警行为不仅是对民警个体人身权利的伤害，更是对整个监狱执法环境的破坏，对国家行刑权力的公然挑衅。袭警案件基本可以分为两种，预谋性袭警和激情性袭警。罪犯袭警的原因一般表现为：一是以脱逃为目的的袭警；二是以报复为目的的袭警；三是情绪失控，激情袭警。不论哪类袭警，目标指向明确，都是以民警作为直接攻击对象。袭警案件造成的后果是极其严重的。

（二）罪犯脱逃

防控罪犯脱逃是监管安全的重要任务。罪犯的脱逃是破坏监管改造秩序、逃避刑罚的极端行为，而且罪犯一旦脱逃，直接威胁社会治安稳定。罪犯脱逃行为方式以是否使用暴力为标准，可分为暴力和非暴力型；以人数多少为标准，可分为单人型和结伴型；以是否有明确的意识和准备为标准，可分为预谋型和随机型。罪犯脱逃的原因主要表现为：一是不认罪服法，逃避刑罚。二是狱内重新犯罪或有余漏罪害怕被发现。三是亲情出现重大变故。四是恶习不改，留恋狱外生活。五是监管执法不严、不公，出现监管漏洞。

（三）罪犯自杀

罪犯自杀属于严重的监管安全事故，对监狱的改造秩序和声誉都将带来负面影响，同时也对罪犯家属造成严重的精神伤害，甚至导致罪犯家属与监狱之间的纠纷。罪犯自杀常见的方式：自缢（即上吊，造成缺氧而死），高处下坠（借助建筑物下坠），割脉（通过割腕等致使流血过多致死），自焚（以酒精、汽油等易燃物引火烧身），溺水，电击（通过生产或生活用电触电），绝食，撞击（撞击硬物，如撞墙等），服毒（如吞服过量药片，剧毒化工液体）等。罪犯自杀因素包括：一是有研究表明，一个人的自杀与其心理暗示有十分紧密的联系，有家族自杀史或曾经有过自杀行为的，容易受到比常人更强烈的暗示。二是心境障碍（主要是抑郁）病人，面对监狱环境容易激化这种因素。三是环境因素，投入服刑改造后，悲观绝望，看不到希望或因家庭变故等因素失去了希望。四是其他因素，如无法忍受长期被欺侮；年老体弱或疾病折磨；被处理难释怀而冲动；抗拒改造以死相威胁；等等。

（四）罪犯行凶

罪犯行凶事件是指在押罪犯故意实施的非法剥夺他人生命或非法损害他人身体健康的行为。罪犯行凶事件包括杀人、伤害行为，两者都有可能造成被害人死亡或者重伤、轻伤的后果。行凶的对象包括民警、职工、外来人员、罪犯等。行凶事件的动机、目的，常见以脱逃行凶、报复行凶、泄愤行凶为主。罪犯行凶的原因：一是反社会意识强烈，抗改情绪严重。二是自制力和挫折耐受力差，性格暴躁，存在较突出的暴力倾向。三是为了实施脱逃等犯罪目的，铤而走险，对妨碍其脱逃等犯罪行为的民警或罪犯行凶伤害。四是心胸狭隘，具有较重的报复心理。

（五）狱内群体性事件

尽管我国监狱罪犯群体性事件极为罕见，但随着我国社会群体性事件的增多，以及国外多次发生的罪犯群体性事件所造成的严重后果，监狱也要密切关注罪犯群体性事件的发生，做好狱内群体性事件的防范和处置工作。按狱内群体性事件的严重程度划分，主要有暴乱、骚乱、罪犯群体斗殴和群体对抗等。从监管工作实践看，狱内群体性事件表现较多的形式为：罪犯群体斗殴和群体对抗，究其原因：一是从主观原因分析，有的改造态度不端正，要"面子"心理，如当违规后受到民警批评处理，就产生强烈的聚众对抗行为，唯恐天下不乱；有的是牢头狱霸，自认为是老江湖，拉帮结伙，对不愿意与其同流的罪犯进行打压。二是从客观原因分析，民警管理不严，为逃避劳动或纪律约束等，故意扰乱监管秩序，认为可以"法不责众"；个别罪犯因有的诉求难以实现，挑动一些消极改造的罪犯，故意制造混乱，抗拒管理。

三、监管安全事故风险的预防控制

预防控制是监狱以一定的手段或方法实施防范控制监管安全事故发生的过程，从而使监狱处于没有危险、不受侵害、不出现事故的安全状态。

（一）预防控制的对象

1. 重点罪犯的防控。总有一些因各种原因不认罪、不接受改造，甚至妄图逃避刑罚惩罚或不惜铤而走险、以身试法的罪犯，一般通称为重点罪犯，尤其是重点罪犯中具有危险性质的罪犯。这一罪犯群体的客观存在是监管安全最大的隐患和威胁，是监管安全事故防控的重点人群。而重点防控的目的，就是通过囊括各个管理环节的侦查，把这一特殊群体从罪犯群中摸排与分离出来，把这一特殊群体严密监控起来，把这一特殊群体教育转化过来。以针对性措施化解危险、消除隐患，防控狱内监管安全事故行为的发生，从而达到维护监狱安全稳定的目的。

2. 重点时空的防控。预防控制监管安全事故行为，离不开具体的时间和空间因素，简称重点时空。根据监管工作实践要求，重点时空主要指重点时段、重点部位、重点环节。重点时段由于监管控制力量相对薄弱，容易成为狱内监管安全事件的多发时段。防控主要是基于分析狱内案件发生的特点和规律，适时地、有针对性地采取有效措施，从管理措施上要堵塞发生监管安全事件的可能或者创造一种不能实施侵害监管安全的时空环境，通过消除或限制企图作案的条件，以达到预防的目的。监狱的重点部位事关监狱安全的大局，一旦出现问题就会给监狱带来严重的后果，因此，其容易成为又犯罪活动侵害的目标。加强对重点部位巡查检查，落实重点部位的防控措施，推进检查制度经常化、常态化，并对存在的隐患及时进行整改消除，是减少和消除狱内监管安全事故十分必要的措施。重点环节是针对监管过程中，由于特殊的时间或环境的条件存在着一定的局限性，极容易出现罪犯的监管控制能力较弱或条件较差的情况，如罪犯活动场所的变动，罪犯因病、调动等因素需要暂时脱离监管场所等。在这些时空节点上，一旦出现监管工作的漏洞，往往成为一些罪犯选择脱逃或实施其他监管安全事故行为的机会。

3. 重点物品的防控。狱内重点物品，是指因监狱改造、生产、建筑施工等需要进入监管场所，如易燃、易爆、剧毒、麻醉、锐器和攀高物等，罪犯有可能用于危害监管安全危险行为，可作为脱逃工具、行凶器具或可能造成其他安全事故的物品。这些物品一旦流入监管场所，将严重威胁监管安全。因此，需要设立专门的管理制度，由民警直接管控。重点物品的防控，是监狱安全防控的日常基础性工作。

（二）预防控制的方法

充分发挥"人防""物防""技防""联防"的综合防控功能，完全可能在时间条件、空间条件、对象条件上阻断狱内监管安全事故行为的发生。

人防，即人力防范，是监狱安全防范的核心基础。技术防范和实体防范离不开人的作用。物防设施"延迟"作用的有效发挥，需要技防和人防的有效配合和积极支持。人防，一方面指监狱民警本身，通过优化警力配置、落实警务保障、加强值勤备勤、落实直接管理等制度，既可对企图实施监管安全事故行为的罪犯起到震慑作用，又可及时发现我们没有掌握的可疑线索和反常现象，以便及时追查事实，将新发现的危险罪犯与异常罪犯纳入重点防范工作系统。另一方面指民警具有高水平的防范反应能力和高水平的决策、指挥与整体快速反应能力。

物防，即实体防范，是监狱安全防范的物质屏障。物防设施是技术防范系统的物质载体和实物基础，它是延迟事故风险发生和预防犯罪的基础手段，它在安全防范中的"延迟"作用是其他手段难以代替的。即在围墙、电网、岗楼等原始防控基础上，强化外围通信、报警、照明、监控配套设施，筑牢物防屏障。并通过加强警务装备，配好配足单警执勤装备，从人的生理极限和心理极限上彻底打消罪犯实施监管安全事故的念头。

技防，即技术防范，是监狱利用不断发展的互联网技术、电子信息技术预警报警技术等高科技手段，组建视频监控系统、监听对讲系统、门禁管理系统、电子巡更系统、周界报警系统、应急报警系统、狱内人员定位系统等。技术防控的实质是用技术设备延伸人的感觉器官，弥补民警在感觉方面的不足，使民警对各种狱内信息的搜集能力得到最大程度的延伸。并且，可以对监狱遇到的安全威胁进行探测、报警和反映，起到有效预防损失和遏制作用。

联防，即联合防范，是监狱通过与驻监武警部队、驻地政府部门、公安机关、社区（村镇）、周边群众及其他社会组织建立起来的联合防控与应急处置的组织系统，实现共建、共管、共保安全。

（三）预防控制的保障机制

通常情况下，监狱一般采取"监狱党委统一领导，班子成员分工负责，职能部门指导协调，各责任部门联合行动"的安全管理模式和运行保障机制。其主要内涵包括：领导责任机制、安全防控机制、隐患排查机制、应急处置机制和狱情研判机制。

1. 领导责任机制。坚持"谁主管、谁负责""谁执法、谁负责"的安全责任制原则，构建实施"主要领导亲自抓，分管领导具体抓，层层签订责任状，一级抓一级，逐级抓落实"的监狱安全责任机制。

通过健全组织领导机构，明确监狱党委书记、监狱长负第一位责任，各责任单位的主要领导对本监管区域负第一位责任的"一把手"提出工作要求。将监狱安全稳定工作纳入党委工作重点、领导决策议题、工作绩效考核和干部能力考察的范畴，并对监狱安全责任事故实施"一票否决制"，追究责任单位和相关责任人的责任。落实健全完善"谁执法、谁负责"的安全责任目标考核体系，对存在重大安全隐患、严重不负责任、工作推诿扯皮、制度措施不落实或落实不到位的单位，进行严格责任倒查与责任追究。形成"人人参与，层层负责"的安全工作格局。实施执法督查制，设立监狱长信箱、检举信箱等，确保内部监督的经常化。邀请人大、政协、政法机关对监狱执法工作进行监督，并通过聘请执法监督员、行风监督员、向罪犯家属发送公开信和征求意见书等措施，实现外部监督的制度化。

2. 安全防控机制。坚持以推进"四防一体化"建设为核心，构筑形成"人防严密、物防坚固、技防高效、联防可靠"的监狱安全防控机制，全方位确保监狱的持续安全稳定。

人防严密。通过提高民警的安全意识和直接管理措施，并发挥监管、教育等多种手段，确保监管安全事故隐患消除在初始阶段。即按照封闭控制、不留空隙的要求，对监管改造和劳动生产区域实施严格的封闭式无缝管理和安全警戒，合理配置警力，规范设置哨位，严密人防部署，切实将罪犯的一切活动始终置于民警的视线之内和掌控之中，切实做到安全监控不留空隙，隐患排查不留死角。

物防坚固。实体防范是监狱安全防范的重要屏障。在充分强调人防的核心作用的同时，监狱实体防范的基础性保障作用，也必须引起高度重视。按照国家《监狱建设标准》和司法部《关于加强监狱安全管理工作的若干规定》的要求，完善监狱的实体防御体系，形成外围封闭、照明、通讯、报警、监控五大系统，筑牢监狱安防的实体防线。

技防高效。技术防范是人力防范、实体防范在技术手段上的补充和加强。目前，监狱安全技术防范系统主要包括：视频监控系统、周界防范系统、应急报警系统、门禁控制系统、呼叫报告、监听对讲广播系统、电子巡更系统、人员定位系统等。这些技防系统，不仅依赖于先进的技术装备和先进的技术手段，而且取决于使用这些先进技术装备和先进技术手段的监狱民警的能力水平。因此，根据监狱信息化建设的要求，在不断加强、改进、提升和完善监狱安全技术防范系统的科技含量，从客观条件上有效提高监狱安全防范、应急处置与快速反应能力的同时，还应当重视和加强监狱民警的能力建设，这才是确保技防手段高效运行的根本所在。

联防可靠。监狱与武警部队之间加强协同配合，健全联合互动工作机制，定期组织演练，提高双方的联防联动、应急处置能力。同时，加强与地方党委政府、公安机关、周边群众的联系与联防，净化监狱周边环境，构建各司其职、密切协同的大联防格局，提高整体防范能力。特别是要抓好监狱与武警部队的"三共"建设，着力在"思想共建、队伍共管、安全共保"三个方面下功夫，加强监狱与武警的沟通与协调，实现双警之间的互联互通，信息共享，多点联动，快速反应，共同推动新形势下监狱安全管理工作的健康发展，确保社会大局的和谐稳定。

3. 隐患排查机制。完善监管安全检查与隐患排查制度，形成民警每天查、分监区（监区）每周查、监区每半月查、监狱每月查的分级排查方式。同时，采取自查与交叉查、日常排查与突击排查、平时排查与节假日排查、日间排查与夜间排查、现场排查与视频巡查相结合等方法。

监管安全隐患排查运行机制包括以下机制：一是领导责任机制。坚持各级"一把手"对本单位隐患排查负全责。二是分级排查机制，重点围绕"囚的不稳定、物的不安全、警的不规范行为"进行。监狱及相关职能部门以宏观排查为主，重点排查大门、围墙、电网、地下管道等警戒设施、技术装备和民警情况，并对监狱安全管理制度存在的缺陷及时修订；监区以微观排查为主，重点排查各项监管制度和各项安全防范措施的落实情况，押犯中存在的各种潜在的危险因素，各种现实的危害因素和其他不安全、不稳定因素。三是排查包干责任制。划分片、区、点，实行领导包片、机关职能部门包区、监区（分监区）民警包点的责任制。四是排查整改责任制。对排查出的安全隐患严格落实整改内容、标准、措施、资金、期限、责任人"六到位"，坚持"问题不查清不放过，问题不整改不放过，整改无成效不放过"的责任制原则。五是严格责任追究制。坚持对监管安全检查的通报形式，对存在的监管安全隐患应及时下发《纠正违规通知书》和《消除隐患通知书》，并限期整改上报整改结果。未按规定整改，造成后果的，要追究领导和直接责任人责任。

4. 应急处置突发事件控制机制。监管安全事故应急处置的核心是有效控制，尽可能阻止或减少安全事故带来的损害、降低损失。随着监狱在押罪犯结构的日趋复杂，罪犯教育改造难度的日趋艰巨，监狱安全稳定的压力也日趋严峻。监狱必须完善应急处置控制体系建设，应急处置控制体系是对经过预测、监测、预警、控制防范等预防性环节后，仍存在不安全状态的可能性因素，进行降低事件发生可能性和启动紧急预案处理突发监管安全事故的一系列过程策略系统。

监狱系统现行处置突发事件机制一般属于三级架构。即省监狱管理局、监狱、监区。省监狱管理局负责处置突发事件的业务指导，全省应急预案的制订；监狱是实际处置突发事件的中心机构，负责制订监狱预案，组织应急防暴力量和预案联合演练；监区是处置突发事件的基本单元，主要任务是制订监区预案及本监区的演练。监狱一旦发生监管安全事故，就能在第一时间按照预案所确定的管理目标和处置预案规定的工作任务，下达各项应急处置指令，协调有关部门之间的行动。

监狱在维护安全稳定工作中，还需要构筑形成"监狱、武警、社会"三位一体处置能力的联防体系及其应急处置机制，提高监狱应对突发事件的快速反应能力与应急处置能力。

5. 狱情研判机制。坚持有效发挥"信息预警、信息导防、信息促安、信息强侦"在监狱安全防范体系中的实战效能，建立健全监狱狱情研判体系，构筑形成"监狱—职能科室—监区（分监区）"三级狱情信息研判机制。

规范狱情信息研判运行模式。一是日收集日碰头制度，监区（分监区）当日值班领导对执勤民警各分管区域内的警情、犯情、监管隐患排查情况进行梳理和处理。二是定期的狱情分析会制度。坚持"分监区每周、监区每半月、监狱每月"的例会，例会内容主要包括通报上次狱情分析会有关问题的处理落实情况，分类通报各异常住处排查分析所有押犯思想、行为动向特点；分析研判狱内案件和已经发生的违纪行为；分析研判民警在执法管理过程中出现的问题、矛盾；排查分析危险罪犯、重要罪犯、重要部位的动态及管理情况；预测分析下一阶段狱情趋势，提出切实可行的工作措施等内容。三是会后的处理工作。狱情分析会后，所在单位的领导必须明确需要解决哪些问题，并落实责任。对于需要上级领导或部门解决的，在落实应急措施的同时，遵循一定的原则及时报告。通过制度化、规范化和科学化的狱情信息研判机制，确保及时处置异常狱情，堵塞监管漏洞，提高防控工作的针对性、有效性。

【任务实施】
一、罪犯暴力袭警案件的预防

（一）认识暴力袭警案件

狱内暴力袭警案件是指在押罪犯为了达到其特定的目的，以暴力手段对监狱民警进行袭击，造成人身伤亡和其他危害后果的案件。在袭警案件类型中，以脱逃为目的的袭警危害最大，隐蔽性最强，必须重点防控。以报复为目的的袭警，案发人数近年来有上升趋势，发生频率增多，必须引起注意，需要加强防范。因罪犯情绪失控，激情袭警的案件，绝大多数是在各类矛盾处置过程中引发的，在提高民警执法管控力度的同时，要防范和控制矛盾的激化，从而避免酿成严重后果。不论哪种类型的暴力袭警，目标指向明确，都是以民警作为直接攻击对象。探究袭警案件发生的原因便于我们全面深刻地认识袭警案件现象，只有弄清并且减少案件发生的原因，才能尽可能防范和减少案件的发生。

（二）狱内暴力袭警的防控

预防暴力袭警案件是一项系统性、经常性、长期性的基础工作。

1. 提高自我防范意识。随着关押布局调整的逐步到位，监管警戒设施的不断完善，罪犯脱逃将会得到控制，但是，狱内重特大案件特别是以脱逃、报复为目的的袭警案件将呈上升趋势，为此，必须将安全防范工作的重点及时调整，转移到预防杀害民警等重特大案件上来。一是提高民警自我防范的能力。基层民警应具备的技能包括：队列指挥、防卫技术、射击（应用射击初级）、械具使用、通讯联络、现场急救（初级）；能够对罪犯自残自伤事件、罪犯自杀事件、罪犯公开对抗事件、罪犯袭警事件、罪犯劫持人质事件进行处置。在遭遇危险情境时，能冷静应对。此外，还包括配备警用安全保护设备及创造相对安全的环境等。二是构建主动防御防控体系。要构建以狱情预测为核心、以狱内侦查为支撑的包括重点犯摸排、危险性甄别、个别化矫治、针对性防控等措施手段相结合的集犯情狱情分析、情报信息分析、重点罪犯和危险分子分析、敌情动态分析于一体的网络。三是运用视频监控系统平台、监管警戒安防设施、应急报警及处置措施等物防技防手段，及时有效地预防、控制、处置袭警案件的配套性防御体系，它是主动防御系统的辅助、补救手段。

2. 规范警务行为，科学安排执勤行为。民警上岗执勤如上战场。在当前押犯成分构成日趋复杂，其中暴力犯、毒品犯、涉黑涉恶犯等明显呈上升趋势之时，为了有效地防范袭警案件的发生，避免和减少民警的流血牺牲，必须科学安排警务活动，严格规范警务行为。一是严格执行警务活动规章制度。要依法管理罪犯，坚决做到不法外施权、不法外施刑、不法外施恩，改变简单、粗放的执法方式，正确对待罪犯的"诉求"，充分保障罪犯的合法权益。二是善于"智斗"而不是"力并"，以消除罪犯的敌对心理，防止矛盾冲突升级，化解罪犯与民警之间的冲突。在具体做法上：①针对民警个人的矛盾冲突，应让其他民警或由领导出面做工作，对情况要认真了解、疏通，并反馈给相关民警本人。②确系民警工作不当等原因引起的敌对心理，应当有错必纠，改进工作，转变作风。在澄清罪犯自身错误认识与做法后，待时机成熟时，可以安排沟通式的谈话，民警应委婉地作自我检讨。③对尚未明朗化或程度较轻的，应采取委婉的方法做好工作，使罪犯比较自然地转变态度。④属于在周围罪犯消极因素影响等综合因素下产生的，应当通过深入的分析解剖，澄清事实和思想问题，通过提高罪犯思想认识，逐步消除其敌对心理。⑤确系难以调和、难以解决的对立与冲突，可以通过狱政部门调换单位，并交代清楚情况，做好善后工作。⑥属罪犯自认为办案不公引起的敌对心理或与犯罪性质有关的反社会心理，较难找到切入点，因而教育难度较大，一般可以从关心其生活开始，从兴趣爱好入手，增加接触机会，逐步缩短心理距离，消除或减缓其心理防御，化解矛盾冲突。

3. 甄别袭警危险，排查袭警倾向的罪犯。罪犯在实施袭警前，在心理和行为上往往有所流露，如果民警能够细心观察，袭警者的行迹是可以发现的。因此，要以高度的警觉、敏锐的觉察，及时发现犯罪线索，达到预测的目的，进行有的放矢地制定防控对策。一是心理危险。主要包括：①主观心理危险，此类罪犯思想具有极端的反社会心理，仇视社会，胆大妄为。②客观心理危险，也可称为突发性危险。主要是由于客观因素而引发其袭警危险动机。家庭变故、民警管理不当等客观原因的刺激，使其思想上一时想不通而引发的袭警行为。对这类行为只要及时掌握情况布置监控、做好工作，其危险是可以消除的。③心理疾病危险，如精神病患者在发病期间，长期患病情绪悲观对监狱治疗不满等。二是目标危险。目标危险是指有些监狱民警本身具有一些吸引罪犯袭击的因素，有足以导致罪犯袭警犯罪动机的明显标志，使得其成为"合适"的犯罪目标。例如，怀有脱逃袭警意图的罪犯，在物色其侵害对象时，主要指向那些思想麻痹、缺乏警惕，或身材矮小、年老多病或刚刚从事监狱工作又缺乏对敌斗争经验的民警。在报复袭警犯罪中，目标一般是与自己有仇怨的民警，少数罪犯在与民警发生冲突后，特别是在受到批评教育或惩罚后，怀恨在心，遂产生报复的念头。三是情景危险。情景危险是指监狱民警不幸陷入某种有利于罪犯袭击之情景，从而让加害者有可乘之机。在罪犯袭警案件中，这种被害情景指的是出现了有利于罪犯袭警的空间、时间或警力状态组成的犯罪情景，或是民警被引诱到适合于罪犯袭警的不利情景。在罪犯袭警案件中，单一警力、密闭空间、特殊时段等因素都属于易袭情景，如，某监狱警察朱某在该区三楼管教室找罪犯邓某根进行个别谈话教育时，邓某根趁民警不备，用一根木凳突然袭击其后脑，致其当场倒地昏迷不醒，后终因伤势过重牺牲，朱某同样进入一个易被袭击的情景。

在监管实践中，罪犯袭警就是在特定的场合对民警实施伤害。因此，在袭警前针对罪犯固有的或已表现出的某种倾向进行排查管控，是超前防控工作的基础性工作。主要包括以下方面：①强化对"重危"犯的摸排，科学甄别罪犯的危险程度。②落实各项安全监管措施，加大对危险罪犯的管控力度。③加强危险物品与劳动工具的管控。④强化心理矫治。着重运用心理、生理、病理等方面的知识和技术，矫正罪犯的心理缺陷、人格缺陷、行为缺陷，化解危险因素。⑤营造良好的改造环境。坚持公正执法，秉公办事；坚持文明管理，注意工作方法。建立狱内避免或减少危机的机制，即安全阀功能，罪犯有讲理的地方，有提意见或反映的途径，有宣泄情绪甚至不满的渠道。罪犯通过正常渠道提意见、发泄不满情绪，并不可怕，怕就怕有话不敢说、怨恨、不满情绪日积月累，矛盾不断激化，酿成袭警等重特大案件，这才是危险的、可悲的。

4. 加大对袭警犯罪的惩罚力度。暴力袭警，就其性质而言，是非常严重的抗改行为。因此，监狱要加强狱内侦查工作，提高犯情收集和排查分析能力，健全安全预警机制，及时打击罪犯的暴力袭警行为，以突出监狱的惩罚功能和法律的威胁性。对于造成民警人身伤害的袭警行为，要坚决予以立案查处。

二、罪犯脱逃事故的预防

（一）认识狱内脱逃案件

狱内脱逃案件是指依法被关押的罪犯从监管羁押或改造场所实施脱逃的重新犯罪行为。狱内脱逃案件包括预谋型脱逃、突发型脱逃、结伙型脱逃、机会型脱逃等类型。罪犯脱逃的主观原因主要体现在有逃避惩罚的欲念、对强制劳动的畏惧、家庭责任的驱使以及存在报复心理和侥幸心理等方面；客观上存在监管设施缺陷、安全管理漏洞、责任措施不到位以及对罪犯的不公平待遇等不良的监管改造环境。罪犯脱逃案件的发生，一般经历动意阶段、准备阶段和实施阶段。防止罪犯脱逃作为监狱安防工作的重点，必须坚持"打防结合、堵疏并重、标本兼治"的原则，切实形成人防、物防、技防相结合的安全防控体系和长效机制。

（二）狱内脱逃案件的预防

1. 加强罪犯内部防控。除罪犯最基础的活动组织单元—罪犯互监小组（罪犯联号小组）制度，主要包括在罪犯群体中，构筑"六个控制网络"：①重点防范网络，即对重点危险性罪犯实施的"两明一暗三包夹"控制管理网络。②老带新管理控制网络，即对新入监罪犯实施的"以老带新"，把新犯夹在表现积极的罪犯中间的控制管理网络。③耳目防控网络，在罪犯改造的不同层次，分别物色布建耳目进行控制的耳目防控网络。④区域防范网络，即在罪犯劳动生产活动的每个小区域周界，都设定警戒区，安置小哨或监督岗，对罪犯出入进行监控管理，设置区域防范网络。⑤人头清点网络，即在特定管辖区域内，由执勤民警、监督岗罪犯、罪犯组长等定时对辖区罪犯进行层层清查点名管理的人头清点控制网络。⑥定位管理监控网络，即对罪犯生活的床位、劳动的岗位、学习的座位、列队的队位实行"四固定"管理的监控网络。总的要求，就是通过严格落实这些制度，确保罪犯没有单独自由活动的时间和空间。

2. 民警日常管理制度。除民警岗位责任制和执勤制度，主要包括：罪犯出入门管理制度、会见管理制度、就医管理制度、个别谈话制度、日常考核制度、定时清监查号制度、收封点名制度、封门落锁制度、带工制度、"双零"管理制度等。总的要求，就是通过严格落实这些制度，使"犯不离警"，真正做到"三大现场不离人，24小时不脱管"。

3. 安全防范管理制度。主要包括：思想分析和狱情研判制度；安全检查和隐患排查制度；"四类罪犯"排查制度；危险犯、顽固犯、抗改犯、重要罪犯包夹控制与转化制度；危险物品、违禁物品、刀刃器具或劳动工具管理制度；耳目与信息员管理制度；狱内巡逻与狱内侦查制度等。总的要求，就是通过严格落实这些管理制度，准确掌控罪犯思想和行为倾向，力争做到"敌想我知，敌动我制"，不给罪犯可乘之机。

4. 重点区域管理制度。主要包括：监狱大门、其他出入通道、周界围墙、禁闭室、会见室、监控室、值班室、谈话室、心理咨询室、物资库房、下水道、暖气沟、施工现场和劳动场所等重点区域的管理制度。总的要求，就是通过严格落实这些制度，消除重点区域管理上的隐患和漏洞，防患于未然。

5. 监狱安防系统及设施管理制度。主要包括：视频监控系统管理制度；监狱门禁系统管理制度；报警系统管理制度；应急处置系统管理制度；其他安全防护设施管理制度；"三共"建设与应急处突演练制度；等等。总的要求，就是通过严格落实这些系统管理制度，及时发现监狱安全危机信息，准确发出预警信息和报警信号，提高监狱与武警的快速反应能力和应急处置能力。

三、罪犯自杀的预防

（一）认识罪犯自杀行为

自杀是行为人采取各种手段结束自己生命的行为。自杀是人类四种死亡方式（自杀、他杀、意外死亡和自然或是疾病死亡）之一，是当今世界三大社会"病"（吸毒、性病和自杀）之一。全球每年约80万人死于自杀，大约800万~1600万的自杀未遂者。每年平均自杀死亡率是十万分之二十三，每2分钟有1人死于自杀，8人自杀未遂。自杀是主动结束生命的一种行为，属于最严重的心理危机，或心理危机出现后最为严重的后果。

罪犯自杀不是突然发生的，它有一个发展的过程，我国学者一般把自杀分为三个阶段：①自杀动机和自杀意念形成的过程，表现为自认为遇到了难以解决的问题，想逃避现实，为解脱自己而准备把自杀当作解决问题的手段。②矛盾冲突阶段，求生的本能使自杀者陷入一种生与死的心理矛盾冲突状态，难以最终做出自杀决定，表现为内心痛苦、焦虑和绝望，心理上处于一种不能忍受的情感状态。如能引起民警的警觉和主动干预，及时有效地给予正确的帮助、开导和严密控制，使罪犯的"不能忍受状态"得以减轻，是可以使罪犯的自杀心理和意念得以缓解的。③自杀行为的选择阶段，从矛盾冲突中解脱出来，决死意志坚定，表现出异常平静，考虑自杀方式，做自杀准备。如私藏刀片、绳索等，等待机会实施自杀行为。

（二）罪犯自杀的防范

罪犯自杀的心理预防，是指通过在罪犯中开展心理教育加强对罪犯自杀行为的预测，并对有自杀行为的罪犯运用心理危机干预，消除有自杀倾向罪犯的自杀意念，减少狱内自杀案件的一系列防范措施。做好罪犯自杀的心理预防可以有效提高罪犯的心理承受能力，减少和避免罪犯自杀案件的发生，实现从"死不了"到"不想死"的防控目标。

1. 一般性预防措施。

（1）排查识别罪犯自杀诱因，确定高危监控对象。由于罪犯自杀行为的背后大都是某种心理缺陷、躯体疾病或不良社会因素刺激导致的复杂心理问题，因此，需要我们通过掌握与自杀及预防有关的知识和经验，了解如何辨别意图自杀的罪犯，在罪犯产生自杀意念时知道如何介入和处理，学会如何辅导企图自杀的罪犯，帮助他们增强应对危机的策略与技术内容，并进行紧急干预与处置。同时，还应教育罪犯如何识别罪犯中出现的自杀危险信号以及如何向民警进行求助或报告，学习如何以正确态度对待自杀行为的罪犯。

（2）开展心理健康教育，营造良好的改造环境。配备专业心理矫治人员，制定有效的心理健康教育措施，积极参与狱内自杀的防范工作。①开展罪犯心理健康教育，使罪犯能够正确认识心理问题，掌握正确的自我心理调节方法。②积极开展心理疏导和治疗工作。许多自杀未遂者都具有精神障碍，因此，要使用科学方法，如建立心理咨询室、开通罪犯心理热线以及给罪犯提供宣泄压力、疏导情绪的场所和机会等，及时排解罪犯的心理障碍，释放心理压力。③建立罪犯心理档案，对症下药。对有自杀倾向的罪犯要引导其正确对待挫折和困难，帮助他们分析挫折产生的原因，从多个方面帮助他们消除心理阴影，并做好跟踪干预，在教育和其他措施干预的同时，注意做好防范夹控工作，以防意外发生。

（3）落实好各项监管安全措施，严格控制管理。罪犯自杀需要一定的时间和空间，还需要一定的手段，如能严格控制好罪犯单独活动的时间、空间，则罪犯即使有自杀的念头，也缺少自杀的机会。要落实好民警直接管理制度，要尽量做到使罪犯学习、劳动、生活始终处于紧张而有节奏的整体活动和相互监督之中，这样，可以把罪犯自杀的时空条件降低到最低限度。尤其是：①要加强对重点物品的管理，减少可能用于自杀工具的来源。尤其是对那些便于自杀使用的利器、绳索等物品加强管理，发放、回收工具时要进行细致清点，严防劳动工具流出劳动场所。严格落实危险品的领发、回收、登记制度，坚持每天对罪犯进行搜身检查，定期或不定期实施查监制度，把一切危险物品拒绝在监狱门外。②要加强对重点时段的管理。控制好熄灯后特别是凌晨这一薄弱时段，防范心理问题严重者、有自杀行为的罪犯在这个时段做出极端行为。③要对重点场所加强控制和管理。如储藏室、卫生间、更衣室等，这些场所已成为罪犯实施自杀的重要场所。因此，这些场所要保持良好的视线，禁止悬挂窗帘，同时门锁要由民警直接掌握。要严格执行罪犯的互监联号制度，绝对禁止罪犯单独活动。

（4）提高民警矫治干预能力。要在加强民警工作主动性、责任性的同时，提高针对具有自杀倾向罪犯的矫治干预能力建设。罪犯的自杀行为反映的是心理问题，因此民警在教育管理过程中，需要注意从心理矫治的方式、方法上积极开展工作。这与日常的思想教育既有联系，又有所不同，更多的是要运用心理学知识，针对罪犯自杀危险性因素，通过心理辅导与引导的形式开展工作，并通过集体帮教、重点帮助，使罪犯树立生活信心，战胜自我，彻底消除自杀的倾向。

2. 特殊性预防措施。

（1）开展罪犯自杀危险程度评估。要通过专业的、科学的技术手段，评估自杀危险程度，以便采取有效的、针对性的管控矫治措施。尤其是对新入监罪犯进行心理健康测量和入监甄别，从中找出具有易自杀个性因素的罪犯并给予关注。加强对罪犯心理危机的预测，及时了解和发现罪犯心理危机，有助于及早进行心理危机干预，防止自杀行为的发生。准确测试每个罪犯的心理疾病，分析心理疾病类别，为治疗心理疾病奠定基础。

（2）给予必要的心理危机干预与治疗。罪犯心理危机干预是指心理专业咨询师运用适当的心理治疗技术，给处于心理危机中的罪犯以帮助和指导，使其缓解心理冲突，恢复心理平衡，以降低或避免意外事件发生的活动。心理危机干预是对有自杀行为或被发现有自杀意念的罪犯进行帮助的最为直接和有效的方法。在对自杀罪犯进行心理危机干预时，必须要全面了解罪犯自杀心理产生的诱因及危机程度，发挥专业咨询师从中了解和掌握罪犯自杀倾向产生的诱因，危机程度及个性心理特点，并根据这些情况制定出干预计划。同时采取适当的阻止和干预技术，稳定罪犯的情绪。监狱要配备专业的人员，建立心理咨询室和心理热线，定期向罪犯开放，帮助罪犯排除心理障碍和生活、法律中的问题，给罪犯提供宣泄压力，疏导情绪的场所和机会。

（3）采取措施，缓解或消除自杀诱因。在对自杀罪犯进行心理危机干预时还应注意与其他改造部门保持密切的联系和配合。及时了解和掌握罪犯自杀心理的产生、发展规律及表现特征，通过其心理和行为的细微变化了解其心理状况与干预效果。在民警的帮助下实施隔离或其他约束性保护措施，使罪犯离开刺激源，对于精神因素引起的原因（如抑郁症）要给予必要的药物治疗，促使罪犯及时关闭自杀通道，减少自杀的可能性。

四、罪犯行凶伤害的预防

（一）对罪犯行凶的认识

罪犯行凶是一种故意犯罪的行为，主要是故意杀人或故意伤害案件。相对于狱内其他案件来说，更具有突发性强和个案后果严重的显著特点。分析狱内行凶案件的特点：一是起因简单，其行凶的动机直接来源于罪犯改造生活中的争斗，比较容易观察、认识和把握。二是激情犯罪的多，往往极易因小事冲动而发生行凶伤害。三是轻伤害居多。监狱严密的管控措施，能够快速有效地阻止行凶行为的发展。但如果相互之间的矛盾不能及时有效排除，或者现场处置不当，也有可能激化矛盾，出现故意杀人或重伤害案件结果。这也反映出狱内行凶案件时间和地点的不确定性以及结果的不可预见性，往往会给监管安全带来十分严重的后果。

（二）狱内行凶案件的预防

对罪犯行凶行为的防控，首先应当是对"可能行凶犯罪人"的防控。狱内"可能行凶犯罪人"主要包括两类情形：一类是入监前具有行凶犯罪的罪犯。这类罪犯绝大多数是作案手段特别残忍，情节特别恶劣的暴力型罪犯，使用暴力解决矛盾冲突已经成为罪犯顽固的心理定势和行为惯势，这类罪犯是防控行凶案件的重点。另一类是入监后由于客观环境中各种消极因素的影响变得危险起来的罪犯。这类罪犯对监狱生活严重不适应，不能正确处理狱内各种人际关系，法治观念淡薄，自制力和挫折耐受力差。监狱应当遏制各种消极因素对这类罪犯的影响，加强管理控制和教育疏导，防止这类罪犯产生行凶意向，从而变得危险起来。因此，对狱内行凶案件的防范，依据危险程度的不同，可以分为一般预防和特殊预防策略。

1. 一般预防。

（1）查潜在危险人。狱内行凶案件的防范，重点和难点在于对"可能行凶犯罪人"的排查。民警要通过查阅档案、个别谈话、日常观察等多种信息手段，分析研判，力求准确、不遗漏，并把"可能行凶犯罪人"列入重点控制对象，进行动态跟踪，全程防控。

（2）评估危险程度。通过建立危险性评估制度，运用科学的评估体系反映罪犯主观恶性程度大小，行凶危险性的高低，同时结合对罪犯改造情况的综合分析，并建立专档，制定针对性的防控措施。

（3）消除危险因素。狱内的矛盾、纠纷、摩擦，往往是诱发罪犯行凶案件的导火索。要通过狱内矛盾的排查，查清事情的起因、过程和后果，实事求是、公正地处理，及时化解矛盾，消除对立。要构建安全微循环管控机制，即对内做好"六小警务"，针对出现的"小事件、小事情、小纠纷、小困难、小隐患、小矛盾"及时处置。营造良好的改造氛围，及时消除行凶意念，消除或减少行凶事件的发生。对外主动对接社会相关单位，协助监狱稳定罪犯情绪，切实解决罪犯的实际问题。对有行凶意向罪犯开展针对性的个别教育和心理疏导工作，破除罪犯暴力解决问题的心理定势和行为惯势。引导罪犯理性看待民警与罪犯、罪犯与罪犯之间的矛盾冲突，提高自我控制能力。

（4）进行动态跟踪。防控行凶案件的发生，重点在于针对罪犯服刑期间发生的囚囚矛盾、警囚矛盾以及日常生活中遇到的纠纷、摩擦等因素，进行及时、精准的行凶危险程度分析。要通过强有力的狱情收集分析、研判，比较和预测案件危机程度和发生的"可能性"，制定阻断"诱因"与"结果"之间联系的相应措施，消除各种"诱因"防止案件发生。因此，要强化"五管控"，即民警直控、狱内信息员明控、耳目暗控、连号罪犯夹控、技术监控的动态防控措施的落实。

（5）落实管控措施。加强现场监控，强化直接管理。对重点控制罪犯监舍特别是危险罪犯监舍、监舍走廊和放风地域、罪犯餐厅和活动场所、监狱围墙及其周边环境、罪犯劳动场所等重点部位的监控要严密到位，在罪犯三大场所尤其是劳动场所的管理中，一定要落实民警直接管理，严禁脱管或利用罪犯管理罪犯等。在具体管控的时间上，不准安排有行凶意向的罪犯，从事夜间或管控相对薄弱的时间加班劳动和其他难以管控的活动；在空间上不准从事单独、零星劳动或相关分散的活动；同时，不得安排其接触可能用作行凶工具的劳动、学习器具等。

2. 特殊预防。

（1）高戒备管控。对于排查的可能采取行凶行为的罪犯和行凶倾向已经非常明显的罪犯，监狱要对其进行人身控制，可根据具体情况，关押高戒备监区进行控制。对于暴力倾向明显的精神类和具有严重心理障碍的罪犯，可以采取加戴戒具约束、单独隔离等控制措施，并辅以药物治疗和心理治疗。

（2）针对性矫治。对具有"可能行凶犯罪人"的罪犯，要针对危险程度的不同，对其进行专门的管理和矫治设计控制。对于存在的个性缺陷和人格障碍，在严格监控、超前防范的同时，监狱要采取科学的方法和专业的手段，增强对罪犯个性缺陷和人格障碍的诊断和矫治力度。

（3）及时性打击。要充分发挥狱内侦查在预防打击中的作用，对于预谋行凶案件，要积极开展侦查工作，及时收集证据，依法给予惩处。

五、狱内群体性事件

（一）认识狱内群体性事件

狱内群体事件是由狱内外各种原因引起的，有众多人参与的，严重破坏监狱正常监管秩序，必须及时采取紧急措施予以处置的重大安全事件。狱内群体性事件是狱内各种矛盾和冲突的特殊表现形式。狱内群体事件形成条件一般有以下几点：一是罪犯之间非正式群体的消极影响。客观上罪犯之间存在着各自利益趋向一致的小群体，即非正式群体。当小群体之间存在冲突或与监管要求不一致，甚至相反，或者某些成员利益受损，易激起整个小群体的不良情绪，从而诱发群体事件。二是行刑方式不当激发群体事件，民警执法简单粗暴、不公，处置能力不强等，造成罪犯对民警缺乏信任，引发群体的不满。三是个别别有用心的罪犯煽风点火，利用传闻或偶发的意外事件诱发群体性事件。四是出现了有利的时间和机会。为了获得比较好的效果，还必须具有好的时间和引发事件的场所。也就是说群体性事件存在、发展和变化要有外因的作用和时空的形式。同时，有的群体性事件具有偶发性，即群体事件的引发并未经过准备和策划，是因为偶发的原因引起的，如因伙食不尽如人意或民警某个执法行为过于严厉苛刻。而有预谋性地引发群体性事件，一定是经过了策划、准备，是有组织、有目的、有计划进行的，其危害后果更为严重。

（二）狱内群体性事件的预防

1. 建立完善的信息收集网络体系。掌握灵敏信息是有效预防狱内群体事件发生的重要环节。按照"早发现、早报告、早控制、早解决"的工作思路和要求，把预警工作作为重点。监狱各级部门和监区、分监区，应有意识地通过各种信息收集手段，尤其是要重视耳目、信息员队伍建设，强化积极改造力量的作用。同时，要对狱内重点罪犯动态加强监控，如危害国家安全犯、涉黑涉恶的组织者、暴力犯的人员交往、异常活动等情况，保证及时准确地获取可能引起狱内群体事件的信息，做到未动先知，控制在先，处置主动，有效防范。

2. 建立矛盾排查化解机制。对罪犯矛盾与冲突排查要扎实，不能流于形式，对于任何一个矛盾与冲突都要引起重视，做出科学的研判，特别是罪犯与民警的矛盾更要引起足够的重视。要构建狱内矛盾排查机制，采取定期与日常排查相结合，专案与普遍排查相结合，民警收集与罪犯反映相结合，以达到超前预防、提前有效干预的目标。

营造有利于控制和化解罪犯矛盾与冲突的大环境，才能有效减少和化解群体性事件的土壤，才能有效控制狱内矛盾被少数抗拒改造的罪犯利用或激化而引发群体性事件。尤其要重点做好以下工作：一是要注重对罪犯心理健康的教育。帮助罪犯树立良好的心态，学会如何面对问题，掌握正确处理矛盾的方法。在罪犯中提倡遇到矛盾多一点沟通和交流，少一点争吵和谩骂；多一点反映和投诉，少一点顶撞和动手的文明方式。二是切实维护罪犯合法权益。尽最大努力帮助罪犯解决改造期间遇到的各类矛盾与冲突。对于一时无法解决的矛盾，也要通过合理的方式，使其端正认识，防止"不满"情绪累积到一定程度转化为"仇恨"，甚至采取极端手段。三是争取全社会更多地关心罪犯改造。俗话说"解铃还需系铃人"，罪犯与大墙外产生的矛盾很大程度上需要"外面"来帮助化解。要积极主动与社会各部门以及罪犯家属联系、沟通、协调，利用社会力量做好罪犯的思想转化工作，稳定罪犯的思想情绪，达到化解和控制矛盾的最终目标。

3. 提高民警的执法水平和应变能力。在服刑期间，罪犯与民警之间、罪犯与罪犯之间、罪犯与家庭或社会之间不可避免地会产生矛盾与冲突。因此，对罪犯的矛盾排查、处理、控制是一项必须引起民警重视的日常性工作。一是建立动态跟踪管控机制，立足提前干预与防控。任何矛盾都有产生和发展的过程，罪犯矛盾形成也是如此。因此及时发现罪犯中存在的矛盾，是化解、处理、控制矛盾的基础。而动态地跟踪罪犯矛盾的发展趋势，才能真正实现"敌动我知"的前提。为此，要通过罪犯档案、信件、会见及电话监听、个别谈话、向犯属了解、信息员或耳目汇报等搜集狱内矛盾，进行分析研判，并根据轻重缓急和控制、化解的难易程度进行评估，确立监区、分监狱和监狱三个层级的不同重点，开展针对性的干预与防控工作。二是建立应对机制，立足控制、处置、化解。依据罪犯矛盾或关注的热点问题程度高低，采取针对性的策略。对一般性矛盾可以采取常规预防性措施；对一时难以化解的矛盾重点控制。三是民警要提升应对处置罪犯矛盾的综合能力，采取灵活多样的方法开展处置工作，切忌简单粗暴。总的来说，应该把防范和化解涉及监管安全方面的矛盾放在第一位。

4. 强化狱侦工作，做好重点罪犯的排查和控制。要发挥狱内侦查手段，强化侦查意识，及时发现罪犯拉帮结伙、抱团抗改行为，对少数挑头起事，策划煽动，蓄意破坏的为首分子精准打击。同时要加强控制有组织犯罪的罪犯，如涉黑涉恶类；危害国家安全犯，如涉恐犯；暴力犯中的团伙骨干。对于这几类罪犯做到分散关押，防止他们纠合在一起，对同案罪犯分开关押。

【任务实例】

案例一　某监狱罪犯袭警案件

罪犯刘某某，因保外就医期满后违反有关规章制度，并在保外就医期间娶妻成家生子，被民警抓获后送监执行。收监 5 个多月后，考虑到该犯身患疾病，监区未安排其从事生产劳动，而是安排该犯参加监狱医务卫生培训，作为监区的医务卫生犯使用。由于不服从管理，未能尽到卫生犯职责，同年 9 月 17 日其担任 4 个月的卫生犯被调整，编入生产劳动岗位。刘犯认为，生产任务难以完成，奖励分低，影响自己的减刑计划，认为是副监区长李某故意刁难他，因而怀恨在心。9 月 21 日上午 9 时许，刘犯见李某一人坐车间民警值勤台，便从自己所坐的工作台上拿起一把红色大剪刀（临时发放，未链式固定）藏于衣服内，窜至民警李某右后侧，趁其不备，突然用左手搂住民警颈部，右手举起剪刀，用力朝李某的头部连刺两下，受到袭击后，李某迅速起身躲避，刘犯仍紧追又连刺李某几下，造成民警李某重伤，后被赶来的民警及其他罪犯制服。

案例二　某监狱罪犯脱逃案件

×年×月×日早上 9 时，王犯借倒垃圾之机，窜至监狱监舍西侧通道，趁监狱的外雇运输垃圾三轮车缓慢驶到监舍拐角处之机，从后侧爬上垃圾车，钻进生活垃圾内藏匿，当车辆驶出监狱大门，即被发现，随后该犯从车上跳下逃窜。当晚 9 时 20 分，该犯在监狱东侧丘陵处被抓获。

案例三　某监狱罪犯行凶案件

陶犯自认为刑期长，看不到希望，不想活了，想犯件大事求死，同组孙犯因为夜间有时打呼噜，影响其睡眠。×年×月×日上午 9 时 25 分，陶犯将事先用缝纫机踏板连杆改制的凶器藏在衣袖内，用伪造上厕所的审批条骗取罪犯孙某信任，与其一同到车间厕所内小便。陶犯趁孙犯毫无防备之时，手持凶器猛刺孙犯颈部、前胸和后背数下，现场值班民警发现后迅速控制陶犯，并组织人员将孙犯送至医院抢救，孙犯经抢救无效死亡。

案例四　某监狱企图自杀案件

某监狱罪犯林××，自认为刑期长，没有减刑希望。×年×月26日下午在工厂车间上厕所时看见垃圾桶内有一根长裤衩，便藏到棉毛裤与囚裤之间带回监舍，企图用长裤衩上吊自杀。次日27日凌晨3时19分左右，其将从工厂车间带回来的裤衩（约3.5米长）对折绑到上铺的床档上，把头套进裤衩，企图上吊自杀，被联号罪犯发现并制止。

案例五　某监狱暴狱案件

1996年4月，在新疆××监狱，库尔班·毛拉买提、阿不力·米提居曼串连了10名重刑犯并打制了匕首。7月15日的下午，一场非常暴烈、残酷的武装暴狱发生了。这天下午犯人们照常排队外出参加劳动，暴狱者事先在队列前后都安插了人，一个暗号，同时出手。暴徒们残酷杀害了4名武警战士，抢夺了枪支，又枪杀了"表现较好"的6名服刑人员，尔后抢劫车辆逃离现场。就在县公安武警前往塔里木腹地各路口追堵时，暴徒却令人意想不到地掉头回到沙雅县城。他们在武警中队打死执勤哨兵，抢劫了一挺轻机枪、3000发子弹和七八支枪，而后冲上沙雅县街头，沿途疯狂扫射，十余名群众倒在血泊中。暴徒被赶来的公安武警逼进一个村庄的一片荒坟中。最终除一人被生擒外，其余全部被击毙。

（载《政府法制》1996年第10期，张勇、莫争名、杨庆兵：《新疆"7·15"特大暴狱案件纪实》）

【任务小结】

本学习任务介绍了狱内监管安全事故的特点、原因、形式，以及监管安全事故防控的基本理论、方法。帮助学生掌握监狱常见监管安全案件防控措施的实际运用能力和基本工作要求。

【思考题】

1. 试述监管安全案件防范的方法和措施？
2. 你认为怎样才能提高自我安全防范意识和技能？
3. 如何防控罪犯的自杀行为？
4. 你作为现场执勤民警，如何才能避免袭警案件发生？
5. 作为监区民警，如何防范罪犯出现群体性抗拒改造案件？

【任务训练】

训练项目：模拟狱内监管安全的防控

一、训练目的

通过模拟实训，使学生加深对狱内常见监管案件的防控知识的理解，防控方法和技能的掌握，培养学生实际操作技能和实际运用的能力。

二、训练要求

1. 明确防控监管安全案件的内容与方法。

2. 在老师指导下，学生分成若干小组。

3. 熟悉训练素材，根据素材进行案例讨论分析。

三、训练的方法和步骤

1. 具体训练素材可根据训练目的及训练重点由训练老师选择、调整。

2. 案例讨论分析结束后，指导老师对本次案例分析讨论进行总结讲评、成绩考评。

【训练素材一】

某监狱罪犯故意杀人案件

减刑假释新规出台后，阿犯感觉对其不利，向互监成员表达出"在监狱活不出去"的想法，因举报同犯倒卖生产材料担心被报复，欲申请调整岗位，未获得批准，思想出现波动。×年4月12日上午8时20分，×监狱组织罪犯在厂房劳动。上午10时10分，在2号厂房劳动的罪犯阿犯因塑钢门框粘合胶用完，便到对面3号厂房内的库房领取粘合胶，后再次返回3号厂房的库房抽烟，在去库房的路上顺手拿起一把生产用木锤（长37cm，宽7.5cm）耍玩。阿犯吸烟时，在3号库房内劳动的罪犯吴××瞪了他几眼，阿犯担心吴犯向警察告发，冲动之下，遂用木锤击打吴犯头部，吴犯倒地后，阿犯又向其头部连续击打数次。之后，阿犯从3号厂房东北门走出，欲将木锤丢弃至水沟，看到罪犯段××背对其向1号厂房方向走去，认为自己行凶一事已被看到，遂上前喊住段犯，趁其不备，突然用木锤连续击打其面部数次，段犯倒地。

此时，两名民警正巡逻至此，发现情况后，立即上前将阿犯制服并向监狱报告，被害罪犯段××、吴××经抢救无效死亡。

问题提示：分析存在哪些监管漏洞，从中应该吸取哪些教训？

【训练素材二】

某监狱罪犯袭警杀人欲脱逃案件

××××年3月22日18时许，×监狱罪犯廖××在监舍活动室亲情电话处，谎称有重要情况想进入干警值班室单独汇报，廖犯趁干警程某打开值班室与罪犯活动室之间的隔控门之机，迅速掏出事先藏在腰间的 V 形铁块（长 13.5cm，宽 6cm，厚 5.8cm，V 点距离底边 2cm），朝民警程某后脑部猛击，程某当即倒地。廖犯见程某意识清醒，便要求其将警服脱下，但遭到拒绝和抵抗，于是又在程某头部接连击打几下，致使程某晕厥过去，然后迅速扒下干警身上的警服，穿在自己身上，下到一楼，欲图脱逃。此时正在四楼执勤的干警樊某，听到响动后，迅速下到三楼，看到倒在地上的程某，立即报警、监区 4 名干警接到报警后迅速赶来。廖犯见干警赶来，便从一楼逃窜至四楼，被前来追击的 5 名干警和 4 名罪犯合力擒住。

　　问题提示：从清监、搜身、危险物品管控、犯情排查、危险罪犯控制、隐患排查等方面，分析存在的问题，并提出改进的措施。

【训练素材三】

某监狱罪犯脱逃案件

　　××××年 10 月 3 日晚 22 时 36 分，罪犯王×、张×× 掰开事先用钢锯破坏的晾衣间窗户防护栏钻出，沿外挂消防楼梯护栏窜至地面，将从垃圾堆捡拾的棉被覆盖在生活区隔离网刀刺网上，翻离生活区。22 时 48 分，二犯翻越隔离网墙进入生产区，使用事先藏于厂房门前花坛中的铁棍撬开二监区厂房后门进入，盗取民警存放于厂房办公室衣柜中的制式雨衣一套、裤子一条和生产现场双肩包一个。随后，二犯沿厂房外墙、通过生产区通道门（未上锁）溜至电工房，撬开电工房门后取出金属梯子并提至监狱大门 B 门处。二犯利用梯子攀爬至 B 门房顶平台，由于担心踩踏房顶覆盖的铁皮声响过大被发现，遂放弃了利用金属梯继续攀爬 A 门隔离电网翻越监狱围墙的计划。随后，王犯又返回电工房，盗取了扁锉、锤子、扳手、尖嘴钳和螺丝刀等工具。23 时 56 分，二犯窜至会见室窗下，撬开窗户防护栏，进入会见室储物间，盗取储物间内一件监狱事业管理人员工作服上衣后，进入会见室家属候见区。10 月 4 日 1 时 50 分，二犯先后撬开家属候见区与会见登记区间三道门，进入会见登记区，在民警办公桌抽屉内盗取人民币 800 元。随后，二犯通过一人撬门，一人到会见室二楼放风的方式轮流撬会见登记区通向监管区围墙的防盗门。3 时 04 分，二犯脱逃出监管区，进入监狱办公区，溜至办公区民警食堂与备勤楼间的通道，翻越办公区矮墙逃离。

　　问题提示：本案给我们的教训和警示是什么？

【训练素材四】

某监狱自杀案件

　　罪犯章×，曾多次获得刑事、行政奖励。余刑还剩下不到一年六个月，而且到年底就可以最后一次呈报减刑（或假释）。当罪犯满怀信心的时候，发生了家庭的突变。当年4月29日得知其妻子在广州因车祸死亡后，其精神遭受沉重打击，在感情上一直不能接受妻子已死亡的事实。夫妻共同财产又被岳母带走，陷入家庭经济纠纷的困境。当年12月26日，李犯母亲来监会见，告知其家中财产被岳母全部拿走，其与妻以前投资入股的股金及分红也被岳母拿走，其母对此表示了极度不满。会见后李犯情绪又十分异常。

罪犯章×因恋爱结婚等原因，与亲生父母关系一直比较僵。投入改造以后，家住杭州的父母一直没来监狱会见。而自从妻子死亡后，虽然母亲来过2次，却是为了小孩抚养和亲家母的财产纠纷。当年12月底母亲会见后，监区民警做了大量的疏导工作。该犯也表现了比较平稳和积极的姿态。当监区公布初评年度记功名单时，该犯公开表示因行政奖励较多，不需要评为年度记功了，年终评比后的个人决心也不愿意写。

次年2月17日晚18时30分左右，罪犯章×与监区其他罪犯一起排队到监狱教学楼上课，当时护监罪犯看到章×在队列中。18时35分左右，罪犯全部进入教室就座，罪犯章×就读的1211教室横机挡车工（3）班罪犯教员吴××开始点名，点到罪犯章×时无人应答，就问同监区罪犯吴×，吴×谎称章×是维纪员，可能迟点到，教员信以为真，未再查问。到19：00左右，罪犯章×仍未到教室，教员吴××于是又问同监区罪犯胡××，胡犯说："好像是警官叫去了。"于是罪犯教员就不再追问。19：25左右，监区护监罪犯蒋×国和罪犯周×海回监舍，发现罪犯章×已在监舍的窗栅上用打包带上吊自杀。二犯迅速将该犯送监狱卫生所抢救，经监狱医生一个小时的全力抢救无效死亡。

问题提示：分析罪犯自杀的原因？以及暴露了哪些监管隐患和漏洞？并拟写一篇关于罪犯章×自杀事件的教训总结报告。

四、训练成果

1. 总结案例分析成果，针对不同案件情况，督促学生举一反三，提高落实防控监管安全案件措施的能力。

2. 结合讨论分析，写出训练心得。

工作任务八　监狱安全事故处置预案与实践演练

【任务目标】

知识目标：通过本工作任务的学习，使学生了解监狱安全事故处置预案与实践演练的重要意义，知悉监狱安全事故预案制订应遵循的指导思想和基本原则。

能力目标：通过本工作任务的学习和训练，使学生掌握监狱安全事故处置实战演练从方案制订到组织实施的基本方法与工作要求，具备一定的安全事故处置知识构成与实战能力。

【任务概述】

制定监狱安全事故处置预案，是一项理论与实践相结合的工作，具有十分重要的现实意义。制定监狱安全事故的处置预案并开展实践演练，旨在使监狱民警能树立总体监狱安全观。要坚持以政治观为统领，以法律制度为准绳，以改造人为宗旨，以安全文化为导向，构建监狱安全事故处置预案。要坚持分层管理、分类管理，遵循与时俱进原则，不断提高预案内容和演练方案的科学性。要围绕监狱安全事故的不同性质、情节与危害，组织开展各种形式的应急演练。要健全监狱安全事故发生后决策指挥、组织管理、后勤保障、应急联动等机制，注重现代信息技术的广泛应用，不断提高应急处置的针对性、有效性。对监狱安全事故的处置预案与实践演练方案，要着眼科学性、合法性、合理性和可操作性进行评估与修正，以找出问题、查出漏洞，更好地指导实践、贴近实战，提升监狱民警的实战能力。

【任务基础】

一、研究监狱安全事故处置预案与实践演练的意义

安全事故处置预案，就是根据"安全第一、预防为主"的指导思想，依据法律法规和相关规定，按照监狱安全事故发生的可能性、预见性和前瞻性的原则，视监狱安全事故发生的性质、情节、后果、危害程度等，制定监狱安全事故处置实施的组织保障、财力保障、人力保障，以及监狱安全事故处置的原则、方法和步骤，还包括监狱安全事故结案后的行政救济、经济救济、法律救济等措施。研究监狱安全事故处置预案并加以实践演练，具有十分重要的意义。

1. 在思想上为处置安全事故做好充分准备。麻痹轻敌、疏忽大意、放松警惕，是监狱安全事故发生的思想根源。很多监狱安全事故发生后，因没有相关应急预案也未进行实践演练，导致措手不及、影响恶劣、后果严重，有的还导致舆论哗然、引发舆情危机最后很多人被追责问责。管教工作中，很多人思想上不重视，要么不制订预案，要么把预案束之高阁、当作摆设，长期缺乏演练，一旦监狱发生安全事故，处置时就会乱了手脚、毫无头绪，造成难以估计的危害后果。要正确有效地处置监狱安全事故，首先是要做好安全事故应急预案，在思想上扣紧预防预案这根弦，克服"轻敌、麻木、麻痹"思想，做到警钟长鸣，方能打赢安全事故处置之战。

2. 在理论上为处置安全事故提供思路指导。理论是行动的先导。凡事预则立，不立则废。监狱安全事故处置预案，先要从理论上进行论证，围绕科学性、合法性、合理性和操作性，制订切合实际、易于操作、指导实践的预案。监狱安全事故处置预案，必须立足于对事故成因、性质、大小、情节、危害后果、社会负面影响等因素的可能性分析，并进行纵深、纵横二个维度的论证，方能制订出融合法性、客观性、操作性一体的预案内容。实践中，要分门类、分层次、分等级、分性质地制定出符合实情、实事、实策的监狱安全事故处置预案，最大程度地使预案内容与实际事故相一致、相吻合、相融合，以为处置安全事故提供正确有力的指导。

3. 在操作上为处置安全事故提供有效保障。监狱安全事故处置预案是否切实可行，关键在于演练。演练最终目的是服务于实践，在实践中能发现问题、总结经验、提高效率。因此，加强对安全事故预防预案的演练十分重要。演练有计划性的演练与突击性的演练，有普适性的专题演练与专门性的专人演练，有定期演练与不定期演练。日常演练与突击演练，是为了增强全体民警的安全危机感和危机意识；专题演练与专门演练，是为了提高安全事故处置的专业技能和技术水平；定期演练与不定期演练，是为了提高处置安全事故的反应能力与反应速度。无论何种演练，都是为了监狱民警在安全事故发生后，能够及时、快捷、准确、有效地处置安全事故。

二、监狱安全事故处置预案与实践演练的指导思想

在总体国家安全观指导下，把监狱安全纳入总体国家安全观范畴。监狱通过制订预防监狱安全事故的预案并开展实践演练，旨在树立总体监狱安全观，培育"安全第一，预防为主"的监狱安全文化，营造"时时讲安全、事事讲安全、人人讲安全"的全天候、全时空、全员工的安全氛围，把确保监狱安全作为抓好一切工作的第一要务和第一需求，实现总体监狱安全的政治任务。

1. 坚持以政治观为统领。新中国监狱创建之后的很长一段时间里，监狱机关作为人民民主专政的工具之一，其政治属性没有人怀疑它。自改革开放以来的一段时期，少数监狱学者和极个别监狱理论工作者，企图否定监狱机关的政治属性。自党的十八大以来，在理论自信、制度自信、道路自信、文化自信的指导下，监狱机关和广大民警旗帜鲜明地坚信监狱是政治机关。按照马克思主义学术理论，监狱是国家机关的重要组成部分，是维护统治阶级的专门机关，是人民民主专政的工具之一。因此，通过制订监狱安全事故处置预案并开展实践演练，其最终本质是为了实现监狱安全的政治目标和政治任务。如破坏监狱传统安全，从表面上看是破坏、干扰监狱正常管理秩序，其外溢效应如果被国内外反华敌对势力利用，制造监狱非传统安全事故，就会成为敌视、污蔑监狱制度和社会主义制度的典型事件。因此，监狱安全事故的处置预案与实践演练应立足政治高度，以政治观为统领，为切入点和落脚点。

2. 坚持以法律制度为准绳。监狱机关其内在属性是刑罚执行，根本任务是惩罚与改造罪犯，其活动过程都具有法律属性，遵循法的规则。因此，监狱安全事故处置预案与实践演练必须符合法律精神和法律内容，必须围绕惩罚与改造活动与过程并为其服务，其实质是为了保证这一根本任务能够依法顺利地完成。因此，应从惩罚与改造的各个阶段、环节、时段依法进行预防、依法制订预案、依法进行演练，把制订预案与实践演练纳入法制轨道，做到有法可依、有法必依、有章可循、依法办事。

3. 坚持以改造人为宗旨。监狱工作如何坚持"人民至上，生命至上"，从思想认识上还真不好理解，因为监狱面对的是罪犯，是曾经给国家、社会和人民造成巨大危害的人，是人民的罪人或者说严重些是敌对分子。但是，监狱工作的根本宗旨是改造人，体现在监狱安全事故的预案与演练上，必须坚持以人民为中心的指导思想，遵循"人民至上，生命至上"的行为准则。要把以改造人为宗旨的根本方针，作为衡量监狱安全事故处置预案与实践演练检验的尺度与标准。凡是符合以改造人为宗旨的监狱安全事故处置预案与实践演练活动，我们都必须坚持，否则就反对。这里应消除并转变"罪犯不是人民"的思想，坚持"罪犯是人，是我们要改造的人，是要我们把他们改造成人民的一员"的思想。坚持以改造人为宗旨，就是把罪犯改造成为"社会合格"人，成为社会人民的组成部分。

4. 坚持以安全文化为导向。监狱安全事故的处置预案与实践演练，既是一项系统性的教育活动，又是一项系统性的实践活动，是安全教育与安全事故处置实践活动的有机结合，旨在增强监狱机关及其民警的安全意识、安全观念和安全理念，提高监狱机关及其民警处置监狱安全事故的本领、能力和素养。提高与增强监狱机关与广大民警的安全文化意识，以安全文化引领监狱安全建设、安全机制建设、安全制度建设、安全设施设备建设，是当前监狱事业必须稳妥推进的一项重要工作。

三、监狱安全事故处置预案与实践演练的原则

监狱安全事故发生多种多样，事故的大小、性质、情节、后果和危害程度各不相同。因此，确立监狱安全事故处置预案与实践演练的原则就有所不同，要按照安全事故的大小、性质、情节、后果与危害程度，来确定其原则。

（一）坚持分层管理原则

从纵向与垂直管理职责来看，司法部监狱管理局、省（直辖市、自治区）监狱管理局、监狱、监区和分监区四个层面，都应制订监狱安全事故处置预案并组织实践演练。司法部监狱管理局是监狱最高管理机关，省（直辖市、自治区）监狱管理局是监狱机关的直接主管部门，监狱机关是直接领导、组织实施监狱刑罚执行、惩罚与改造罪犯、落实以改造人为宗旨的基层单位，监区、分监区是具体执行刑罚、惩罚与改造罪犯的最小单元和基层单位。司法部监狱管理局和省（自治区、直辖市）应负责全局性、统领性、典型性、影响深远性的监狱安全事故处置预案制订与实践演练。监狱管理局应针对本学院重点性、突出性、常发性的监狱安全事故制订处置预案并开展演练，监狱应制订全监性的罪犯脱逃、罪犯非正常死亡等预案与演练，监区应制订监区层级应急处置预案并开展针对性的演练。总之，按照"金字塔"管理模式原则，分别确立不同管理层次的监狱安全事故的预案与演练，以提升实战性、操作性的能力与本领，增强监狱安全事故预防与处置的自觉性和主动性。这里要指出的是，司法部监狱管理局、省（自治区、直辖市）监狱管理局在监狱安全事故预案制订与演练方面的职责是综合性、全局性、统领性的，而监狱机关、监区和分监区相关职责更多是针对性、实战性和操作性的。

（二）实施分类管理原则

监狱安全事故，可以分为监狱传统安全事故与非传统事故。监狱传统安全事故的预案与演练，包括罪犯脱逃、罪犯非正常死亡、重大监管事件、重大生产安全、重大疫情发生的处置预案与实践演练等。监狱非传统事故，是监狱传统安全事故发生外溢，经社会媒体、报纸、广播等舆论宣传，发酵形成社会强大舆情，对监狱构成极大负面与消极影响的事故。如服刑人员或刑满释放人员，因敌视社会主义制度和共产党的领导，和国内外反华敌对势力沆瀣一气，从而影响国家的政治安全；又如监狱民警保密意识淡薄无意之间泄露监狱机密或秘密，或监狱民警执法不公、贪赃枉法、收受贿赂、玩忽职守、失职渎职，造成很大的社会反响等。所有这些，都属于监狱非传统安全事故。对此，可以把这些分为监狱引发社会重大舆情、监狱引发重大政治事件、监狱发生重大泄密事件、监狱发生重大执法事件、监狱民警发生重大职务犯罪事件等处置预案与实践演练。对这些内容如何预防，如何制订针对性的预案，如何组织好相关的应急演练，是一个新课题。进入 21 世纪以来，监狱从粗放型管理转型到规范化、法制化、精细化和网格化管理，对监狱传统安全事故处置预案与实践演练已十分成熟，已形成科学规范的预警与演练体系，但对监狱非传统安全事故的预案与演练，还是处于探索、研究、完善过程，随着监狱现代治理体系的建立，其预案的内容与应急演练必然形成科学合理易操作的机制体系。

（三）突出分工负责原则

监狱安全事故其性质、危害程度不同，其响应的广度、深度不同，产生的负面效应也有所不同，有的甚至影响到社会主义制度和国家的形象。监狱传统安全事故的负面效应，能够在监狱内得到有效的控制、消除，并没有外溢、发酵到监狱外部，其预案与演练就由监狱机关负责。如果监狱传统安全事故发生后，其负面效应外溢出监狱，经媒体报道发酵，形成强大的社会舆情，就不是监狱机关所能控制的，就需要省司法厅、省监狱管理局等监狱主管部门负责，监狱机关积极配合，上下一致，形成合力。监狱非传统安全事故或事件发生后，因为负面效应发生在监狱机关外，强大的社会舆情、舆情氛围是不能以监狱机关意志为转移的，是无法摆控、把握和消除的。因此，就需要监狱的主管部门协同社会主体部门，共同制订实施监狱安全事故的处置预案与实践演练。基层监狱和有关单位一起参与，监狱提供事实证据，提供人力、物力、财力支持的作用。监狱非传统安全事故发生后，其产生的效应特别是负面效应，对监狱机关损害很大，对监狱民警形象损害很大。制订监狱非传统安全事故的处置预案并开展实践演练，是监狱机关面对的一个新课题，也是一个新挑战，是监狱机关急需解决的新难题。

（四）遵循与时俱进原则

监狱机关的管理，经历了粗放型向法制化、规范化时期，现在进入了网络化、信息化、数字化、精细化和网格化等现代化管理阶段。监狱安全事故的处置预案，应与监狱现代化管理体系相适应、相配套、相一致，其实践演练也应符合网络化、信息化、数字化、精细化和网格化的总要求。当前，随着信息技术的发展，信息网络技术给人们的生活带来快捷方便的服务同时，也成为犯罪分子利用其技术平台从事犯罪的工具，使犯罪形态出现新变化，电信诈骗、网络暴力等罪犯越来越多，使押犯结构发生巨大变化，电信类犯罪越来越成为主流，传统的盗窃犯、抢劫犯等越来越少。黑社会性质的罪犯、原系国家公职人员的罪犯、集团性与团伙性罪犯越来越多。因此，应随着押犯结构的变化，不断修改完善监狱安全事故处置预案，使其更具针对性。进入新世纪以来，我国的刑事法律制度、刑事法律政策不断修改，减刑假释与保外就医日趋严格规范，对黑社会性质犯罪、原系国家公职人员的罪犯以及暴力性罪犯的减刑假释和保外就医从严控制。因此，应根据刑事法律制度、刑事法律政策的调整与变化，不断修改、调整监狱安全事故的处置预案。总之，监狱安全事故处置预案与实践演练，应适时、适事、适人的变化而不断的修改、健全和完善，体现与时俱进的特点。

【任务实施】

一、监狱安全事故应急演练的方法

监狱安全事故应急演练，是一项实践性很强的工作，是对监狱机关及其民警对安全事故大小、性质、情节和危害结果研判能力、平息与控制能力、处置能力等综合能力的一次实战检验。

（一）重点案例演练法

重点案例演练法，就是选择已经发生过的案例或设计一个重大案例作为"假想案件"，制订一个预案、设计演练方案，组织开展监狱安全事故演练。监狱传统安全事故的应急演练，通常会选取罪犯脱逃为演练内容，制订追捕方案、组织实战演练，旨在增强民警的反逃意识、快速反应能力和追捕技能。2008 年监狱体制改革后，劳动改造转移到室内，监狱机关及其民警常常围绕消防安全，以劳动场所发生火灾为案例，开展消防演练，旨在增强监狱民警、广大罪犯的消防安全意识，提高监狱机关及其民警的消防应急处置技能。

（二）重点时段演练法

重点时段演练法，是指选择一个重大敏感活动、重大敏感事件、重大监管事件发生日，设计科学可行的方案而开展演练。重大敏感活动，如国庆节、"全国两会"、"全国党代会"等，为了确保这些敏感时期的绝对安全，监狱机关及其民警会模拟监内发生重大安全事件，组织全监民警开展演练。重大敏感事件，如北京天安门"6·4"事件、新疆乌鲁木齐"7·5"事件等，为防止危害国家安全罪的罪犯，趁机在监狱内制造动乱或骚乱，或勾结监外敌对反华势力趁机制造轰动性事件，监狱机关及民警往往会在相关事件发生前就制订应急处置预案，组织开展针对性的演练。重大监管事件发生日，如浙江监狱"2·27"罪犯脱逃事件、浙江监狱"6·14"罪犯行凶杀人事件等，为了警钟长鸣，浙江监狱系统经常会在相关警示教育日期间，组织民警开展某一主题的处突演练。

（三）突发情景演练法

与定期的监狱安全事故预案演练相比较而言，监狱机关及其民警更多的倾向于突击性的监狱安全事故处置演练。在监狱粗放型管理向精细化、网格化管理转型过程中，监狱机关针对罪犯脱逃案件，会采取突发性、突击性、突然性的应急处突演练，旨在增强民警的反应能力、协调能力和追捕能力。突发性的处置演练开始之前，要做好充分的准备，方案设计要科学，操作性要强，要符合实战，组织要严密，思考要周全，注意保密，以使应急演练更趋真实，取得实效。

（四）系统设计演练法

为了提升全监狱系统及其民警的安全意识，弘扬与传承安全文化，做到举一反三、警钟长鸣，切实提高忧患意识、危机意识，提高民警的反应能力和实战本领，检验监狱机关的组织、指挥、协调能力，有必要每二、三年组织一次系统性、全局性的监狱突发事件应急演练。在实际工作中因为涉及面太大，牵涉的精力和警力不少，有时还会影响到正常的监管改造工作秩序，故在实践中每年组织大场景的处突演练可能不现实，但通过采取一些全局性大比武、大会演的形式，由各监狱单位组成演练队进行，有时也能起到事半功倍的效果。

（五）专业力量演练法

现在，各监狱机关单位相继组建了特警队、反暴队、消防队，有的监狱机关单位还有应急队，其目的在于能快速应对监狱可能出现的突发性、应急性、暴力性和危险性的监管安全事件。监狱机关组织特警队、反暴队、消防队就罪犯脱逃、劫持人质、制造恐怖事件等事件，按照预案内容有步骤有计划有目的地进行演练，有利于提高队员们的快速反应、快速处置实战能力。

二、监狱安全事故处置预案的组织实施

监狱安全事故处置预案，关键在于实施。实施的步骤和方法如何？有时直接决定着预防监狱安全预案与演练的效果。

（一）制作安全事故应急演练实施方案

实施方案的内容包括：①确定预案与演练的主题，如假设"夜间罪犯翻越监狱围墙脱逃"作为演练内容。②确定监狱安全事故的警戒等级，即三级（蓝色）、二级（黄色）、一级（红色），如"夜间罪犯翻越监狱围墙脱逃"事故等级，可确定为"二级（黄色）"。③确立预案与演练的指导思想、目的和意义、原则和方法。④确立预案与演练的组织领导机构，包括总指挥长、副总指挥长及其成员，负责对预案与演练的组织指挥，在预案与演练中出现难点问题时及时作出决策和判断。⑤明确预案与演练的实施组织机构及其相关的职责、任务和要求，包括：设立预案与演练办公室，具体负责整个预案与演练；设立情报信息小组，负责预案与演练的情报信息和各种资料材料的收集、整理与汇报工作；设立预案与演练新闻中心，负责对内对外的新闻发布工作；设立预案与演练的行动小组，负责预案与演练的具体行动，包括网点布置、岗位设点和警力布控，及时掌握行动的进展情况；设立现场勘查勘验和侦破小组，负责预案与演练的现场保护、物证人证、勘查勘验笔录等工作，制作现场勘查勘验报告，为后续处理提供证据材料；设立后勤保障组，负责预案与演练的车辆、通信等设备设施，负责提供整个预案与演练参与人员的后勤保障工作；设立对外联络小组，负责对监狱外的相关机关或单位的业务联系、协商沟通等；设立预案与演练的法律救济组，负责相关人员包括法律救助在内的行政救济、经济救济等；确定预案与演练保卫组，负责预案与演练场地的安保工作和外围保护。

（二）稳妥开展安全事故现场应急演练

监管突发性事件应急处置，是指狱内发生危及监狱和他人安全的突发性事件或事故所进行的紧急处理和善后安置的安全管理活动。监管改造罪犯过程中，突发性、紧急性事故的发生，严重地影响监管改造秩序的安全稳定，严重干扰正常的监管改造秩序，给监管改造工作造成巨大的负面影响。如何处置监管改造罪犯过程中的突发、紧急事件，是监狱工作和全体民警迫切需要解决的一个问题。

1. 紧急性、突发性事件的范围界定。对监管改造罪犯过程中所发生的突发事件，并没有一个十分明确的规定，但是从实际工作中看来，凡是对国家政治安全、社会秩序安全、公民财产安全构成威胁，或对监狱秩序安全、监狱民警生命安全、罪犯和他人生命安全有可能或已经构成威胁或破坏，或破坏监狱民警正常执法秩序的行为均可称为事件。对监管改造中发生的突发性事件应急处置应遵循统一指挥、果断决策、快速反应、因案施策、及时制止、确保安全的原则。

从事件发生后的情节性质、危害程度看，紧急、突发性事件一般可分为五类：第一类是危害国家安全的事件，即对国家安全造成危害的事件，如罪犯在监狱内密谋从事颠覆国家政权、敌视社会主义制度和配合国外反华敌对势力等活动。这类事件一般是"民运分

子"罪犯,遇有风吹草动,他们就会蠢蠢欲动。第二类是危害社会安全事件,即对社会安全稳定构成现实危害的事件,如罪犯与监外人员勾结、密谋对社会实施报复行为。如极端宗教分子、恐怖分子、黑社会性质的罪犯以及集团性的罪犯,这些罪犯抱着"要么不干,要干就干惊天动地的大事"心态。第三类是危害监狱安全的事件,即对监狱安全稳定构成危害的事件,如罪犯脱逃、劫持人质、聚众斗殴、狱内重新犯罪、自杀自残、制造狱内重大生产安全事故等对监狱安全构成威胁的事件。第四类是危害民警、服刑人员及其它从业人员生命安全的事件,如暴力袭警、对服刑人员实施暴力伤害、暴力抗拒改造以及劫持民警、劫持同犯和劫持其它从业人员等事件。第五类是罪犯及其家属的涉访涉诉事件,如因民警执法管理工作不当,或因罪犯疾病治疗、罪犯死亡和民警发生冲突,或因民警玩忽职守、贪赃枉法、打骂体罚等引起罪犯及其家属涉诉上访事件等。对于这五类事件的处置,有的监狱可自行处理完成,监狱有足够的能力和信心,且能够做到及时、准确、依法处理,如狱内发生的各种暴力行凶事件等;有的则需要监狱、其他国家机关和社会相关机构协同作战,才能得到及时有效的处置,如罪犯在监狱内密谋颠覆国家政权、自然性灾害危害监狱安全等。

2. 处置紧急性、突发性事件的运作机构。狱内发生重大安全事故后,监狱机关应根据狱内事故发生的性质大小、影响范围、危害程度与造成后果,迅速成立处置安全事故的组织领导机构和处置工作小组,明确岗位职责、分工和组成人员的任务。①监狱管理局的领导管理指挥机构。地点设在监狱管理局,一般由局长任机构负责人,下设若干个部门行动小组等。其职责是:最大限度地减少监狱发生的事故所造成的损害,领导和协调事故发生后的处理、管理工作。其主要任务是:制订监狱发生安全事故处置方案,开展人员培训、处置演练和信息技术服务,协调有关部门和监狱机关一起妥善处理事故,给各监狱提供处置事故所需要的人员、技术信息和物质资金上的支持。②监狱一级的组织管理指挥机构。设在各个监狱,由监狱长负责,下设处置安全事故办公室和若干行动专班,主管、领导监狱安全事故处置的日常性事务工作。其主要职责是:把监狱发生的安全事故所造成的损害减少到最低限度,及时、迅速、准确地落实处置突发事件。其主要任务是:制订监狱事件处置方案,建立预警系统和信息沟通系统,管理和分配用于处置突发事件的各种人力、财力和物资资源,组织指挥和领导安全事故后续处置工作,向上级部门汇报安全事故发生后的情况,组织负责监狱民警培训,组织调查取证工作。③监区(分监区)建立事故处置小组。其主要职能是把本监区发生的事故所造成的后果减少到最低程度;制订本监区的安全事故处置方案。其主要任务是:向监狱汇报信息,组织民警保护好事发现场,及时开展外围调查取证,配合上级部门的现场勘查勘验工作等。

3. 各部门与各警种在处置安全事故中的作用。监狱安全事故发生后,除监狱机关民警外,还得依靠其他部门和警种的协同作战、共同配合。①发挥监狱机关的核心和主力军作用。不管是危害国家政权安全的事件,还是危害社会安全的事件,不管是直接危害监管改造安全的事件,还是对民警、罪犯的人身和国家财产构成危害的事件,监狱机关和监狱民警都是理所当然的处置主体，在处理安全事故中始终是主要角色、主要力量、中坚力量，处在核心主力地位。②发挥武警驻监部队的协助作用。有些安全事故，监狱机关和民警能够直接处理，有些安全事故是需要武警部队和武警协助来完成的。如罪犯越狱脱逃、劫持人质、聚众骚乱和暴乱等事件，就需要武警部队和武警的协助，才能得以及时控制和处理，把危害减少到最低程度；又如罪犯劫持人质，需要得到公安、武警专门专业技术的支持。③发挥公安机关及其它机关的配合作用。公、检、法、司分工协作、相互配合，构成我国刑事司法工作体系。监狱发生重大监管事件，离不开公、检、法等机关的支持配合。如罪犯脱逃到社会，对社会安全构成危害，就需要公安机关的协助配合；监狱发生事件的最后处理，如对当事罪犯进行调查、取证，最后依法加刑等，就需要法院、检察院的配合；监狱发生对国家政权构成危害的事件，就要有国家安全机关的支持；监狱发生聚众骚乱和暴乱，造成一定数量罪犯伤亡的，就需要医院等事业单位的支持。

4. 现代科技在监狱安全事故处置中的应用。科技兴监、技术强监，体现在监管改造工作中就是充分利用网络信息化、网络传输技术、网络监控、监听监视等技术，使这些现代科技在处置监狱安全事故中发挥应有的作用。一是广泛运用信息化、数字化、大数据等系统，建立信息指挥中心。近十年来，我国监狱"二进宫"以上、黑社会性质、国家公职人员犯罪、电信诈骗类罪犯等群体数量大量增加，再加上刑事法律和刑事政策的从严收紧，使得犯情构成十分复杂。仅依靠人力、手工等传统手段，是难以有效掌握大量繁多的犯情、敌情和狱情，难以实现对罪犯的有效管理和控制。一旦监狱内发生紧急、突发性事件，掌握"三情"就较为缓慢，不利于及时、快速、准确地作出反应，从而失去作战的有利时机。所以，监狱应广泛应用计算机网络技术，借助信息化技术平台，运用大数据计算系统，来统计、分析、处置罪犯在改造过程中的"三情"信息，得出科学结论，提出预防对策，以防患于未然。二是加强现代先进通讯技术的应用。利用现代先进的通讯系统，应用到监管改造活动中，有利于快速传输"三情"信息和各种突发事件信息，为决策指挥、组织管理部门提供准确信息，有利于把事件控制在最小范围，把事件所造成的危害减少到最低程度。三是加大监控系统建设和运用。进入 21 世纪，随着信息化现代文明监狱建设和发展，监狱的现代化信息化装备水平大幅度提高，东南沿海经济发达省份的监狱系统，利用信息监控技术、信息传输技术、监听监控监视技术，对监狱改造的重点部位、重点场所、重点时段等都安装了监控设施，实现了 24 小时全方位、全时空、全时段监控，形成了从省监狱管理局、监狱、监区和分监区的各层级视频监督体系，监控系统的设施建设和软件应用得到了全方位加强。

5. 处置安全事故应健全的几种机制。随着押犯构成的变化，监狱"三情"必然会出现新情况和新问题，监狱内发生安全事故在程度上和频率上也会有新变化，对监管改造安全有时会构成新威胁。当前，应健全几种机制：①建立各警种联动机制。监狱发生安全事故后，应以监狱为主、驻监武警参与、公安机关联动，实现统一指挥、集中资源、共享信息。②建立快速反应机制。监狱发生突发事件，很多时候具有不可预见性，需要建立一套比较系统完整的运行机制作保障。如指挥中心接到突发事件报警时如何上报信息、下达指令、组织指挥等都要有一个标准化的程序，使处置突发事件规范化和科学化。③重视民警处置安全事故的能力培训。从当前监狱民警总体构成来看，有一部分是非警察院校招录而来，这些人相对于警察类院校毕业生，在处置安全事故时实战经验会有所欠缺。因此，监狱要加大对民警处置安全事故的素质和能力培训，尤其是要加强和重视监狱防暴队建设。④加大对处置安全事故的警务保障。在硬件上要重视投入，充分运用现代科技在监狱管理中的应用，以提高科技强监的水平。要运用数字化技术，加强通讯系统建设，使信息畅通无阻。要加强监狱信息化技术人员的教育培训，发挥信息技术警力在监狱安全事故处置中的作用。

（三）安全事故处置预案的评估与修正

对监狱安全事故处置预案实施现场演练，是一次实践性、应用性和有效性的检验。在演练结束后，要对监狱安全事故的处置预案，根据科学性、合法性、合理性和操作性等原则进行全面评估与修正。

1. 评估与修正预案的科学性。科学性要求把握事物的真实性、强调事物的客观性、研究事物的规律性。评估与修正预案的科学性，即监狱安全事故处置预案与演练实施，是着眼真实的监狱安全事故发生的场景，总体方案设计是监狱工作客观需要，预案设计与演练过程为的是探究监狱安全事故的发生规律、摸清本质、掌握特征，以便监狱民警能够依法及时快捷高效地处置。在演练实施中如果表现出与安全事故发生后真实性、客观性和规律性不相吻合的情景，就要有针对性地进行修改和完善，使其更趋真实、完善和完备。

2. 评估与修正预案的合法性。监狱机关是刑事执法机关，遇到紧急突发事件，应依据《国家安全生产法》、《劳动保护法》、《消防安全法》、《道路交通安全法》以及《卫生防疫法》等法律精神依法办事。评估与修正的合法性，即监狱安全事故处置预案与演练实施方案，必须依据相关的法律规定和精神，按照法律规定的实体和程序要求，针对监狱安全事故的性质、大小、情节和危害后果等进行检查与检验。在检查、检验过程中要重点看是否有不符合相关的法律规定和精神，在实施过程中是否存在违背法律精神和行为的内容。特别是法律规定的权利与义务方面，要认真对照审视哪些地方还存在不足。要根据"权力清单，责任清单，负面清单"原则，审视、评估与修正监狱安全事故的处置预案与演练方案，不断提高预案和方案内容的合法性。

3. 评估与修正预案的合理性。即监狱安全事故的处置预案与演练实施方案必须符合客观实际，贴近监狱现实状况。合理性是调整与衡量预案与演练是否成功、是否科学的标准。毕竟预案内容与实施方案是一张图纸，带有一定的理想化色彩。通过实践演练，发现预案内容与实施方案目标过高，现实中根本达不到或者根本行不通，那么在评估与修正方案时就应调整，降低理想化目标，以达到实际需要的目标。如果预案内容与实施方案的目标不高或标准过低，遇到现实的监狱安全事故处置时就会起不到实际效果，让人诟病，那么就要调整至符合实际的目标。

4. 评估与修正预案的操作性。监狱安全事故的处置预案，要通过演练来证明其操作性如何。要通过实践操作，检验整个应急处置体系中决策指挥、组织保障、通信设施运行、共建共享共赢机制、对外交流协作机制等是否有序、畅通、快捷、高效，各系统联结是否紧密、有条不紊，全员配合、相互联系、相互沟通是否一致等。监狱安全事故处置预案与演练实施方案中，提出的各种方法、措施和指令，是否按计划、按规定、有秩序地运行，是否按照各项内容、要求和目标推进，都可在实践中得以检视。总之，可操作性原则是评估和修正监狱安全事故处置预案与演练方案的一个重要的标准与尺度。

【任务实例】

突发性监管安全事件处置预案

为维护监管场所安全稳定，确保监狱各项职能的正常履行，建设和完善应急处置机制，提高突发性监管安全事件应对能力，根据省监狱管理局有关文件精神，制定本预案。

一、监管安全突发性事件类型

根据危害监管安全事件的不同性质，以下几种突发性事件列入本预案：

1. 暴狱——指在押罪犯在狱内聚众使用暴力手段故意损坏监管设施，破坏监管秩序，使用暴力手段对抗监狱管理人员或企图强行越狱集体脱逃的犯罪行为。

2. 劫持人质——指罪犯为了达到某种目的，使用暴力威胁、挟持、控制监狱民警、职工（民工）、武警哨兵、进监社会人员或来监会见家属的犯罪行为。

3. 脱逃——指在押罪犯脱离民警监管，企图逃离监管场所的犯罪行为。

4. 凶杀——指罪犯持器械行凶、杀害监狱民警、职工（民工）、社会民众和在押罪犯的犯罪行为。

5. 团伙械斗——指罪犯以地域或利益划分而纠集在一起，持器械进行相互斗殴的犯罪行为。

二、处置预案实施机构及其基本任务

为有效处置监狱突发性监管安全事件，监狱成立领导小组和处置突发性事件应急指挥部，下设现场指挥组、现场勘查组、车辆保障组、器材保障组、生活保障组、专案行动组、应急分队、监内留守组。

领导小组：政委、监狱长任组长，分管监狱领导为副组长，其他监狱领导为成员。

应急指挥部：一般设在监管大楼狱政支队，由分管监狱领导任总指挥，狱政支队、机关重要职能科室主要领导为成员。

各行动组及基本任务如下：

（一）现场指挥组

组长：狱政支队长

成员：机关重要科室、案发监区主要负责人

基本任务：①立即启动应急处置机制，召集各小组迅速整队待命；②根据突发性监管安全事件类型，拟定处置方案，负责指挥各行动小组实施应急措施；③负责与公安、联防单位和地方政府的联络；④将案情立即上报省（市、区）监狱管理局。

（二）现场勘查组

组长：狱侦支队长

成员：机关职能科室民警、指挥中心领导、案发监区领导

基本任务：①负责对案发现场的勘查、涉案人员的提审，搜集各种证据，分析作案动机和方法，判明案情性质；②搜集、汇总、复印信息资料，包括罪犯基本情况、家庭住址、通信通讯、近期照片等；③负责案发经过、案发原因及处置过程等文字材料的制作。

（三）车辆保障组

组长：负责车辆管理科室负责人

成员：全体驾驶员

基本任务：①负责车辆的调配，拟定车辆保障计划；②及时运送行动组人员，保障指挥部用车需要；③负责各类保障物资的运送等。

（四）器材保障组

组长：器材保障科室负责人

成员：狱政、狱侦、法制、指挥中心有关民警

基本任务：负责武器、警棍、警戒具及通信器材的保障，确保各通讯点通讯畅通。

（五）生活保障组

组长：生活卫生或行政装备科科长

成员：生活卫生科、行政装备科、直属单位、财务科、医院（卫生所）有关民警

基本任务：①负责提供行动所需的食品、衣服、照明及其它必需品；②负责各行动小组的经费保障；③负责对受伤人员的紧急救治和医疗保障工作。

（六）专案行动组

应急指挥部根据突发事件的类型、性质、严重程度和实际需要，确定若干专案行动小组。发生罪犯脱逃案件，按既定小组、卡点安排组织实施。

组长：有关科室负责人，监区管教领导

成员：若干机关民警、监区民警

基本任务：①实施应急指挥部分配的具体行动方案；②根据指令，快速反应，坚决果断地完成处置任务；③保持联络及时向指挥组报告行动进展、反馈有关信息。

（七）应急分队

组长：组织人事科科长、特警队队长或指挥中心负责人

成员：监狱应急防暴分队队员、监区精干民警、驾驶员

基本任务：①先期处置；②狱内巡逻；③外围警戒。

（八）监内留守组

组长：办公室主任、宣教科科长

成员：全体留守民警

基本任务：①对狱内现场管理进行督查；②处理日常工作；③搜集与应对网上舆情；④机动待命。

三、处置监管突发事件工作程序和要求

（一）工作程序

各级值班人员遇有突发事件，应本着先行处置的原则，根据突发事件性质，按处置预案要求，果断处置，尽最大努力将突发事件处置在初发状态或将事件危害控制在最小范围。

1. 判明性质。遇有突发事件，应迅速判明性质。

2. 及时报告。迅即向狱政部门、总值班长报告，情况紧急可边处置边报告。

3. 先行处置。应迅速组织本部警力先行处置，通过执法记录仪固定证据。

4. 分析判断。接到突发事件报告后，应急指挥部应立即启动运作，对事件性质、发展趋势作出准确分析判断。

5. 果断决策。应急指挥部判明事件性质后，应迅速报告，提出应急处置方案供领导小组决策。

6. 坚决处置。应急指挥部立即向专案行动小组或应急分队下达应急处置行动命令，同时向上级汇报和向联防单位通报情况。

7. 总结整改。突发事件处置完毕后，应认真总结，逐级查找存在的问题，分析原因，改进工作方法和防范措施。

（二）工作要求

监狱民警在处置突发事件过程中，必须做到反应迅速、执行坚决、机警应变、处事果断。具体要求是：发现快、报告快、行动快、信息收集快，力争在较短时间内把突发事件的危害降到最低程度，影响控制在最小范围。

监狱发生监管突发事件后，以执勤武警鸣枪三发或以监狱指挥中心通过工作机发送紧急信息为号令，监内行政区民警闻讯后，迅速赶至行政办公大楼前待命。监外民警由各单位领导负责召回，或在最短时间内赶至预定的执勤岗位。

四、不同类型突发性监管事件处置预案

（一）处置暴狱预案

1. 封锁现场，立即报警。事发监区应集中全部警力，迅速采取隔离措施并占据重要地形或通道，向案犯发出口头警告，同时向狱政部门或总值班长报警。

2. 狱政部门或总值班长接警后，应立即向监狱领导报告，并根据指令发布警报信号。监狱应急分队及各单位除值班、带班民警外所有民警应迅速至监房大门前或临时指定地点集合，在值班监狱领导指挥下，迅速进入事发区域，控制为首者，果断制止事态发展。

3. 如果事态一时难以控制，监狱应迅速增调警力，必要时请求驻监武警支援，坚决彻底平息事态，并即时向省局报告事态发展及处置情况。

（二）处置劫持人质预案

1. 如遇罪犯挟持人质，应力求人质安全，设法与其进行对话，争取时间，以求对策，同时立即向狱政部门或总值班长报告。

2. 应急指挥部应迅速调集警力，立即包围现场，撤离无关人员，控制局面，对案犯开展政治攻势或规劝说服教育，稳定其情绪，瓦解其意志，全力保障人质安全。

3. 立即将事件报省局、通报驻监武警部队，必要时由武警部队选派得力干将赴案发地，对负隅顽抗的罪犯，伺机将其击伤（毙）。

（三）处置罪犯脱逃预案

1. 监区一旦发生罪犯脱逃，事发监区必须第一时间向狱政部门或总值班长报告，并迅速集合罪犯，确定逃犯的人数、时间及基本情况，将其他罪犯收监，其他民警在监（厂）区进行搜索。

2. 狱政部门或总值班长接警后，应立即向值班监狱领导报告，并根据值班监狱领导的指令发出应急警报。

3. 各行动小组接警后，应迅速在办公大楼前集合登车，开赴预设卡点，设卡堵击。其他留监民警应继续对罪犯可能的藏匿地点及附近区域开展搜索。

4. 现场指挥组应立即开展以下工作：①以最短时间和最快速度完成第一包围圈卡点的警力部署；②尽快了解掌握脱逃罪犯的基本情况，分析判断罪犯脱逃的方式、路线，视情调整追捕堵击方案；③迅速与当地公安、有关联防单位取得联系，寻求支援配合。

（四）处置凶杀预案

1. 事发监区或就近民警应使用一切方法和手段控制现场，并立即报警。

2. 狱政部门或总值班长接报后，应迅速调集防暴应急分队，实施现场包围，设法制服犯罪分子，并以最快速度抢救被伤害人员。

3. 被行凶伤害对象系在押罪犯的，应立即开展狱内侦查工作，力求尽快结案，同时对所属监区相关罪犯及家属做好疏导、安抚工作。

4. 被行凶伤害对象系监狱民警、职工或其他社会人员的，应向监狱当地公安机关报案，配合公安机关尽快结案。同时，做好被伤害者家属的安抚工作。

（五）处置团伙性械斗预案

1. 事发监区现场民警应立即控制发案地的各个出入口等重要部位，及时向狱政部门或总值班长报告，等待增援，以防止罪犯趁乱暴狱、脱逃、破坏监管设施。

2. 狱政部门或总值班长接报后，根据应急指挥部指示迅速调集防暴应急分队，携带非杀伤性警械立即赶赴现场，先开展政治攻势，阻止械斗。在阻止无效时，可先使用催泪弹等驱散械斗犯群，强行隔离械斗双方，平息事态控制局面。

罪犯生病死亡处置案例

××××年11月22日中午11时40分许，浙江某监狱某车间罪犯陈某（男，58岁，浙江省 TL 县人，敲诈勒索罪，二年十个月）在清洗就餐盆过程中，身体突然失去平衡，沿洗漱盆边慢慢向下倒地，在一旁的同犯见状立即上前搀扶，并迅速报告民警。值班民警立即将其送监狱医院就诊，11 时 52 分，医务民警对该犯进行检查后，初步诊断该犯生命体征平稳，但出现右侧肢体肌力下降等症状。12 时 06 分，监狱医院向狱政部门汇报，建议将该犯转送上级医院救治。随即，监狱启动应急预案，于 13 时左右将其送至省监狱中心医院。在治疗过程中该犯病情突然加重，14 时紧急转院至杭州市某三甲医院进行救治。

当日 13 时 50 分，监狱将该犯病情用电话通知其妻，要求其立即包车赶往杭州（车费由监狱负责）。在征求其是否需动手术时，其妻多次表示做不了主，也不肯告知其女儿及弟弟的电话。15 时 15 分，监狱与罪犯户籍地司法所取得了联系。司法所工作人员打电话给陈犯妻子，希望她尽快赶往医院，但其妻不愿前往，只表示会让弟弟与女儿前往。15 时 25 分，监狱再次与其妻子联系，其妻子表示，她与陈犯在女儿 7 岁时就因为性格不合而分开，由于两人未领取结婚证，分开后两人不再来往，因此自己不会前往，但已把此事告知陈犯弟弟和自己的女儿。15 时 34 分，监狱与陈犯弟弟取得联系，告知其目前陈某的具体情况，要求其立即前往杭州医院，其弟弟表示已经在联系其他家人，马上会赶往医院。当晚 19 时左右，陈犯两个弟弟与女儿到达医院，其后两个妹妹也赶到，但他们对是否动手术治疗做不了决定。监狱再次联系陈犯妻子要求其立即赶来，她仍表示不想来。于是，监狱派人前往其妻住地当面做其思想工作，在当地司法所工作人员协助下，次日凌晨 4 时终于将其接到杭州。但陈犯在凌晨 1 时许已没有自主呼吸。11 月 28 日下午 1 时 25 分，陈犯因中枢神经衰竭死亡。事故发生后，在当地镇综治办、司法所、村委会及驻监检察机关的多方协调下，监狱与陈犯家属协商一致，由监狱给予其家属一次性生活困难补助人民币柒万伍仟捌佰元整，陈犯家属不再提出其他任何要求。当日陈犯尸体火化，此事顺利告结。

【任务小结】

本单元主要讲解了制订监狱安全事故处置预案与开展实践演练的意义，阐述了监狱安全事故处置预案与实践演练的指导思想（包括总体指导思想、具体指导思想），分析了监狱安全事故处置预案与实践演练的四大原则，明确了监狱安全事故应急演练的五种方法，探讨了如何制订安全事故应急演练实施方案及如何开展安全事故现场应急演练，以使广大学生对监狱安全事故处置预案与实践演练有个大致的了解。

【思考题】

1. 阐述监狱安全事故处置预案与实践演练的原则。

2. 简述监狱安全事故处置预案的评估与修正。

3. 以罪犯非正常死亡为例，制订一份应急处置预案与实践演练方案。

工作任务九 监狱常见安全事故的处置

【任务目标】

知识目标：通过本工作任务的学习，学生能了解监狱常见安全事故的主要类型、内在特点与处置原则，掌握安全事故处置的基本方法及不同安全事故应急处置的若干要领与技巧。

能力目标：通过本工作任务的学习和训练，学生能具备对监狱安全事故进行应急处置与后续管理的基本素养与能力，在工作实践中针对不同的安全事故能做到临危不乱、心中有谱、行动有术。

【任务概述】

监狱的性质功能与关押对象，决定了监狱发生安全事故不可避免。客观梳理监狱安全事故的主要类型，深刻剖析各类安全事故的内在特点，理性分析应对安全事故的方法与技巧，具有重要的实践意义。针对常见的越狱脱逃类、行凶报复类、自伤自残类、疫情管控类、行刑执法类、自然灾害类等监狱安全事故，只有加强专业知识储备，了解与掌握基本的处置要点，才能在工作实践中做到心里不慌张、行动不鲁莽，不断提高安全事故应急处置的决断力与胜任力。

【任务基础】

一、监狱发生安全事故的主要类型

（一）越狱脱逃类安全事故

罪犯脱逃是监狱机关的重大监管安全事故，防止罪犯脱逃是监狱机关的第一责任。上世纪八九十年代，由于监管改造设施比较简陋，民警管理方式比较粗放，罪犯脱逃现象比较普遍。最近十年来，由于监控设施的无死角覆盖，罪犯活动空间的全区域管控，各种技防措施的全时段跟进，民警直接管理的全方位落实，罪犯真正能脱逃成功的概率已是极低，但各种欲谋脱逃的企图依旧屡见不鲜，各种脱逃未遂的行径依然难以杜绝。常见的脱逃方式有：一是翻越围墙脱逃，以往有利用绳索、木板等搭梯脱逃的，也有爬到房顶抛绳滑下或以百米冲刺从房顶跳过围墙脱逃的；二是暴力行凶脱逃，如以挟持民警、职工或外来人员做人质方式威胁狱方开门，或者通过杀害民警，获得民警的服装以及随身开门钥匙等方式实施脱逃；三是借助汽车脱逃，主要是劫车强行冲监、藏于车内混出大门、驾车撞击围墙等方式越狱，如2010年9月6日9时，东北某监狱罪犯陈某（犯盗窃罪，被判处有期徒刑15年），藏于进监拉货的汽车中成功脱逃；四是蒙混过关脱逃，如2008年5月18日12时，华中某监狱一名原判死缓已服刑12年的罪犯，从会见室窜入厕所，换上女友带来的便服和假发，从会见家属通道实施脱逃；五是破坏设施脱逃，如采用扳断厕所窗户栅栏、撬开房顶天花板、剪断外围防护铁栅栏等手段实施脱逃；六是乘人不备脱逃，主要是一些重刑犯外出就诊时，利用民警麻痹大意及监管不力而趁机脱逃。

（二）行凶报复类安全事故

管教实践中，有一类发生概率较高、行为性质较恶劣的监管安全事故，便是罪犯在人多场合或乘人不备时实施行凶报复。行凶报复的对象主要是民警和各类事务犯。罪犯实施报复的手段和方式主要有：采用拳打、脚踢、嘴咬、吐口水等方式（最常见），或用开水杯砸脸、凳子敲头、圆珠笔戳眼等方式，抑或采用开水、菜汤及其他恶毒手段袭击人头部等方式对人进行生理层面的报复；通过自伤自残、大声抗议或通过虚构事实写匿名信等方式对人进行心理层面的报复；采用破坏监管与警戒设施、损毁劳动工具、原辅材料或故意加工生产废品、次品等方式对单位进行物质层面的报复等。行凶报复的原因视对象不同有所差异。针对民警而言，主要原因有：认为民警在执法和管理时，未经全面深入调查就下结论，处理程序不合规，处理结果不公正；认为在和他有关的冲突中，民警偏信或偏袒另一方，对本人处理结果偏重；认为民警讲话粗鲁，侮辱其人格，且对当事人有严重偏见等。针对罪犯的行凶报复，主要原因有：认为对方在学习任务布置、日常卫生安排、劳动任务分配、产品质量检验等环节有严重偏见；认为对方经常向警官汇报不利于其改造的"小报告"或经常在背后说他的"闲话"、坏话；认为对方利用自身体能或人际相处上的某种优势或便利对其实施打击报复；认为对方经常用肮脏或嚣张言语对其进行侮辱和攻击等。

（三）自伤自残类安全事故

在监管改造工作中，有一种很常见的安全事故，即罪犯实施自伤自残，尤以罪犯自杀最为普遍。常见的自杀类型有：其一是绝望性自杀。现实中，如果罪犯出现配偶坚决和其离婚，亲人或忘年交和其断绝来往，亲人离家出走失去音讯，家人或挚友突然去世，家人生活陷入困境等情形，容易因极度沮丧，一时承受不住打击而选择自杀。其二是解脱性自杀。那些患有各种慢性或严重疾病，对监内改造环境非常不适应，因刑期漫长感觉不到新生的希望，出狱后生活难以自理者，他们会伺机通过自杀来寻求生理及心理上的解脱。其三是威胁性自杀。有些罪犯为了达到某种改造目的，如更换劳动岗位、要求狱外就医等，他们会以绝食、撞墙、自残等手段，以求民警的某种差异化监管待遇。这在一些"多进宫"罪犯中比较常见。其四是负疾性自杀。有的罪犯被捕前骗取的是亲人或朋友的巨额钱款，杀害的是自己的配偶或子女，这些罪犯经过民警的教育改造，有时会幡然悔悟且悔恨不已，随着时间流逝，有的人会因过度内疚、自责而实施自杀。其五是求偿性自杀。有的罪犯认为自己犯罪给家人造成的痛苦和损害，无论靠自己怎样努力都无法弥补，认为自己是一个多余的人，与其苟且活着不如在监内一死了之。其六是宿命性自杀。有些罪犯相信命运，认为人迟早会一死，与其在人世间活着受罪，不如早点进入天堂。针对一些文化低下、信仰某种宗教或教义、看破人世红尘的罪犯，有时便会以自缢方式来寻求某种精神上的解脱。

（四）疾病诊治类安全事故

近年来，押犯群体中有一个十分明显的特征即病犯比例居高不下。据统计，截止到2016 年底，浙江省被纳入三级预警管理的罪犯已占押犯总数的 14.11%，省监狱中心医院全年共收治病犯 1247 人，全年共发出病危通知单 148 份。近年来，很多监狱老弱病残犯比例已经超过押犯总数的二成。由此带来的一大突出监管问题，是很多罪犯对疾病诊治的诉求和要求越来越高，因疾病而生的出监就诊、离监住院、保外就医等现象时有发生，警囚、警属（罪犯家属）矛盾日益突出。民警管理稍有不慎，就会出现监管安全事故，造成罪犯短时内病情加重乃至死亡、抑或因疾病抢救错失良机造成身体伤残等结果，从而为后续诊治与管理埋下隐患。现实中，曾出现多起罪犯在监内正常病亡后，家属以民警延误治疗、监管不力为由聚众闹事，有的多次在监狱大门处用穿白衣、烧纸钱、拉横幅等方式讨说法，有的借有影响力的媒体重点报道或直接在网上发帖申冤等方式给监狱施压，更有甚者在特定时间段直接到省政府或北京敏感地带进行信访和上访。实践中，有的患病罪犯出狱后，以监狱拖延治疗或治疗不彻底为由，多次到监狱机关要求报销医疗费用或给予医疗补助，有的直接吃睡在监狱门口，从而给监狱的正常办公秩序造成严重干扰。

（五）疫情防控类安全事故

除了罪犯自身疾病易引发监管安全事故，外来输入传染性疫情更易引发监管安全事故。2020 年 1 月发生的新冠肺炎疫情，在短短一个月中，造成湖北、山东、浙江三省五个监狱发生新冠肺炎疫情，全国监狱系统面临重大挑战与考验。监狱发生重大传染性疫情，不是偶然因素催生或不可抗力因素导致的结果，这其中必然有重视不够、管理不善、处置不力的因素。2020 年三家发生重大疫情的监狱，由于短时内民警与罪犯感染者较多，接受隔离的民警职工人数众多，险些造成整个监狱工作的瘫痪。重大疫情引发的舆论压力与管理危机，最终引发全系统战时值勤模式的严格落实。因为疫情管控不力，一大批领导受到了责任追究。如山东某监狱发生较大范围疫情后，省司法厅厅长、省监狱管理局政委、省监狱管理局副局长、涉事监狱监狱长等 8 名处级以上领导被免职；浙江某监狱发生疫情后，政委和监狱长同时被免职。让人颇感意外的是，由于网络媒体的反复炒作、大量"吃瓜群众"的无端指责，整个监狱系统执法和管理声誉直线下降，涉事监狱的民警家属上学、就业、出行也受到严重影响。

（六）劳动生产类安全事故

由于监狱机关机构性质、监管对象、工作职责的独特性，监狱安全生产工作由不得半点马虎和懈怠，否则有可能引发一系列严重后果。监狱民警和罪犯并非平等的民事法律关系，因此在安全生产责任体系中，民警的责任边界往往会无限扩大。二十年来，虽然全国监狱系统很少发生安全生产事故，有的也大多是发生在有煤矿挖掘作业的个别监狱，但因电线短路或灼热引起的小火灾、因违反操作规程引起的劳动工伤、因货物装卸失误引起的生产事故还是层出不穷。大的安全生产事故，如2008年3月20日10时，西南某监狱煤矿发生煤与瓦斯突发事故，造成6人死亡；2010年5月31日16时20分，华北某监狱煤矿发生煤库漏煤埋压皮带事件，由于民警快速处置，70余名罪犯迅速撤离无一受伤，但最后指挥撤离的2名民警及2名工人被埋，被挖出时均已遇难。从管教实践与发展趋势看，劳动安全已成为监狱大安全体系中极其重要的一环，已成为制约监狱稳健、绿色、智能发展的一条"高压线"。

（七）行刑执法类安全事故

监狱机关作为国家的刑罚执行机关，由于工作环境的相对封闭性，民警权力行使的相对宽泛性，其很多工作一经披露便是社会民众关注的热点。如果民警执法与管理时不作为、乱作为、消极作为、选择性作为，违规为罪犯提请减刑、假释或暂予监外执行，违规为罪犯从事违法犯罪活动提供便利，违规充当有一定社会能量的罪犯"保护伞"，一旦相关信息在媒体或网络上曝光，有时产生的杀伤力不亚于一次严重的狱内自然灾害，其负面影响不亚于一场严重的监管安全事故。如原广东健力宝集团董事长张海，2008~2011年在广东佛山市看守所、广东武江监狱服刑期间，利用假立功材料及虚假的实用新型专利违规减刑出狱，最后检察机关共立案24人，其中司法行政、监狱系统共11人；2014年，发生于黑龙江讷河监狱的一名罪犯利用手机微信实施诈骗、与女性在狱内发生性关系之事件，引起了全国媒体及网民的极大关注；2015年4月，网上一篇《新乡一服刑犯狱内醉酒身亡》的消息刊出后，新乡市纪委及当地检察机关立即开展联合调查，最后有15名民警受到刑事和党政责任追究；2015年，湖南赤山监狱一名罪犯用手机在民警值班室"遥控"贩毒案件，最后有9名民警受到法律惩处；2018年以来，全国查处的山西任爱军案、云南孙小果案、北京郭文思案，一大批公、检、法、狱公职人员受到刑事追究，也给整个监狱系统的执法声誉造成极恶劣的影响。

（八）不可抗力类安全事故

除了要防范安全生产事故，监狱机关也要防范各种不可抗力的自然灾害。如因地震、大风、暴雨、暴雪等自然因素引发的灾害事故，以及人为因素引发的停水、停电、停气（液化气）、停暖等意外事故，前者要重点研判的是监狱场所的房屋居住安全、设施使用安全、围墙地基安全、大门开启安全、人员改造安全等，后者要紧急研判的是这些意外事故若短时内不能修复可能引发的罪犯群体性事件以及技防设施瘫痪后导致的警戒功能缺失性后果。2008年发生汶川"5·12大地震"后，四川很多监狱遭受严重破坏。如四川阿坝监狱基础设施损毁极其严重，监狱与外部联系中断，加之饮用水困难、食品短缺，导致罪犯情绪波动十分明显，哄监闹事、脱逃和暴狱的危险性随着受灾时间的推移在不断加大。在四川省司法厅、监狱管理局的果断决策与周密部署下，历时10天，累计行程13500公里，阿坝监狱的1900名罪犯被圆满转移至另外三所监狱，创造了中国监狱史上的一大奇迹。近年来，很多省份一些监狱因某个时间区间特大暴雨的影响，停水、停电、停产事故时有发生，给监狱机关组织动员、应急处置、灾后恢复能力以极大的考验。

二、监狱安全事故处置的基本原则

1. 政治责任原则。监狱机关是政治机关，积极稳妥地处置监内安全事故，是监狱民警的政治责任。监狱突发安全事故后，监狱应立足于讲政治的高度，充分发挥党委的领导核心和基层党支部的战斗堡垒作用，统一思想，迎难而上，做到在思想上高度齐心，行动上同频共向；广大党员民警要以不计利害的大智、不畏险恶的大勇，争打头阵、勇挑重担、不辱使命，以赤诚忠心去直面困难、困境和困惑，以最快的速度、最小的代价将安全事故处置好、控制住。

2. 迅速介入原则。监狱发生安全事故后，有关领导应迅速赶到指挥中心或案发现场，认真研判安全事故处置的复杂与难易程度，充分估计安全事故可能带来的负面影响。如果常态处置办法已不能掌控事态发展时，监狱应立即启动决策指挥、现场处置、医疗救助、信息联络、后勤保障、舆情应对等运作系统，防止安全事故复杂化和扩大化。一旦网络上出现关于监狱安全事故的帖子与报道后，有关监狱单位必须高度重视，迅速研究处置对策并及时安排人员做出回应，否则会引起负面新闻事件的深度发酵。

3. 全局谋划原则。监狱机关围绕安全事故所作的一切决策部署和工作安排，都应围绕事件当事人、监狱机关、社会民众三大主体，在充分兼顾行刑效果、法律效果、社会效果基础上，进行全方位的考量和谋划。对一些安全事件麻烦制造者（如监内劫持人质犯、行凶自杀犯，监外聚众信访滋事者等）在紧急情况下的无理要求，要从监狱整体及长远利益上通盘考虑，有时要以退为进、以失为得、以和为贵，不惜牺牲局部利益保全更大利益，实现经济支出与整体效果的最优化。

4. 担当责任原则。在当今价值诉求多元化时代，社会各界对监狱的期望和要求也多元化，如希望监狱在保障人权、执法透明、程序公正、沟通高效等方面有更多的实质性作为。在社会公众、罪犯家属对监狱执法与管理工作提出指责或异议时，监狱应主动走上前台，该说明的要坦率说明，不遮掩隐瞒；该认错的要真诚认错，不回避责任；该补偿的要及时补偿，不发"空头支票"。这是提升行刑执法公信力、打造责任型监狱应有之举。

5. 果断有力原则。应急决策属于权变式决策。实践中，针对一些亡命之徒、信访刁民、借势捣乱之人，监狱要采取坚决有力的措施，恢复法治与秩序，以显现行刑机关之刚性与威严。对罪犯及其家属的一些信口雌黄、武断偏激之辞，要听其音，观其行，晓以理，导以规，坚决把嚣张气焰压下去。对不法分子扰乱、妨碍民警正当执行公务行为，要即时搜集和保存证据，并和当地公安机关及时取得联系，必要时要采取强制措施。

6. 统一口径原则。对监狱安全事故的处理需要"堵疏"结合，其中"堵"对内、"疏"对外。对于同一事件，监狱若传出不一样的声音，这会令民众无端猜测，以讹传讹，令原本简单的事态复杂化。因此，一旦关于监狱安全管理的舆情已经在社会上传播，作为监狱方应该统一宣传口径，统一宣传渠道，做到对内解释说明与对外言论发布一致性。同时，监狱应积极主动地与媒体沟通，有效引导舆论方向，尽量用正面的声音占据舆论宣传的制高点。

7. 留有余地原则。这是安全事故危机管理中的一大基本法则，它要求监狱在资源准备和方案控制两大层面留出一定的回旋空间，既要在法律政策范围内依法办事，又要因人而异、因地制宜、因事施策。一方面，监狱不应只按照事先预测的"最低限"执法与管理风险进行资源调配，如警力调配、物力支持等；另一方面，监狱也不应从自己所能承受的"最高限"标准来尝试控制可能造成的社会负面影响，如信息管制、补偿方案等。否则，一旦事故处置过程节外生枝，就会比较被动。

8. 绩效评估原则。从当前一些监狱安全事故处理结果看，有的虽处理过程一波三折，但一旦达成协议就完全了结，如对罪犯死亡案件之善后处理；有的虽在短期内达成了协议，但由于涉及将来一些变量因素，很难说得上是一刀两断，如罪犯出现重大工伤或患上严重慢性疾病刑释后的治疗等问题；有的虽采取了有效措施，事故处置短时内得以平息，但社会负面评价已铺天盖地。因此，审慎评估特定情形下监狱安全事故处理方案及后续影响，是对监狱机关决策力与应变力的重大考验。

【任务实施】
一、监狱安全事故处置的常规方法

1. 第一时间响应。监狱发生突发性、紧急性安全事故后，有关人员应第一时间按照信息报送的权限与要求及时上报事故概况，必要时应边处置边上报信息。监狱领导接到报告后，应第一时间赶到监狱指挥中心或监内现场，组织人员疏散、开展现场警戒、实施原因调查等工作，分析安全事故可能引发的潜在风险与次生危机，布置落实下一步工作。

2. 实施应急指挥。监狱发生重大安全事故后，应充分发挥指挥中心临场决策指挥、信息上传下达、人员组织调度、视频跟踪观察等功能，全方位把控安全事故发生后有关监区罪犯人员异常流动、罪犯情绪异常波动等态势，对监内围墙周界、重点区域、车辆行驶、人员活动等状况进行密切跟踪，同时以最快速度动员监外机关科室或在家备勤警力向案发地集聚。

3. 启动应急预案。监狱发生性质恶劣、影响较坏、处置难度大的安全事故后，应立即启动相关的应急处置预案，迅速成立应急处置领导小组和工作小组（或工作专班），按照预案中明确的职责和任务，积极有序地开展相关工作。特别是关联人身安全的重大事故，实践中要灵活应变，即时对预案内容进行修改和完善。

4. 寻求社会支持。如果出现在押罪犯突发严重疾病、罪犯释放后行凶闹事、家属围攻监狱办公场所、监狱发生传染性疫情等情形，监狱应即时和周边公安机关、挂钩社会医院、当地疾病防控部门、家属户籍地有关政府机关进行联系，互通狱情信息，共商处理对策，共同做好安全隐患排查与人员管控工作。

5. 固定相关证据。现代社会，证据为王。监狱发生安全事故后，相关职能科室及经办民警必须立即启动全面细致、规范严谨的证据收集、固定与保全工作，确保人证、物证、视频证据等环环相扣，确保相关证据溯源及案发视频经得起专家与时间的检验，这是日后责任界定、行政奖惩乃至后续管理中极其重要一环。

6. 做好舆情监测。针对狱内发生安全事故可能引发网络舆情这一特点，监狱有关部门应立即开展舆情监测与危机应对工作。要统一宣传口径，统一宣传渠道，做到对内解释说明与对外言论发布一致，防止民众无端猜测，以讹传讹，令原本简单的事态复杂化。同时，监狱应积极主动地与媒体沟通，有效引导舆论方向，尽量用正面的声音占据舆论宣传的制高点。

7. 加强隐患治理。监狱机关在处理安全事故过程中，要全面分析原因，深刻吸取教训，联系安全事故发生的来龙去脉，就人员排查、管理方法、工作流程、应急举措等方面进行系统盘点与深刻整改，以举一反三、化害为利，做到查漏进行时、整改进行时，不断提升监狱的安全事故处置与管理水平。

二、监狱不同类型安全事故处置的主要技巧

（一）罪犯越狱脱逃处置要点

当监内发生罪犯不见人影、五分钟之内寻找无果时，监区应立即按照罪犯脱逃启动应急预案。常规处置方法有：监区立即向监狱指挥中心或监狱值班领导报告，陈述罪犯脱离视线存在脱逃可能这一事实；有关监区应立即停止生产劳动或集体活动，全部收监或将人员收回各小组；监狱指挥中心或有关领导立即指派监狱特警队、科室民警奔赴有关监区（厂区）研判犯情，搜寻离场罪犯；监狱指挥中心立即调取围墙周界、监狱大门、监内特定地区监控，对半小时之内离监的车辆立即电话通知其返监或驶往指定地点等候检查；立即组织人员对监区、厂区及办公区开展全视域人员大清查；当监内短时内搜寻未果后，监狱应立即向省局报告，听取省局的指令和安排；适时和监狱周边公安机关取得联系，调取监狱周边监控探头，搜寻可疑人员信息；调取脱逃罪犯基本信息，调取其近半个月会见、通信、通话及改造信息；监狱成立罪犯脱逃追捕指挥部，组成若干追捕小组，按预定方案立即奔赴有关地点设卡追捕；监狱视狱情发展研究、制订、布置后期工作措施，必要时依靠公安、武警力量，早日将脱逃罪犯抓捕归案。

（二）罪犯劫持人质处置要点

监内发生劫持人质事件后，监狱应立即启动应急预案。常见处置方法有：一是紧急疏散无关人员，以免给当事人施加更多的心理压力，防范其情绪短时内急剧爆发；二是立即开启执法记录装置，第一时间固定证据，为后面行政处罚与刑事制裁提供有力支撑；三是立即呼叫监狱特警团队，维护现场秩序，支援现场警力，防范各种意外事件发生；四是指派特殊专家到场，借助心理咨询师、危机谈判员的力量，减缓与消释当事人的紧张情绪，以便为后续应急处置营造良好的环境氛围；五是联系武警增援力量，遇到情况紧急、地形复杂、谈判低效等情形，应及时联系武警指战员，在万不得已时指令武警战士予以强力还击；六是视情联系社会人员，如果罪犯急于想和家属、最亲密人员通话或见上一面，监狱应尽量满足其要求，联系相关人员急速赶至监狱（或由监狱派车至车站将其接至监狱），要求他（她）们尽力协助民警做好说服教育工作。

（三）罪犯行凶报复处置要点

此类事故，民警若处置果断、规范，其他罪犯就不会轻易模仿，有利于整个监区的改造正气提升；民警若处置时束手束脚，或程序不正当、实体不公正，就会影响民警执法权威，助长罪犯嚣张气焰，造成受害者私力复仇。以罪犯用水杯猛砸他犯脸部为例，常规处置方法有：一是现场快速带离，民警到达现场后，可先将打人者带至民警值班点附近，让其先进行静站或静坐反省；二是现场使用警戒，如果罪犯打人性质恶劣，他人制止仍不收敛，或已造成对方轻微伤，民警赶至现场仍有继续冲突可能的，可视情动用警棍或催泪瓦斯，或强制带离现场后，马上进行戴铐约束；三是现场紧急调查，主要调查发生原因及经过、三人连环人员有无上去阻止、有无人员拉偏架、有无人员起哄闹事等；四是填写相关表格，如果现场使用警棍、催泪瓦斯的要及时填写《监狱制服性警械报告表》，如果要进行加戴手铐或脚镣处理的要填写《监狱约束性警械审批表》，如果要送入高戒备关押点的要填写相关的审批表；五是制作讯问笔录，当日监狱应安排两名民警制作讯问笔录，如果此罪犯有三次以上扰乱监管秩序行为，或本次打架行为致人轻伤及以上，监狱机关在收集与固定证据基础上，应及时提请驻监检察机关予以加刑处理；六是研究后续处理，如对打人罪犯行政处罚的种类与幅度、对三人连环或现场制止人员的扣分或加分处理、是否要调整小组或劳动岗位等。

（四）罪犯自杀自残处置要点

监内发生罪犯自伤自残安全事故，如果后果不严重，可按照罪犯患病就诊一般流程进行处置；如果后果比较严重，有生命危险，应按照患重病流程，紧急送社会医院进行救治。管教实践中，监狱民警面临较大考验的是罪犯自杀既遂之处理。以罪犯上吊自缢为例，常见的处置方法有：一是立即呼叫民警或其他罪犯，合力将自杀罪犯身体重心上提，尽速解除其脖子上的勒紧带（布条、绳索等）；二是立即将自杀罪犯送医院进行抢救，只要还有一线希望就要尽十分努力；三是值班民警、监区领导按权限，立即向有关部门和领导汇报；四是立即开展罪犯自杀原因分析和证据保全工作，对罪犯自杀前相关征兆（如日记中悲观语言、近期反常迹象等）、自杀前七天以上监控录像进行提取和分析；五是及时联系罪犯家属，以"罪犯患重病正在抢救"为由要求家属急速赶至监狱；六是成立罪犯自杀死亡后续处置工作专班，一般由监狱医院、生活卫生科等人员组成，可指定一名经验丰富的资深民警为总协调人；七是注重谈判策略与技巧，既要讲清关于罪犯死亡处理的法律政策依据，又要兼顾家属的情绪波动和合理诉求，通过给予家属一定的生活困难补助、给死亡罪犯火化前一些基本的人性化安排，早日将棘手事件处置了结。

（五）监内发生自然灾害处置要点

管教实践中，因暴雨、强风、闪电、暴雪、地震等自然因素导致监内停水停电、楼房损毁、围墙开裂、监控失灵、局部火灾等现象时有发生，有时需要民警未雨绸缪、防患于未然，有时需要民警当机立断、果断处置，有时则需要民警耐心细致、做好隐患排查与堵漏工作。以应对强台风为例：台风来临前，监狱有关部门应做好安全提醒教育，做好围墙周界安全隐患点的排查，抓紧检查与准备应急物资（如准备沙包、手电筒，检查发电机性能等），稳妥做好值班与备勤人员警力配置，储备一定的生活物资（如监内每个小组储备一定的水）与消费物资等；强台风来临后，应视情组织罪犯收工或将罪犯转移到安全地带，减少与控制罪犯零星出车间活动，加强监舍、教学楼、劳动车间的视频巡查，加强监狱指挥中心应急指挥力量，监狱特警队员应加强监内重点区域的巡查，监狱水电工、应急抢险小分队应随时处于待命状态，监狱武警战士应加强对岗楼与围墙周界的巡逻，全体民警职工工作机应随时保持畅通。因为强台风引发外部停水停电、道路损坏、网络通信中断的，监狱应主动和社会有关部门联系，最大程度争取和得到社会有关部门的支持。

（六）罪犯突发严重疾病处置要点

如果监内发生罪犯突然倒地（有时是患了心源性疾病）或突发严重疾病，监区值班民警应迅速将其送到监狱医院（卫生所）进行诊疗，如果病情超出监狱医院的治疗能力范畴，监区应立即做好以下工作：立即做好外出就诊审批，安排足够警力将罪犯送监狱中心医院或社会挂钩医院进行治疗；遇到罪犯必须在社会挂钩医院住院治疗的情景，监区应立即向监狱有关部门反映，每班次安排三名民警到挂钩医院进行 24 小时监护；遇到罪犯病情需要手术或短时内有病危情形，监狱应及时与家属保持沟通，取得罪犯家属的理解与支持；如果罪犯病情十分严重，符合保外就医情形的，监狱应联系相关医院做好医学司法鉴定工作，尽快启动保外就医事务；罪犯保外就医工作启动后，监狱应派民警赴罪犯户籍地或其亲属工作地，确定保外就医具保人、保外接收医院、后续治疗相关费用结算等事项，如果亲属中无人愿意当具保人或无合适的具保人，则要努力争取村委会、社区等组织的支持，让他们在罪犯保外就医中发挥应有的组织担保作用。

（七）狱内发生传染性疫情处置要点

监狱若发生传染性强的疫情，根据以往的处置经验，重点工作有：切断传染途径，对进入监狱大门与监管区大门的人员、物资、车辆实施严格的医学检测与物理隔离等措施；强化人员排查，对民警、职工、外协人员近期活动轨迹与接触人员进行严格的排摸，确定关联疫情的 A 类、B 类、C 类人员，落实好相应的管控措施；开展疫情监测，落实专业力量，对全监民警职工、在押罪犯开展全员病情取样与病理会诊；实施封闭值勤，视疫情发展状况，在监管区、行政区、备勤区实施不同等级的民警全封闭、双隔离值班与备勤模式；细化网格管理，以科室、支部为单位建立网格化管理，确保每天民警职工活动轨迹、体温检测等工作落到实处；加强环境消杀，对监狱公共区域、办公场所、劳动车间、住宿场地等实施严格的环境整洁与消毒灭菌工作；启动智能办公，通过视频会议、钉钉办公、监狱自己开发的软件与 APP，做好疫情期间会议精神、工作举措的传达、检查与落实工作。

（八）网上出现涉狱负面舆情处置要点

一旦网上出现涉及监狱民警廉洁、执法、管理与作风上的负面舆情，监狱机关应第一时间作出部署，研究落实相关措施，避免负面舆情在短时内发酵与蔓延。处置要点有：一是保全与巩固证据链，关联舆情的直接与间接证据要尽快、全面、规范收集，这是后面与媒体沟通、厘清责任边界的关键环节。二是统一对外宣传内容，确定对外新闻发言人，严禁无关民警对网上出现的舆情轻易发表意见，严禁民警职工接受媒体采访或传播相关信息。三是主动表示官方态度，涉及监狱管理过错的要开诚布公，刀刃向内，严肃追究责任人，缓和民众的不满情绪；涉及不可抗力的要深刻查找原因，堵塞管理隐患和漏洞。四是视情开展危机公关，借助网信部门管控性力量、省厅局行政性力量、关联单位建设性力量、监狱机关自主性力量，降低或消减民众对监狱舆情的关注度，必要时要采取信息屏蔽等手段防止不实舆情深度传播。五是关注舆情后续影响。要注重搜集与研判各种自媒体背后是否有某些推手在驱使，做好涉狱舆情一波又一波扩散传播的应对措施，防止被不法分子和别有用心的人作为攻击中国监狱法治与文明建设的靶子。

【任务实例】

（一）罪犯预谋劫持民警处置案例

2015 年 2 月 12 日，罪犯斯某（男，48 岁，浙江××人，犯绑架、诈骗罪，被判处有期徒刑 6 年，监狱级危险犯。该犯有 6 次违法犯罪史，本次犯罪中有持刀挟持人质、拒捕并砍伤公安民警的恶劣情节）因生产质量问题和质检犯发生言行冲突，受到值班民警周某的严厉批评，晚上又因赌气不参加片区的生产分析会，最后受到扣思想分 1 分的处理。事后，该犯拒绝在考核表上签字。民警一时也没有特别在意。

2015 年 3 月 5 日中午 12 点 30 分，分管民警向同组罪犯王某了解斯犯情况，王犯反映说斯犯发蛋糕给他，说不吃掉也没用要发霉的，还叫其调小组等。分管民警觉得斯犯言行反常，当即向分监区指导员汇报。指导员结合其一贯表现，立即组织民警前往监舍，对其壁柜、床铺、床头柜、储物包等个人物品进行彻底的搜查。从该犯个人床头柜眼镜盒底部夹层查出用线串好的机针六枚，床头柜纸箱里查出削尖的竹签（长约 11.5 厘米，直径 0.8 厘米）和锋利塑料片一片（长约 8.5 厘米，宽约 4 厘米），个人壁柜内的书包里查出自画地图一张（以监狱为中心，涉及杭州、江西、安徽、福建等地交通示意图，还有一张"期五晚值"的字条。清监结束后，指导员立即向上汇报，并对斯犯采取控制措施。

3 月 5 日下午，监狱对斯犯进行隔离审查。刚开始，一提到清查出的物品用途时，斯犯百般狡辩，一口咬定自己准备机针是用于吞食自伤，把事情闹大，以让民警周某（2 月扣其分）下不了台；削尖的竹签是用于缝衣被等。专案组根据斯犯有 7 次改造经历，有较强的反侦查能力，且从不会见家人，情感极其冷漠，还有劫持人质的既往史，意识到要突破其口供存在较大的困难。于是，监狱组织狱侦经验丰富的民警充实到专案组；充分利用斯犯比较信任的民警开展攻心教育，最终突破其心理防线；同时，利用公安使用过的特勤，建立专案耳目；还与周边公安刑侦部门联系，请教侦破方法。

经达 27 天的努力，4 月 2 日，斯犯终于承认了预谋案件经过：2 月 12 日被扣分处理后，该犯心理非常不爽，想报复民警周某。2 月 13 日晚，斯犯看到《钱江晚报》上交通地图后，便开始准备作案工具。该犯参照《钱江晚报》上的地图在纸上画了一幅并把它藏在信封内；一有空便将事先私藏的竹签进行打磨；在厂区闲置设备等地方收集了六枚机针，并将六枚机针用胶带粘于脚底偷偷带入监舍。3 月 5 日，从其他民警处得知民警周某将于 3 月 6 日值班，于是准备当晚，利用民警周某值班之际，先假装肚子痛，趁民警进来询问时，利用磨尖的竹签和机针劫持民警逃出监狱大门；如果当晚进来的不是民警周某，就把用线串起来的六枚机针一起吞下，再利用出监就诊手术之际伺机脱逃。

一起极其严重的预谋劫持民警脱逃安全事故，由于分管民警的高度警惕、监舍搜查工作的认真彻底，加之专案组民警的不懈努力，得以成功告破。

（二）罪犯患重病后保外就医处置案例

罪犯刘某，42 岁，四川省 YB 县人，犯运输毒品罪，被判处有期徒刑 8 年 6 个月，2010 年 5 月入狱。2014 年 7 月，经医学司法鉴定，刘某患有精神分裂症，符合保外就医条件。为切实消除该犯可能给监管安全带来的潜在危害，监狱立即启动保外就医工作。历经一波三折后，刘某终于保外成功。

监狱首先与该犯户籍地 YB 县司法局及村委会联系，得知该犯家庭条件差，父母、兄妹都在浙江打工，不具备保外就医条件。2014 年 11 月 11 日，得知刘犯父亲已返回四川老家后，监狱立即派民警赶赴 YB 县。经过走访刘犯村组、乡镇司法所和县司法局，民警们归纳了三个难点：一是刘犯家中房子无人居住、年久失修，居住条件不符合；二是家属外出打工，无人监管；三是县里规定对有"贩毒"罪名的服刑人员不考虑保外就医。针对这些困难，办案民警联系上了刘某在 YB 县卫生局工作的堂姐，经其介绍，民警找到了该县政法委领导，得到了他们的理解和支持。11 月 21 日，县司法局对刘某的保外事宜进行了社会调查评估，因刘犯无固定职业，无稳定的经济收入来源，并有和社会劣迹人员交往密切的行为，辖区派出所和司法所均不同意将其纳入社区矫正范围，综合得分为 48 分，远低于 80 分的合格线，最终司法局不同意其保外就医。

2014 年 12 月 4 日，监狱派办案民警赶赴刘犯妹妹打工所在地浙江省 DQ 县，走访了刘犯妹妹的工作单位及居住地街道和县司法局。DQ 县司法局十分重视，于次日上午召开了由分管副县长参加的保外就医工作会议，专题研究刘犯的保外就医事宜，最后的结论是：根据 DQ 县社区矫正管理办法，只考虑本县户籍人员或居住地在本地的人员，刘犯保外就医需到户籍所在地或居住地办理；刘犯的具保人应先考虑其父母、兄弟。最终决定不接纳刘犯到 DQ 县保外就医。

2014年12月12日，由副监狱长带队的攻坚小组赶至刘犯哥哥打工地浙江省CX市。市司法局领导考虑到刘犯父母和兄弟长期居住在该市，确实不适合回四川保外就医等实际情况，初步同意接纳刘犯保外就医。但由于刘犯是精神疾病罪犯，又有吸毒史，可能会出现病情反复，出于监管条件与社会安全考虑，司法局提出该犯保外就医后必须到由公安局管辖的市安康医院进行康复性治疗。当日，监狱民警赶赴地处FH市的安康医院，就刘犯保外就医治疗问题与院方进行协商。院方提出：以前从来没办过相类似事件，涉及是否合法性的问题；万一出现问题，包括身体疾病引发的病重或病亡，谁来承担责任；联系治疗单位应由司法局或家属出面，首先应考虑CX本地医院；另外，若刘犯病情恢复，本人或家属提出要出院，院方如何制约。针对四个疑问，攻坚组民警一一予以解答：从法律及政策方面消除了医院对合法性问题的疑虑；针对后续遇到的困难和问题，监狱将与院方共同承担；CX市司法局考虑到公安部门管辖的安康医院管理比较规范，康复治疗更有安全保障；刘犯保外后属社区矫正人员，只有经司法局出具证明同意后才能出院。

市安康医院最后回复：院方先要组织医务人员对刘犯病情进行鉴定后再作决定。监狱立即将刘犯的病情鉴定书传真给院方，并再次与院方进行沟通，表示可以向医院提供刘犯日常改造的视频，同时真诚地邀请医院领导来监实地考查刘犯的情况。民警的真心诚意终于消除了院方的各种顾虑，最终同意接受刘犯住院治疗。2014年12月17日，经省监狱管理局批准，刘犯获得保外就医。

（三）监狱发生传染性疫情处置案例

2020年1月25日，SLF监狱接到当地疾控部门电话通知，反映该监狱有一名民警罗某一周前去过A地（已爆发传染性很强的肺炎疫情），必须尽快接受传染性疾病医学检测。1月28日，该民警确诊感染新型冠状病毒肺炎病症。该事件发生后，SLF监狱根据上级决策部署及本监狱实际，全力以赴开展传染病防治与管控工作。

初期，该监狱的主要做法有：一是对涉疫人员进行全员排摸。以支部为单位，每天对民警职工及其家属、外协师傅中近期从A地回来的，曾与疑似或确诊新冠肺炎疫情人员有密切接触的，与近期从A地回来的人员有密切接触的，在每日下午13时前将排摸信息报送至监狱指挥中心。二是严格开展核酸检测和流调工作。对监狱所有民警、职工、外协人员和罪犯，实行全员核酸检测。三是实施全封闭双隔离制度。即以监狱大门为界，实施人员不进不出制度；以进入监管区大门为界，实行监区、厂区封闭值勤制度。1月26日，该监狱第一批400余名封闭管理民警全部进驻监内，开启为期14天的封闭管理模式。四是严格执行公共卫生防疫措施。每天对监狱所有人员实施早晚两次体温检测，视消毒物品属性每日开展公共区域与设施物品两至三次"消杀灭"工作，对垃圾、污水进行分类处理，坚决阻断疫情扩散。五是扎实开展各项疫情防控工作。对与疫区人员有直接或间接接触的人员实施14天居家留观，停止罪犯家属会见，对所有进入监狱的物资在监狱大门外实施消毒后，由监狱民警、职工进行转运等。

随着疫情排摸与核酸检测工作的顺利推进，发现该监狱有1名民警和36名罪犯被感染新型冠状肺炎。2020年2月中旬，省厅局启动了追责问责程序，对涉事监狱党委书记、监狱长实行就地免职，并由省监狱管理局副局长兼任该监狱党委书记职务，当地公安机关以涉嫌妨害传染病防治罪对罗某（去过A地后回来不如实汇报，并继续上班导致疫情传播扩散）实施刑事拘留（2020年10月15日，罗某被法院以妨害传染病防治罪判处有期徒刑2年，缓刑3年）。因疫情防控工作需要，省局从其他兄弟单位紧急调配警力支援该监狱，该监狱进入最严战时值勤状态：监狱成立监内封闭区、办公与备勤区与居家留观区三个防疫指挥部；对涉疫监区所有罪犯实施一人一间隔离措施（统一订制玻璃房）；对所有进出监狱的人员、物资实施严格的管控；对处于居家观察或单位备勤人员实施每日行踪与轨迹定位监测；对违反战时纪律的民警职工予以从严从快处理等。2020年5月14日，经省、市、区三级疾控专家综合评估，该监狱疫情防控由战时防疫转入常态防控阶段，疫情防控攻坚战取得阶段性成效。

（四）暴雨引发监狱断墙断水断电处置案例

2014年7月23日，西北某省局部地区遭遇特大暴雨侵袭，强降雨造成山洪暴发、河水改道等地质灾害，该省CJG监狱电力、供水等基础设施损坏严重，因供水中断生产被迫停产。面对灾情，该监狱党委迅速召开紧急会议部署抢险救灾事宜，党委书记、监狱长亲临一线指挥，与监狱多支应急小分队，一起奋战在抢险一线，努力将暴雨灾害带来的损失降到最小程度，确保了特殊时期监狱的安全稳定。

23日23时15分，夜间值班民警巡查时发现，该监狱第三关押点厂房西侧围墙边，由于暴雨冲刷使得外围河床上升，已出现大范围泥土塌陷现象，严重影响西面围墙的安全。监狱指挥中心接到报告后，立即向监狱领导作了汇报。24日凌晨3时，西面围墙出现50米倒塌。监狱领导接到报告后，在报告省局同时，立即启动围墙倒塌应急预案。监狱特警队和驻监武警立即派出人员现场值守。由于围墙部分倒塌，厂区电网及围墙灯全部熄灭。24日一大早，有关围墙修复工作得以紧张有序地推进：一是安排电工紧急抢修受损电网设施；二是立即联系施工队，修复受损的围墙；三是划分警戒区域，设置临时值班岗亭；四是在警戒区域内架设临时隔离板墙；五是确保24时值班与备勤警力。经过日夜奋战，受损电网于25日下午检修完成，倒塌的围墙也于27日修建完毕，及时消除了一起因暴雨而引发的监管场所重大安全隐患。

7月23日的暴雨，还使供应CJG监狱生活生产用水的上游河道遭到重创，电力及供水设施受损严重，供水全面中断，万余名警察、职工、家属及在押罪犯面临无水可用的局面。全监各部门按照停水应急方案的流程，迅速行动、科学应对。监狱应急救护队出动消防车，为家属区拉水21车次168方，保证了家属区的生活用水；生活卫生科为各监区购买了25个1方容量的水箱，累计为各监区拉水180车次360余方，确保了罪犯的生活用水。与此同时，监狱积极联系供电部门，紧急抢修受损的电力设施，于26日晚恢复了正常供电。电力恢复后，负责供水的部门在试压供水中，发现监外二级水闸附近，由于洪水造成河流改道，将供水线路淹没，洪水巨大的冲力将管道冲击变形。抢险队员不辞劳苦，立即进行抢险，于 28 日全面恢复供水。

此次暴雨灾害，使该监狱的生产受到严重影响。为将损失降到最小，监狱利用停产间隙，安排人员对作业现场进行维护、对设备进行保养检修，并组织罪犯开展生产质量大讨论与操作技能考试。28 日恢复供水后，全监组织了安全生产大检查，确保了灾后生产的稳健推进。

【任务小结】

本学习任务介绍了监狱发生的常见安全事故，帮助学生了解监狱常见安全事故的主要类型、内在特点与处置方法，通过多个案例剖析帮助学生掌握处置安全事故时必须具备的基本知识与应急技能，培养学生在实际工作中临危不乱、服从大局、快速应变、稳妥处置的能力。

【思考题】

1. 罪犯自杀有哪些种类？试列举一种加以说明。

2. 简述监狱发生安全事故处置的基本原则。

3. 罪犯突发严重疾病后有哪些处置方法与技巧？

【任务训练】

训练项目：罪犯挟持女老师现场应急处置

以某日一名女老师进监开展心理咨询为例，一名患病罪犯突然上前，勒住女老师脖子，要挟民警带其去省城三甲医院诊治，以此场景进行应急处突训练。

一、训练目的

通过开展此类训练，特别是逼真态实景模拟处置，让同学们知悉处置此类监管安全事故应掌握的基本知识，应了解的基本流程，应学会的基本技能，以便在今后工作中遇到此类突发事故能做到心里有谱、行动有术。

二、训练要求

1. 熟悉挟持人质现场处置的操作流程与若干要领；

2. 各个组员根据事先的分工，必须迅速进入角色；

3. 在训练过程中要严肃认真，不嬉笑打闹；

4. 按规定步骤和要求进行操作和训练。

三、训练方法和步骤

指导老师先对参训人员作一分工，确定患病罪犯、女心理咨询师、监区（分监区）领导、指挥中心领导、监狱领导、医务民警、特警队员等人选，为取得更好的演练效果，事先准备一套囚服和一套女生便装。

1. 布置一个女老师为一名患病罪犯开展心理咨询的场景；

2. 罪犯突然上前挟持女老师，以此要挟民警带其去省城三甲医院诊治；

3. 现场值班民警立即呼叫指挥中心，指挥中心立即将情况报告给监狱领导；

4. 民警紧急疏散无关人员，监狱特警队员接到指挥中心指令后迅速赶至现场；

5. 监区（分监区）领导在现场和罪犯进行周旋，听取其诉求，尽量不激化矛盾；

6. 在耐心劝说无效后，特警队员乘其不备强力将其制胜，戴上手铐，解救人质；

7. 解救行动结束后，大家就本次处置过程开展讨论，探讨后续要开展的工作。

四、训练成果

1. 总结训练成果，督促学生形成心得体会，提出可进一步改进的方法和举措；

2. 指导老师对学生现场参与情况及心得体会材料进行考核、评定。

工作任务十　监狱突发网络舆情管理

【任务目标】

知识目标：通过本工作任务的学习，学生能了解、掌握监狱突发网络舆情事件的危机公关与应对知识，了解网络舆情事件的特征，以及网络舆情事件的预防、应对及处置知识。

能力目标：通过本工作任务的学习，学生能掌握简单的网络舆情事件的预防、应对及处置方法和技巧，能做好网络舆情事件的预防应对工作，具备一定的网络舆情事件的简单应对及处置能力。

【任务概述】

伴随大数据的出现、移动互联网的发展、智能化和物联网的到来，互联网已经成为社会民众意见表达的重要空间。当前网络事件纷繁复杂、网络信息泄露、虚假信息遍布，以及网络舆论导向偏离实际等现象已成为影响社会安定的重要因素，且其事件爆发具有不确定性、传播速度快、涉及公众要害大、处置难度高等特点。随着互联网的发展、网民的增多，网络群体性事件已成为影响公共社会安全的一项不可忽略的问题。突发事件受到公众和媒体的高度关注，引发网络舆论热点，如果网络舆情处置不当，将产生更具破坏性的舆情危机，甚至诱发群体性事件。监狱话题更是具有其神秘性与敏感性。监狱的局限性、监狱监管场所的封闭性，同时监狱单位又是所谓的保密单位，是人权斗争的前沿阵地，往往使监狱在突发事件处置中比较被动，特别是在应对网络舆情时更是无所适从，许多民警不知如何应对与处置。因此，监狱必须高度重视网络舆情并采取有效举措，加强对网络舆情的管理，引导突发事件网络舆情方向，避免或遏制各种危机事件对监狱、政府、社会带来的负面影响。本文通过阐述监狱突发事件网络舆情的现实和原因，分析监狱在应对突发事件网络舆情管理工作上的问题，提出监狱突发事件网络舆情的管理途径和策略。

【任务基础】

理论概述

（一）舆情

舆情是指由个人和社会群体构成的公众，在一定的历史阶段和社会空间内，对自己关心或与自身相关的各种公共事件所持有的群体性情绪、意愿、态度、意见和要求交错的总和及其表现。它有主体、客体、本体和承体。其主体是公众及其心理反应过程；客体是公共事件，既是舆情产生的刺激源也是其具体指向；本体是多种情绪、意愿、态度、意见和要求交错的总和及其表现；承体是舆情产生、变化的时空情境及社会、历史等相关影响因素。

舆情具有两大特点：一是舆情是民意集合的反映，没有民意就没有舆情；二是舆情并非民意的全部，而是那些对政策决议等有一定影响力的民意，所谓民意即公众对自身利益需求的一种诉求和表达。

（二）网络舆情

所谓网络舆情，是指在各种事件的刺激下，人们通过互联网手段表达的对该事件的所有认知、态度、情感和行为倾向的集合，在网络环境下，舆情信息的主要来源有：新闻评论、BBS博客、聚合新闻（RSS）等。

网络舆情是以网络为载体，以事件为核心，是广大网民情感、态度、意见和观点的表达、传播与互动，以及后续影响力的集合，其信息未经验证，具有主观性。在新时期，网络舆情的传输工具主要包括微博、论坛、微信、QQ、电子邮件、播客等社交软件，形成了一种开放、交互的公共空间。网民和社会公众存在一定的交叉和重构，其表述的舆情言论也并非是社会舆情的全部，而是具有网络引导和影响力的部分。

（三）网络舆情的特点

1. 自由度大。互联网是完全开放的，它拓展了所有人的公共空间，有利于所有人发表意见和参议政事。每个人都有机会成为网络信息的发布者，都有选择网络信息的自由。通过BBS闻点评和博客网站，网民可以立即发表意见，下情直接上达，民意表达更加畅通。互联网的匿名环境、海量帖文的气氛渲染，观点相近人群的频繁沟通，更容易产生"群体极化"，并可能发展为人身攻击，甚至威胁社会正常秩序。因此，网络舆情比较客观地反映了现实社会的矛盾，比较真实体现了不同群体的心态。

2. 突发性强。网络舆论的形成往往非常迅速，一个热点事件的存在加上一种情绪化的意见，就可以成为点燃一片舆论的导火索。当某一事件发生时，网民可以立即在网络中发表意见，网民个体意见可以迅速地汇聚起来，形成公共意见。同时，各种渠道的意见又可以迅速地进行互动，从而迅速形成强大的意见声势。

3. 信息多元化时代，网络舆情表达快捷、方式互动，具备传统媒体无法比拟的优势。网民人数快速增加，根据2023年3月2日中国互联网络信息中心（简称CNNIC）在京发布的第51次《中国互联网络发展状况统计报告》（以下简称《报告》）显示，截至2022

年 12 月，我国域名总数达 3440 万个，IPv6 地址数量达 67369 块/32，较 2021 年 12 月增长 6.8%；我国 IPv6 活跃用户数达 7.28 亿。[1] 《报告》显示，在信息通信业方面，截至 2022 年 12 月，我国 5G 基站总数达 231 万个，占移动基站总数的 21.3%，较 2021 年 12 月 提高 7 个百分点。截至 2022 年 12 月，我国网民规模为 10.67 亿，同比增加 3.4%，互联网 普及率达 75.6%。其中，城镇网民规模为 7.59 亿，农村网民规模为 3.08 亿，50 岁及以上 网民群体占比提升至 30.8%；全年移动互联网接入流量达 2618 亿 GB。不同地区、不同年 龄网民构成广大用户基础，流量型、资金型等不同形式的数字消费活力持续释放，促进数 字经济健康发展。网民手机上网比例在高基数基础上进一步攀升。根据 2009 年《人民日 报》与人民网联合进行的网上调查数据显示，87.9% 的网民非常关注网络监督，当遇到社 会不良现象时，93.3% 的网民选择网络曝光。网络监督已经成为畅达民意、维护权益、鞭 挞腐败的便捷而有效的手段。

4. 影响力深。网络舆情可以对人们的人生观、价值观起到潜移默化的作用，影响、 改变人们对政府、司法机关的看法和评价，在意识上打上深层烙印。有关的"坏消息"多 了，经过网络发酵，就会从量变到质变，使政府的公信力逐渐降低。

5. 突发性和高度的不确定性。随着智能手机和互联网的飞速发展，每一个公民都可 以成为媒体人，也可以成为新闻第一发现人，学习、生活、工作中的事情随手一拍发到网 上去都有可能成为社会关注的热点话题，且传播速度快、爆发突然、社会影响大，事件在 网络上传播易被放大化，导致事件缺乏真实性，对社会公众的心理和情绪造成很大的干 扰，从而影响社会的稳定。

6. 内容具有广泛性。从家庭琐事、个人隐私到国家大事和国际性事件等多元化的事 件，互联网都会涉及，也都存在成为网络突发事件的隐患，互联网打通了国际大门，使得 西方思想和意识形态不断流传于各群体之间，东西方不同思想文化的碰撞也推动了网络舆 情的不断发展。

7. 舆论主体具有组织群体性和个性化。网络舆情的主体是网民，其舆情表达融入了 个人情感和主观认识等因素，当人们在匿名情况下更能表述自己的心声，甚至是毫无顾忌 地表述一些自己的不满，并将这种消极情绪通过互联网传达给其他网民。

8. 舆论表述具有互动性和即时性。网络舆论的互动性主要表现为网民与网民、网民 与政府企业、网民与媒体等的交互，且具有较高的时效性，很多舆论都能被及时地发现和 回复，从而能更好地监控，但由于发展速度快，也存在发现和处置不及时的问题。

（四）网络舆情的发展酝酿过程

网络突发事件的舆情形成过程是：起初由小部分人或机构将具有社会关注的隐性话题 或事件作为导火索，通过网络上各大社交软件或媒介不断传播推动，从而成为社会关注的 热点，最终演变成网络舆情事件。从网民情绪变化的维度考察突发事件网络舆情的发展过

---

〔1〕 （白杨 SEO），这里域名指所有注册域名数。

程，大致可分为生成、高涨、波动和淡化终结四个阶段。

1. 网络舆情生成。突发事件最初一般是由网民以发帖或者微博、朋友圈的方式传播到互联网，引发大量网民关注后，会得到主流媒体的跟进报道，从而促进网络传播范围进一步扩大，就很容易形成"信息聚合"。网民根据自己对突发事件的了解和理解，纷纷表达见解并交流意见，由此生成突发事件的网络舆情。

2. 网络舆情高涨。网络舆论热点一旦生成，随着网民的情绪、意见等不断高涨，这些热点受关注的程度越来越高，影响越来越大，通过发散而不是层级的方式，呈几何生长传播，进而吸引更多的网民关注甚至参与其中。这种高涨的态势根据热点问题受关注程度，有的持续较短时间，有的则经历一个较长的过程。

3. 网络舆情波动。网络舆情热点的发展过程并非总是直线式的上升或下降。某些时候，网络舆情会呈现出波浪式发展的轨迹，即发展到一定高潮后，会经历一定时期的萎缩或沉寂但受某些偶然因素的影响又会出现新高潮，这种"高潮——萎缩、沉寂——发展"的周期可能会重复多次。

4. 网络舆情淡化终结。网络舆情热点持续一段时间后，随着新事件的涌现、新刺激的产生，或者事件得到公正的处理，多数网民就会自动转向新的目标，原来的舆情热点便会慢慢冷却最终沉寂下来。当然，依照舆情自身的变动规律，那些影响深远、关系重大的突发事件对网民的刺激和引发的舆情，只能说是"阶段性沉寂"，一旦有新的诱发关联性的事件发生，极有可能被网民旧事重提而再度成为热点。

【任务实施】

在广大人民群众的眼中，监狱是神秘的，她始终蒙着一层神秘的面纱。近年来，发生在监狱的一些突发事件，如罪犯脱逃、狱内死亡等，一经媒体公布，就迅速成为社会关注的热点，产生了不良影响。这不仅事关监狱机关形象，还关系到社会秩序稳定、国家机关的整体形象。例如，"2009年11月内蒙古呼和浩特某监狱罪犯暴力强行越狱脱逃事件"、"2018年10月辽宁凌源某监狱罪犯强行越狱脱逃事件"、"2015年江西某监狱罪犯死亡事件"等突发事件，给监狱机关正常秩序造成了程度不同的影响和破坏，引发了社会舆论关注，造成了不良的社会影响，损害了政府、监狱司法行政机关的公信力和监狱人民警察的良好形象。随着移动互联网的普及和发展，网络舆情空前活跃，其作为一种新兴的舆论势力，已日渐影响着我国社情民意走向，是社会舆论的重要影响力量。由于网络传播的隐匿性和自由性，任何人都可以随便发帖，在一定程度上出现了网络舆情的无政府主义。监狱机关发生的突发事件，更是社会和网络空间关注的热点。许多社会民众在网络上围观，发出各种各样的声音，给监狱机关网络舆情管理提出新的挑战。监狱突发事件网络舆情如果处置不当，将严重干扰监狱机关的正常工作，损害监狱机关的声誉和形象，甚至会给政府、给国家、给社会带来严重的负面影响。因此，加强监狱机关突发事件的网络舆情管理、对舆情进行正确引导和管理，是监狱机关必须面对而不能回避的现实问题。

2007 年《中华人民共和国突发事件应对法》第 3 条规定："本法所称突发事件，是指突然发生，造成或者可能造成严重社会危害，需要采取应急处置措施予以应对的自然灾害、事故灾难、公共卫生和社会安全事件。"网络舆情是指在互联网这一特定的领域中，网民及网络媒介等对涉及公共政治、公共事务和公共利益的人物、事件、观点的情感、认知和评价。为此，我们可以对突发事件网络舆情做出这样的界定：突发事件网络舆情是指当突发事件发生后，网民及网络媒介通过网络平台对该事件的讨论、报道、观点，及其所产生的一系列情感、认知和评价。简而言之，突发事件网络舆情是突发事件舆情在网络平台上的特殊表达。目前我国已进入"高风险社会"，突发事件多发频发，并呈现出复杂性、关联性、多样性、衍生性等特点，突发事件一旦被网民或是网络媒体关注，短时间内便会迅速传播，被重复转载并形成突发事件网络舆情。

一、新旧媒体时代舆情引导呈现出不同的特点

普通媒体时代，如报纸、电视台等主流媒体的引导相对有一个制作周期，因此官方对突发事件的处理一般遵循"黄金 24 小时"原则，即在突发事件发生的 24 小时内通过主流媒体向外发布权威消息。用传统的"黄金 24 小时"处理突发事件之法，已经让人感觉力不从心。新媒体时代，信息发布具有门槛低、传播速度快、环境虚拟性等特点。近年来，很多突发事件、热点事件都是在新媒体平台上发布，并得到迅速扩散。从舆情生成的规律来看，在一个突发事件发生的最初几小时之内，意见的呈现是多元的、弱小的，还没有形成统一的或有意见领袖的民间舆论。但是几小时的发酵之后，舆论导向或意见领袖一旦占据了主导性优势，就能很容易影响公众的意见走向。

网络舆情突发事件与传统媒体有着巨大的截然不同的区别：一是实现方式的互动性。与传统媒体的单向传播相比，网络传播的最大特点在于网络是一种双向的交互式的信息传播通道。二是舆情传播的即时性。时间是影响舆情价值量的重要因素。网络舆情传播摆脱了传统新闻媒体的束缚因素，缩短了人们信息传播的距离，加快了舆情生成的速度。三是网络用户的隐匿性。现实社会中个人身份识别的七大要素：合法姓名、有效住址、可追踪的假名、不可追踪的假名、行为方式、社会属性（比如性别、年龄、信仰、职业等）以及身份识别。而在网络环境中，这七大要素都可以实现一定程度的隐匿，从而使得网络舆情的生成和传播具有一定的隐匿性。四是网民群体的非理性。伴随隐匿性而生的网络舆情的另一个特征是网民群体的非理性。社会心理学研究表明，人在匿名状态下容易摆脱社会角色关系的束缚，容易个性化、情绪化，最终走向非理性。面对突发事件造成的心理冲击，网民往往会将网络作为自己排解紧张、焦虑、困惑、不满、担心等心理情绪的渠道，使得网络上充斥着各种以原生态形式出现的非理性的情绪、态度和意见。五是涉及内容的多元性。网络舆情最显著的特征表现为它是一种信息。随着现代网络媒体时代的到来，互联网已被公认为是继报纸、广播、电视之后的"新媒体"，成为舆情信息的主要载体之一。而多元性是网络传播信息最主要的特征。六是社会影响的持续扩大性。现代社会人的环境包括现实环境和舆论环境，人所接触到的现实环境是有限的，而舆论环境则往往是无限的，舆论环境对人们价值理念和行为趋向的影响愈益显著。有些突发敏感事件发生后，通常都会在网络上刮起不小的旋风，引起网民关注和讨论，进而生成强大的网络舆论，给参与事件处置的政府部门和突发事件中的相关方带来极大的压力。再加上传统媒体的介入，会进一步影响网络舆情演变动向和影响范围。

在互联网不断壮大的今天，网络所具有的独特性也对网络舆论的发展产生了一些消极影响，如一些网民通过互联网传播谣言，发布一些反社会、反人类等的偏激事件，出现一些谩骂和人身攻击等现象，网络舆情已成为影响社会健康稳定发展的重要因素，如何及时掌控网络舆论发展动向，积极引导网络舆论导向，不仅是政府该关注的话题，也已成为全社会该重视的问题。

因此，政府一定要利用好对网络舆情的监控和舆情发布平台，第一时间做好把控，当某一突发事件出现时，要及早介入，让政府的主流意见成为舆论主导。由于网络发言者身份隐蔽，并且缺少限制和监督，面对突如其来的重大事件，有些人会带着自己的一些焦虑困惑或不满等情绪，触景生情，自由宣泄，发表和散布一些不合实际、不负责任、片面、偏激、个人主义色彩浓厚的言论。随后，网民们往往通过"人肉搜索"，公开成群结队评论，导致出现铺天盖地的舆论暴力，甚至通过各种方式侵入当事人的生活，给当事人带来极大的困扰，不利于政府对其事件的处理。

二、当前监狱应对网络舆情事件面临的困境

（一）危机意识淡薄，及时回应能力明显薄弱

当前，部分政府官员的危机意识淡薄，对网络舆情事件的认识不足，对已出现的敏感矛盾和问题重视不够。具体表现为：一是对网络舆论的认识水平有待提高。面对网络舆论要么充耳不闻，不作为；要么敷衍了事，乱作为。草率处理群众急需解决的事情，往往引发群众不满，造成干群关系紧张。还有的视网络舆情为"洪水猛兽"，通常采取"拖""堵""删""等"方法应对。一旦事件爆发，往往准备不足，手忙脚乱。二是对网络舆论引导方式的认识狭隘，认为对于一些有损政府形象的网络舆情只要采取强制性的行政手段，诸如强行删帖或强制关闭网站的方式便可达到目的，而忽视了利用媒体来进行政府公关，恢复政府形象。

政府的回应能力主要有以下两个不足：一是政府迅速回应网络舆论的能力欠缺。因为网络具有即时性、广泛性和互动性的特点，社会焦点问题一旦被网络媒体揭露，就会形成社会舆论，这就要求政府能够及时做出回应，立即采取有效措施积极疏导网络舆情。但目前我国一些地方政府对突发事件的回应十分滞后，这一不足可能造成诸多不良影响，例如其在"温州动车撞车事件"中导致谣言不胫而走。二是政府较少采纳网民的意见。政府通过网络平台听取民意，及时回复网民关心的社会焦点问题和满足公众需求的行为还相对较少。

（二）信息公开体制不完备，错失舆情引导的最佳时机

在网络社会，网络舆情正在逐渐成为民意的"晴雨表"，政府官员若无视或轻视信息公开，没有及时通过有效途径发布权威信息，等于将正面引导网络舆论的平台拱手相让。而当各种不实信息以及充满负面情绪的传闻充斥网络时，政府又没有及时做出针对性的舆论引导，有利时机一旦丧失，部分缺乏辨伪能力的网民自然容易听信谣言，滋生舆论危机，进而扩大事态并激化矛盾，甚至激起网民的反抗情绪。如何牢牢掌握舆论导向的主动权，及时切断网络舆情事件的"氧气"，对于事件的成功处置有着极端的重要性。

（三）法治理念相对滞后，缺乏明确的相关法律法规

无可否认，各级党委政府对网络舆情引导是非常重视的，都是从以人为本、维护社会稳定的角度出发，把预防突发事件和引导网络舆情作为工作的重中之重。然而，实际上，有些政府部门的法治理念滞后，不能理性认识和引导网络舆论，有些领导干部担心信息公开会引发公众恐慌，扰乱社会正常秩序，因此严格控制媒体对信息进行无限过滤。更有甚者过分依靠高压手段来处置网络舆情，对网民在网络上讨论的一些社会敏感问题，采取屏蔽信息和删帖来阻止网络舆论的扩散。在我国的法律体系中，相配套的应急措施也不健全，使得政府在治理突发事件网络舆情时没有法律可以参照，行为也缺乏法律规范和制约。由于缺乏法律的指导，一些领导干部在舆情引导的过程中，经常分不清事件性质和发展态势，处置方法不得当，最终导致事态恶化。

（四）利益诉求渠道不畅，压制和扭曲社情民意

在当前利益主体多元化的背景下，随着网民数量的迅速增加，网民借助网络发表舆论的机会也在逐渐增多，导致网络突发事件发生的原因呈现多样化。目前由于我国制度不完善、社会管理滞后、政府与公众之间缺乏有效的沟通渠道，网民感觉其合法权益受到侵犯时，就会在网上发布谣言来诋毁政府的形象，借此发泄心中的怨恨，其他不明真相而又义愤填膺的群众看到这些信息后，情绪也会被迅速煽动起来，产生"共振"效应，直至酿成重大的网络舆情事件。

（五）应对舆论网络存在一定误区，导致对突发应急事件处理难度加大

一旦网络上出现负面信息，监狱的有关人员第一时间想到的是协调网站、网信部门删帖；另一方面，对于现实中出现的突发事件，第一时间想到的是"关好大门"。瞒报、缓报、漏报现象频出，导致谣言满天飞，官方信息真假难辨。面对如潮般的质疑，官方实行线上言论管控，而非有效回应。

当前，司法行政系统均高度重视舆情危机事件的信息发布，但又不能把握好时机。一方面，总想大事化小、小事化了，避重就轻，选择性地公开信息；另一方面，信息发布准备不足，官员、新闻发言人因为对信息掌握不全、自身业务素养不高等各种问题，发布信息喜欢用"可能""也许"，不时曝出"雷人雷语"，次生舆情更是"火上浇油"。事件从发生到发酵，都没有一个很好的应对措施与方法。

（六）网络舆情管控存在一些问题

目前我国网络舆情管控中还存在一定的问题，司法行政系统，特别是监狱更是如此。一是针对一些敏感话题，刻意回避或隐瞒实情导致舆情更加泛滥，面对一些社会敏感话题

经常采用避而不谈的态度，甚至是使用强硬的手段来封锁消息的传播，但是问题已经存在，一味地回避只能延迟事件爆发的时间，却也让事件随着时间的延伸，不断地积累矛盾，导致最后爆发时的影响力度更大而已，也导致民众信任不断减弱，虽然目前政府做了一些改进，对于有些话题不再回避，但是力度有限。二是对网络突发事件的应急预案还不够成熟。网络突发事件的传播速度快、范围广和不可预测性，以及互联网的不断发展和我国互联网软硬件条件不够成熟等原因，也导致我国网络舆情监测和管控方面存在不及时的缺陷。三是网络舆情监测技术不够成熟，对于一些信息和资料的把控力度不够，我国目前大多数的舆情信息收集还是依靠人工监测，对于网络自动监测得还是不够完善，存在遗漏或是信息分析不准确的问题，如调查对象不够全面、统计的数据存在偏差、分析方式不统一、缺乏具有战略性、长远性、深度性的舆情研究。四是网络媒体对舆情信息的把控不严，对于一些敏感的事件不能第一时间地正确引导，对于有些事件避而不谈也可能会引起负面的影响。五是网络舆情职能机构之间的工作不够协调的问题，主要体现在职能机构之间的协作网络机制联动性不强，缺乏合理的运行机制和约束制度。六是缺对网络舆情管控的相关法律法规，规章制度不够健全也使得网络舆情管控存在一定的缺陷。

网络舆情会不会发展成危机事件，关键还看媒体介不介入、怎样介入。但很多人"防火防盗防记者"意识不减，面对媒体，主观上不愿意说、行动上不主动说、时间上不及时说、内容上不真实说、态度上不端正说、有关领导不让说，从而激起媒体和公众的愤怒，使质疑批评不绝于耳，流言小道消息不断，事态不断扩大升级。

三、监狱机关突发事件备受关注

（一）监狱机关的神秘使得监狱机关成为整个舆论关注的焦点

社会对监狱机关的关注度非常高，监狱机关突发事件，特别是监管安全突发事件的发生，极其容易引发网络舆情、引起系列的社会问题。由于社会处于转型期，贫富分化和资源分配不公造成的社会矛盾，加上社会发展的多元化，在各种社会负面因素的影响下，社会对监狱的认知、理解出现的偏差，给监狱机关管理带来不利影响。社会对监狱容易产生各种不满情绪。监狱机关在管理理念和手段上缺乏创新，没有做好相应的狱务公开、舆情应对的措施，没有建立良好的沟通渠道，最终导致社会对监狱机关严重不满。社会对监狱机关的关注度一直就非常高，对监狱机关突发事件非常敏感，极易成为民众和媒体关注的焦点，更容易引发网络舆论。

（二）监狱机关突发事件本身引起的关注度高

监狱突发事件是指发生在监狱内部，对监狱管理和外界都可能造成严重损害的事件，引起全社会高度关注的监狱机关突发事件通常主要包括自然灾害、生产安全事件、公共卫生事件、威胁监狱安全类事件等。其中，自然灾害主要有地震、泥石流、洪灾等；生产安全事件主要有设备操作不当引起火灾、爆炸、人员伤亡等重大安全事故；公共卫生事件，如"非典"、甲型 H1N1 流感、新冠肺炎疫情等；威胁监狱安全类事件主要有罪犯暴力越狱、罪犯自杀、罪犯打架斗殴等。监狱突发事件具有不确定性、破坏性大等特点，其发生会对监狱秩序带来冲击与破坏，甚至影响监狱的安全与稳定，在一定程度上损害政府公信力。因此，必须采取有效措施，完善监狱突发事件应急管理体系，提高监狱突发事件应急管理能力，既能及时迅速地对突发事件进行有效管理与控制，降低可能带来的损失，还有利于维持监狱内部的良好秩序与安全稳定，提高政府的公信力。可见，监狱突发事件应急管理，是指为控制或降低突发事件所产生的危害与损失，监狱各级组织及部门管理人员要相互协调配合，优化管理决策，采取应急管理措施，对突发事件进行预警、管理和控制的过程。

（三）监狱网络舆情负面信息的凸显

监狱网络舆情极其容易引起网民的围观甚至是追随。这种情形多数是源于现实生活中网民所存在的不满情绪和心理的压抑。很多情况下，网民在进行网络意见表达的时候，常常不重视突发事件本身的有关信息，而只是一味地对监狱机关存在的问题进行过度地负面渲染，使得负面消息不断扩散、蔓延并引起公众聚焦，负面信息叠加到某种程度时，可能会演变成危机事件。同时，民众对于监狱机关的理解和认识与现实的差距也使他们产生了负面情绪。长期的封建思想以及对于监狱的各种不当宣传，监狱机关在人们思想中一直是比较负面的，负面的网络舆论一旦占据主导地位，便会产生网络舆情危机。

（四）经济利益的驱动

信息时代媒体追求的是"眼球经济"，是依靠吸引公众注意力获取经济收益的一种经济活动。一些社会非主流媒体，只为吸引消费者眼球，刺激消费欲望，抢占市场份额，而不惜突破公共道德的底线，乃至违反法律。过多地关注和追求高"点击率"、"流量"，使一些媒体把题材放在网友的关注度上，把心思放在如何让"噱头"更吸引人上，淡化了自身的社会责任，甚至为了吸引眼球而不惜自降品格，传播虚假信息，歪曲事实真相。这种舆情引导的扭曲一旦牵扯到监狱机关，监狱机关突发事件就很容易成为某个时期的一个极端的舆论"热点"，使监狱机关的声誉遭受贬损。一些敌对势力、海外反华势力、西方的人权组织等，往往会借机生事。

【具体措施】

自媒体时代，新的传播生态和格局已形成。突发事件发生后，"众声喧哗"已成常态，仅仅依靠监狱一己之力很难有效应对，需要各级政府、宣传、网信、教育、公安等部门紧密配合，共同建立综合的舆情管控机制。落实舆情管控主体责任，切实提升突发事件舆情危机管理、应对和处理能力。正确引导突发事件的舆情方向，建立起舆情收集、分析、研判、处理机制，明确部门主要负责人是舆情应急管理工作的第一责任人，树立舆论引导与事件处置同等重要以及善待、善用、善管媒体的观念，建立舆情监测、危机应对、总结评估等机制，避免或遏制各种突发危机事件产生负面影响。

针对监狱突发事件网络舆情的特点和应对处置中暴露的问题，需要采取针对性措施予以应对。

一、强化监狱人民警察危机意识

提高监狱警察的危机意识，是全面提升监狱突发事件处置水平的先决条件。强化监狱警察危机意识，一是提升应急管理工作理念。对于应急管理工作和监狱的稳定安全两者之间的关系要用科学的发展眼光去对待，对新的知识要加强学习，对新的状况要积极探究，对新的问题要有效解决，继而能够总结并制定行之有效的预防应急新策略，进而更好地面对当下愈发复杂的环境。二是加强应急管理教育。要对所有民警进行专门培训，让参加培训的警察对目前既严峻又复杂的犯情以及残酷而持久的监管改造和反改造之间的斗争有一个全面而清醒的认知，强化危机应对的紧迫感，让他们于日常管理中自发具备危机意识以及大联防思维，对于突发事件的应对准备工作做到即时随处、不留死角，及时消除隐患，规避危机的产生。

二、建立突发事件舆情监测分析和应急预警机制

监狱机关应主动适应新媒体时代信息传播规律，加强突发事件舆情应对，快速发现，高效处置，及时回应舆论关切，避免不实的碎片信息在网络传播和社会蔓延。一是建立舆情监测机制。舆情监测是对网络平台社会公众的言论和观点进行监视和预测。二是建立舆情常态预警机制。对于舆情事件的苗头要及时反馈，做好预警防范。一方面，要建立信息报送的常态工作机制。安排专门的人员重点负责网上舆情信息的收集和报送工作，基本上做到突发性、敏感性舆情的快事快报，专事专报。针对突发事件，建立第一时间发现、第一时间报告的机制，为突发舆情事件处置赢得宝贵时间。另一方面，建立风险评估机制和突发事件监测机制。充分考虑可能爆发舆情的各种风险，充分评估，做足预案，制定舆情应对的工作手册。对舆情真伪进行甄别，对影响因素、来源进行分类和定向，增强舆情预警的及时性和可靠性。要用好大数据和云计算技术，加强对舆情信息和公众报告信息的研判，让其更好地为舆情预警服务。

三、建立舆情快速反应机制

突发事件发生后，社会广大群众和网民不仅关注突发事件的本身，而且还关注突发事件的原因、事件的进展以及与事件相关的其他一些情况，特别是监狱对事件处理的态度和方式。面对监狱突发性事件，监狱要结合新媒体传播的具体特征，建立健全完备的舆情危机应对机制，以应对瞬息万变的舆情，第一时间化解舆情危机。

第一，建立舆情信息研判报告机制。通过互联网了解情况，研判事态进展，主动查找工作中存在的不足与疏漏，增强工作的前瞻性、科学性、系统性。在日常舆情监测中，一旦发现有预警性、倾向性、苗头性的舆情，要及时报告。对已经发现的有必要高度重视的舆情风险，但本单位又无法解决的，应抓紧时间逐级上报，联动处置，提早建立预防舆论炒作的应急预案。同时，密切关注舆情发展态势，对舆情层级、扩散速度和预期后果实时分析、跟进研判。

第二，建立分级分类协同应对机制。舆情应对工作涉及面广，可能涉及多个部门，要建立健全以监狱机关为主体，由宣传、网信、国安、公安等部门共同组成的舆情处置联席

会议机制或领导小组。舆情发生后，一般性舆情和重大舆情要实行分类管理、分级负责，构建多部门统筹协调、上下联动的格局，形成突发事件网络舆情应对的合力。这既需要舆情应对的各部门之间联合行动，也需要上下级部门之间联合行动，甚至包括与媒体之间的有效联动和沟通。各部门之间高效的联合行动需要有效的沟通协调，做到步调一致、口径一致、行动一致，才能提高舆情的应对效果。尤其是面对重大舆情，要紧急启动研判应急联动机制，报告上级部门通知主流媒体，职能部门、舆情专家等联合商讨研判，既重视结论公开，更重视过程细节公开，实现有效沟通，疏导网民情绪，避免矛盾激化。

网民形成或扩大舆情的过程其实是期盼事件能够得到合理解释的一种方式。如果等待回应的时间过于漫长，他们对监狱的处置工作便会产生怀疑，进而负面情绪就会大量汇聚，发展到一定程度可能会产生对抗情绪。因此，必须建立舆情快速反应机制，第一时间进行信息公开，及时通过微博、门户网站、新闻通报会以及媒体专访等形式，在保密条件允许的范围内尽可能地向社会公开事件处理的方式方法、进程以及措施，加强与网民的良性互动。及时准确、全面客观地发布权威信息，解答公众的质疑，提高事件信息的公开和透明度，让公众了解事实真相，有效控制负面舆情，防止虚假信息肆虐和蔓延，取得舆情引导的主动权。

第三，建立信息发布与舆论引导机制，掌握网络舆论主导权。舆情出现后，监狱首先要积极应对，在条件允许的情况下，第一时间通报事实情况，披露真相，回应民众的质疑，妥善处理相关事情。任何欺瞒掩盖、掩耳盗铃的做法只会为谣言产生及传播提供空间，坦诚相待、化堵为疏才是正解。注意利用新媒体正面发声，形成主流舆论，最大限度地避免或减少公众猜测和新闻媒体的不准确报道，有效掌握话语权和主动权，营造良好的舆论氛围。谨慎选择信息发布的口径、平台、时机和内容，根据舆情的关注点，主动设置议题，迅速发布事件调查的实时信息，及时澄清不良信息，形成主流舆论，让主流声音占领舆论场。要充分尊重新闻规律，善待媒体，巧用媒体，做到借力打力，甚至利用舆论化解危机，推动新媒体尤其是自媒体成为弘扬社会正气、通达社情民意、引导社会热点、疏导公众情绪的重要阵地。

第四，建立有效的危机沟通机制，规范信息公开。在监狱自己的权威信息发布平台即官方网站，当监狱发生突发事件后，官网声明可以及时引导互联网信息传播的真实性，对猜测及谣言予以澄清。另外，对于突发事件，互联网的开放与灵活可以让监狱迅速反应，监狱不用再沉默应对网上的质疑和讨论。在对突发事件的诱发原因及发展情况进行侦查时，可以有效地对证据加以收集并固定。搭建属于监狱自身的、及时有效的信息发布渠道，设置专职的互联网发言人，对新媒体资源予以最大限度地利用，彻底掌握住主动权、话语权，进而使得社会舆情以及网络舆论能够被正确地引导。此外，要构建舆情专报机制，对互联网上的相关舆情信息进行积极地筛选、搜集、整理、分析，通过专报的方式上报对监狱可能形成负面消极影响的舆情，同时及时回应、解答相关信息，从而有效避免破坏性信息源的扩大化。

四、完善监狱突发事件应急预案

突发事件应急预案是否科学、完善，是监狱应对突发事件的首要条件。突发事件应急预案的可操作性不强，不仅对于预案的执行极其不利，而且会在行动过程中导致失误及混乱。因此，需对预案具体步骤加以细化、对内容进行丰富，进而对监狱突发事件自身具备的不规则性、监狱管理对象本身具有的特殊性等特征有个最大程度的认知，结合监狱现实的管理状况，使预案的可操作性以及可行性得到大幅度提升。同时加强对预案的演练工作，对预案效果予以检验。在制定应急预案时要邀请监狱所有部门以及武警、消防、医疗急救、交通指挥、公安机关等部门一起参与。所制定出来的应急预案内容要涵盖突发事件处置指挥系统的搭建、处置步骤及方法、技术装备配备、行动原则、行动纪律、处置权限、行动团队、协调机制等，要对应急预案的可预测性、实用性、系统全面性、可操作性、超前性予以整体呈现。此外，也可利用大数据，构建突发事件的案例数据库，对预案做到实时的更新及处理，从而强化模拟实践的逼真程度。

五、充分发挥大数据作用

危机事件的处置中，能否尽早发现事件苗头，快速掌握舆情传播状况是有效处理事件的先决条件。网络的普及则给信息的快速流动和传播提供了一个巨大而便捷的平台。尤其是自媒体的产生和迅速扩张更是改变了公众事件的发展走向。

大数据的发展并不在于"大"，而是在于数据的"价值性"，正是其特性，才使得大数据的应用越来越广泛。大数据在国际上很多地方都被运用，如统计学家内特·西尔弗利用大数据预测 2012 年美国选举结果等。2015 年，我国国务院印发《促进大数据发展行动纲要》，提出要加快政府数据开放，推动资源整合，提升治理能力，预示着我国大数据发展进入了一个规模化的发展状态，推动大数据在网络舆情应急处置中的应用势在必行。随着近几年来新兴媒体的发展，网络舆情的发展特性也发生一些变化，从单一性到多元化，使得舆情信息在新老各大媒体之间相互传播，传播的载体不断增多，人群不断扩大，使得信息的真实度也越来越不可控；网民中具有职业身份代表的人群在不断增多，如具有相同专业背景的学者、相同爱好的学者、医生、律师等自觉地形成了团体，他们可针对某一件事或人在网络上进行专业性的评判和解读，另外专业信息的分享也存在一定的误差，合理地运用大数据可对网络舆情的发展态势起一定的管控作用。

大数据的发展、自媒体的兴起、网络载体的增多几者之间都是相辅相成的，存在着"分不开、割不断"的关系。在这个以数据为支撑的时代，掌握的数据量可以说关系着一个国家发展的命脉，随着网络信息的不断壮大，网络信息载体和传播途径已经不再局限于电影、电视、电脑、手机，还增加了很多诸如智能手环、智能家电、智能医疗检测系统等等能获取大量个人信息的产品和技术，显然，传统的信息抽样调查方式已不能满足现状，且多媒体的发展使得网络信息数据形态各异，如文字、图片、视频、音频等各异。大数据不仅仅是自动化收集、分析现有数据信息，更重要的是具有一定的预测性，可以为下一步的发展和措施制定提供一定的参考依据，具有客观性和科学性。大数据在网络舆情工作上的运用，可以改变传统的数据抽样调查和分析模式，尽可能地收集覆盖网络舆情的全部信息，通过数据筛选、分类、挖掘，进行深度的智能分析和建模，与各个数据信息进行联动分析和潜在的关联分析，可进一步提高舆情预警功能，且可以用一种清晰明了、动态、可视化的形式将分析结果展现出来，能够直接运用于决策工作部署中。大数据的批量处理、关联动态分析预警预测功能、数据可视化功能等优势将是弥补现有网络舆情管控问题的一大利器。

网络舆情不仅影响着每个人的生活，也影响着社会的健康稳定和可持续发展。所以做好网络舆情管控工作尤为重要，建立一个良好的网络环境也是我们每一个公民的责任和义务。当然要做到这些，还需要技术手段的支持，那就是现在运用的大数据。通过大数据，我们可以及时掌握网络舆情的第一手信息，从而能及时控制舆情的发展风向。大数据的收集归纳功能使得网络舆情事件更加细化，从而使得舆情管控部门职责更加清晰。大数据的统计分析和预测也能帮助我们更好地完善网络舆情应急预案，对于网民的心理行为分析，也使得舆情监测更加精准和高效。大数据技术和思维对于网络舆情监测也具有一定的效用，从技术层面上可大大地提高舆情监测的效率，从思维层面上也可提高网络舆情管控的管理效率，无论是管控的技术系统架构还是人员管理的思维模式上，都具有较高的影响力。通过大数据在网络舆情中的运用，可大大提高舆情管控的效率，从而进一步保障社会的可持续发展。

六、建立应急管理能力提升、培训和考核机制

监狱要持续改进应急管理工作，加强应对突发事件舆情的专项培训，提高监狱警察应急处置能力。提高媒体沟通能力和舆论引导能力，牢固树立"主动发声、化危为机、精细管理"的网络舆情工作理念。

完善监狱舆情应急管理工作绩效考核标准，加强对应急管理组织体系建设、应急预案及演练、应急值守、监测预警、宣教培训、信息报送、响应速度、指挥协调、信息公开、处置效果和善后处理的考核，使工作绩效考核标准更加全面、客观、公正。新媒体时代，只有切实完善相关管理机制，加强舆情管理，拓宽舆情监督渠道，加大信息透明度，才能进一步促进突发事件舆情管理常态化、规范化，才能更好地避免群众因偏听偏信产生的误会和不满情绪，减少负面舆论。

七、完善监狱突发事件应急处置保障机制

其一，加强培养应急处置专业人才。可通过交流、招录方式将信息技术、心理、管理、医疗、新闻等各方面的专业人才充实到应急队伍中，可借由聘请、科技合作、咨询、兼职等手段强化专家库的建设。其二，强化应急处置的组织保障。加大应急管理组织信息化建设的力度，对应急专业队的日常运行加以规范，同时对应急指挥部、应急功能组、警察值班备勤、应急指挥办公室等有关机构的设置及职责划分予以规范，强化监狱和相关部门的联动与联防机制，如驻监武警、医疗、地方公检法、反邪教办公室、消防等，从而在组织保障方面给予监狱应急管理以强力支持。其三，扩大资金投入。设立专项应急资金，

确保专款专用，有效缓解应急资金短缺情况。其四，推进应急管理平台建设步伐。把信息技术作为支撑，把应急管理流程作为主线，把监管安全作为核心，将硬件与软件加以完美组合，共同搭建应急管理平台，实现如下功能：监测与监控、信息的及时收集和报告、预警和预测、风险的有效分析和处理、综合的判估等。其五，对监狱内部资源予以整合及创新。尽量避免重复建设，充分做好资源的整体规划及利用工作，可引进应急资源的捐赠制度及保障制度，可与相关的商业保险企业进行合作，对监狱应急管理各方面的险种进行积极地研发，强化资源的有效保障等。其六，增强硬件设施的建设以及科技的投入。搭建健全的应急网络及通信系统，对于监狱必需的应急管理设备，诸如触发式报警设备、无线通讯设备、24小时视频监控设备、无线接收设备、安全检查设备等要尽快增加投入，保证配备的完整。

八、提高应急处置的社会参与度

除监狱系统外，监狱突发事件的应急管理还需政府各个部门一起努力、协同予以处置，要构建监狱突发事件的组织管理网。以常设组织为基本出发点，紧密协调其他部门，最大限度调动社会力量，从而搭建出如下的组织管理网络：将监狱系统作为主导，每个部门、多个层次、整个社会一起参与。特别要强化与应急管理的专业团队、媒体、非政府机构之间的协作。此外，对于监狱突发事件的应急管理，还可以倡导民间机构以及人民大众参与进来，从而最大程度上减少监狱系统此方面的局限性，提高监狱信息透明度，有效消除误解，进而得到整个社会的支持。

九、建立突发事件舆情处置的总结评估机制

第一，建立舆情处置的总结反思机制。当突发事件舆情平息后，要组织召集相关职能部门对突发事件舆情的发生原因、传播特点以及处置情况进行总结分析，从信息报送、人员伤亡、财产损失、应急指挥、医疗救治、新闻发布、社会影响、善后处理、评论评价等方面开展详细的分析和研究；对舆情处置进行事后评估，对处理的效果做出客观评价，有效地总结经验，发现漏洞和不足，从中吸取经验和教训，以进一步提高应对和处置舆情的能力，避免此类事件的再次发生。要对突发事件的网络热点舆论的发生、传播和处置情况进行总结、梳理，反思工作得失，形成书面报告和建议，提出可供借鉴的规律性经验。

第二，建立舆情处置的调查评估工作机制。要对舆情中发现的问题，不护短、不回避、不推诿，深入剖析原因，建章立制，堵塞漏洞，从根源上减少舆情危机的发生。建立健全突发事件调查评估指标体系。对舆情引导控制不力、发生重大舆情事故、造成工作被动、损害党和政府形象的情况要严肃处理。总结经验，加强对应急管理的深度认识，提高应对类似事件的处置能力和管理水平。

【任务实例】

案例一：天津港"8·12"爆炸事件

2015 年 8 月 12 日晚，天津港瑞海公司的仓库发生特大火灾爆炸事故，遇难人数达 165 人、失踪人数 8 人，受伤人数 798 人，造成 304 幢建筑物、12428 辆汽车、7533 个集装箱的毁损，产生了巨大的经济损失。在官方新闻发言还未报道之前，就有各种各样的舆论开始在网络平台迅速蔓延开来，大量的网民被该事故的相关信息和视频吸引，并围绕着事故的发生发展情况进行了关注和讨论，快速地演化成为舆论热点事件。但官方媒体并没有及时做出回应，而遭到群众的集体批评，并且在随后的十四次政府官方新闻发布会上，政府部门的信息收集、回应能力、新闻发言人的措辞等存在一系列的问题，引发了各种各样的谣言，同时也加剧了社会公众对事故真实原因的猜测及对政治腐败的猜想，加剧了社会公众对政府的不信任感。

在"8·12"爆炸事故发生后的几分钟内，网络中就已出现了爆炸现场的视频，起因为附近居民捕捉到了爆炸发生后几秒钟的画面，利用手机等拍摄设备进行拍摄，在短短几分钟内爆炸视频已经被朋友圈、微博等网络信息传播平台疯转，但政府却没有及时进行回应，公众只能通过视频画面猜测爆炸发生的时间、地点及严重程度，而无从得知爆炸发生后公众最为关注的伤亡情况及爆炸原因，舆论开始发酵。事故发生后的当晚，关于事故情况等信息就已经在微博等公共社交平台传播开来，人们开始不断关注事故发生的后续，迫切希望了解事故的救援进展以及事故发生的原因。第二天，微博的话题指数达到了最高峰，话题的关注度集中体现在爆炸产生的人员伤亡情况上，到 8 月 14 日，微博话题的点击量已突破 16 亿次，成为热搜榜首，网络中开始出现了对事故原因的推测以及对企业、政府监管部门相关负责人的追责话题，并且话题热度不减，一直持续了 3 天左右。在 8 月 18 日，涉事公司的安全评价报告、事故的责任划分等信息又再次引起人们的关注，话题度呈现小幅度的上升，截至 8 月 19 日 17 时，涉及爆炸事故的文章及帖子已突破 40 万篇。在此期间，天津市政府一共召开了四次新闻发布会，但是在发布会中并没有针对社会大众关注的方面进行相应的回应，反而是在新闻发言人或者发布会现场方面出现了一些失误，发言人在回应质疑时出现了"不清楚"、"这不是我的职责"等不当言论方式，含糊敷衍的态度造成公众对官方发布的内容产生疑问与不信任感，导致每次新闻发布会过后都会产生次生和衍生网络舆情，官方在应对这种舆情危机的种种不堪的表现，值得我们深入思考和分析政府部门该如何有效地应对网络舆情。

思考：①该案件的教训有哪些？②该案件在舆情应对方面存在哪些问题？

案例二：广东监狱局通报北江监狱罪犯越狱脱逃基本案情

2014 年 11 月 1 日晚 9 时，广东省监狱管理局副局长陈达超向媒体通报发生在当天上午的北江监狱重刑犯越狱脱逃事件的基本案情及最新进展。

陈达超介绍，11月1日上午8时40分许，北江监狱罪犯李孟军与吴常贵在车间劳动时趁警察不注意，溜到消防通道撬开安全门，窜到生产区和生活区隔离围墙。约9时22分，两人通过搭人梯爬越围墙，吴常贵被电网击中，掉进围墙内，已被控制。李孟军越过围墙逃跑，目前正在抓捕中。

罪犯基本情况：李孟军，男，1986年4月1日出生，汉族，小学文化，湖南省新宁县人，2006年7月21日因抢劫罪被判死缓，2006年9月27日投入北江监狱改造，现余刑19年9个月。吴常贵，男，1977年8月7日出生，汉族，小学文化，广东省连州市人，2010年1月29日因盗窃、抢劫、强奸罪被判20年有期徒刑，2010年3月18日投入北江监狱改造，现余刑13年1个月。

"北江监狱警戒设施陈旧，正在进行改造，监狱废旧危楼没有及时拆除，遮挡武警哨兵执勤视线，从而使罪犯伺机脱逃。"陈达超说，这一事件的发生，说明北江监狱在内部管理上、在隐患整治上存在着漏洞。

据悉，事件发生后，广东省有关领导立即赶赴现场，迅速成立由司法厅、公安厅、省武警总队、监狱管理局和北江监狱等部门组成的联合追逃工作指挥部，马上组织布控、全面开展搜捕。同时，发布通缉令和悬赏通告，在电台、电视台进行滚动播放，发动群众提供逃犯线索。

"广东省委省政府领导对此事十分重视，我们将按照省领导的指示，全力组织追捕，尽快把逃犯抓回，坚决防止发生逃犯再犯罪而危害社会治安的事件。"陈达超表示，"这一事件的发生，教训十分深刻，我们将认真调查分析原因，总结和吸取教训，举一反三，进一步加强监狱内部管理，全面整改安全隐患，坚决杜绝类似事件的再发生。这一事件如有人员涉及失职渎职问题的，将根据调查结果对相关责任人依法依规进行严肃处理。如有新进展，我们将第一时间报告和通报。"

思考：①该案例对我们有哪些教训？②你认为该监狱应该如何正确进行舆情处置？

【任务小结】

突发网络舆情事件考验着各级政府的应对能力，值得肯定的是，近年来监狱机关在应对各种频发的网络舆情事件的过程中，其应对能力得到了有效的提升，处置网络舆情事件时的某些措施具备参考和借鉴意义。但从总体上来看，当前仍有相当一部分监狱在应对突发网络舆情事件上面临着诸多困境，亟待加以突破。

【思考题】

1. 我国监狱网络舆情事件应对存在哪些问题？
2. 如何提高监狱网络舆情事件应对的能力？

工作任务十一　联防联控联动机制的实施

【任务目标】

知识目标：通过本工作任务的学习，学生能了解如何实现监狱工作稳健发展，监狱需要加强和社会很多部门的"联防联控联动"（简称"三联"），知悉常见"三联"协作的常规样态与主要做法，懂得在"三联"协作中应强化的几大理念与工作技能。

能力目标：通过本工作任务的学习和训练，学生能掌握"三联"协作的主要内容与工作方法，增强处置突发事件"三联"协作中监狱民警应具备的决策、组织、协调与处置能力。

【任务概述】

监狱机关与社会组织构建"三联"机制，具有重大的理论与现实意义。监狱要加强与地方政府、其他政法单位、行业组织的战略协作，不断提高监狱处置突发事件的职业素养与能力水平。在"三联"协作中，要强化政治引领、顶层规划、系统协作、精准管控、信息整合等理念。要围绕监狱本质属性与工作重心，积极稳妥地推进和社会有关部门的常规性、应急性、战略性协作，实现监狱治理从传统型向现代型、从经验型向数字型转变，不断推进新时代监狱治理体系和治理能力的现代化。

【任务基础】

维护监管场所安全，提升教育改造质量，将罪犯改造成为遵纪守法、自食其力的适格公民，需要监狱机关的尽职担当，也需要社会各界的支持配合。当前，面对错综复杂的监管形势，监狱必须加强与社会有关部门的联防联控联动，努力构建持久稳固有效的协作机制和网络，不断显现社会主义行刑制度的内在优势。

一、监狱与社会组织构建"三联"机制的必要性

一是深入推进法治中国、平安中国建设的需要。监狱是国家政权的重要组成部分，是国家实行阶级统治和社会治理的物质保证。在推进法治中国、平安中国建设进程中，监狱是刑事司法治理的末端，也是社会综合治理的前端。让违法犯罪之人接受应有的法律制裁，努力降低刑释人员重新违法犯罪率，最大程度发挥监狱的个别预防与一般预防效用，监狱就必须加强与社会有关部门的协作与联络，充分动员社会资源教育改造罪犯，这是深入推进依法治国、打造现代法治监狱的题中应有之义。否则，依靠监狱系统孤军作战，即便全力以赴依然解决不了制约监狱发展的一些体制性、全局性、长远性问题。

二是深入贯彻我国监狱工作政策法规的需要。监狱作为一大独特的人造物，作为国家的刑罚执行机关，在国家治理体系中占据着特殊的地位。将罪犯改造成为守法公民是我国监狱工作的重要目标，动用社会资源教育改造罪犯是我国监狱工作的重要法宝，对罪犯实行向前、向外、向后延伸是我国监狱工作的重要指针。新中国成立后，我国监狱就加强与社会有关组织的沟通与互动，出台了一系列法规制度。从长远看，加强监狱与社会有关组织的"三联"，有助于理顺监狱在政府体系中的职能性作用，提高监管改造、教育改造、劳动改造的总体质量，营造教育人、改造人是全社会共同职责的法治氛围。

三是深入打造共建共享共治执法共同体的需要。监狱是维护社会、管理社会的工具，是社会的"减压阀"，是社会的"稳定器"。监狱作为国家机关中的一个重要分支，作为政法系统中的一个子系统，离不开其它机关与组织的支持与监督。推进监狱与社会组织的"三联"，有助于执法体系更加完备，执法责任更加清晰，执法流程更加科学，执法监督更加透明。另外，随着信息化、智能化的不断升级，加强监狱与社会组织的"三联"，有助于在识别与管控危险源、提高监狱攻坚克难能力、打造司法与执法共同体、提升监狱整体工作效率等方面，日益发挥它独特而又明显的功能和优势。

二、监狱与社会组织开展"三联"协作的常规样态

（一）监狱与地方政府的"三联"协作

目前，全国除极少数监狱（如秦城监狱、燕城监狱及若干军事监狱）主管部门属部级机关外，全国约七成监狱属于省级直属单位，还有近三成监狱属于副省级市管辖的市直属监狱。市属监狱由于在人、事、权等方面属于市管辖，其很多工作顾名思义属于地方政府的管辖职责序列。而大部分省属监狱和监狱周边县（市、区）政府没有行政上的隶属关系，随着社会大安全观的确立，国家及地方重大建设项目的推进，监狱社会化进程的加快，刑事司法一体化的驱动，监狱和地方政府越来越呈现你中有我、我中有你的相辅相成关系。监狱与地方政府的"三联"机制构架，目前很多省（市、区）在罪犯职业技术教育、罪犯特困家属帮扶、刑释人员安置帮教、疾病防控与卫生防疫、土地资源整合开发等方面，已有很好的合作与进展。

（二）监狱与社会驻监部门的"三联"协作

社会驻监部门主要有两类：其一是武警内务部队派驻监狱的小分队，主要负责监狱围墙岗楼值勤、监管区大门警戒安检、监内突发事件紧急处置等工作，全国除极少数监狱没有武警上岗外，大部分驻监武警为维护与巩固监狱长久安全，发挥部队威慑功能，做出了不可磨灭的贡献；其二是省（市）人民检察派驻监狱的检察官工作室，这类机构主要针对监狱民警的执法与管理工作履行法律监督，对监狱民警的违法犯罪行为进行立案侦查，对监狱提请的对罪犯减刑、假释、暂予监外执行与重新犯罪等案件履行检察监督，对发生在监狱的重大涉法涉诉案件开展法律监督。还有一些监狱，在大门外设有公安机关驻监警务室，主要负责监狱外围的治安管控以及社会人员干扰、冲击监狱的紧急处置等。

（三）监狱与公安、法院系统的"三联"协作

现实中，监狱与公安机关的"三联"主要体现在以下四个方面：一是与公安看守所做好新入押罪犯的交接工作，针对执法文书有无差错、材料是否齐全及看守所服刑状况进行工作对接；二是就罪犯脱逃后紧急追捕与后续追逃、监狱周边重要卡点防逃等事项进行工作对接；三是对进入监狱的外来人员、罪犯家属开展信息共享与人员甄别；四是协助公安机关做好重大赛事的维稳安保工作。监狱与法院之间的"三联"主要体现在：一是按照法定条件和程序，对有悔改或立功表现的罪犯提请刑事法律奖励，对有重新犯罪行为的罪犯提请刑事法律制裁；二是共同做好对罪犯的刑事政策讲解、法律问题释疑、申诉案件处理等工作；三是协助法院对有财产刑判项（罚金、民事赔偿、返还财产）的罪犯，督促其履行义务。

（四）监狱与地方司法局的"三联"协作

监狱与司法局都属于司法行政系统，两者的工作协作关系较监狱和其他政法机关而言，无论是广度还是深度都更为融洽。监狱与司法局的"三联"协作，主要体现在：一是由司法局牵头，组成当地政府帮教团不定期到监狱，对本地户籍罪犯实施精神关爱与物质帮助；二是司法局对假释出监、暂予监外执行、保外就医人员，在做好和监狱的无缝对接后，对他（她）们实施严格的后续监管与帮教；三是司法局对监狱各类刑满释放、特赦释放人员，开展信息登记、危险评估和后续帮教工作；四是司法局和监狱共同做好对刑释人员的监测调查，做好在押罪犯及刑释人员重新犯罪预测与防范工作；五是司法局和监狱共同做好对罪犯困难家庭的救助与帮扶工作；六是监狱在厅局协导下外派民警，协助司法局共同做好对特定人员的社区矫正工作。

（五）监狱与社会医院、疾病防控部门的"三联"协作

近年来，随着监狱中病犯比例持续上升，患复杂病情的罪犯越来越多，加之社会传染性疫情不断向监狱蔓延，监狱与社会医院、疾病防控部门的关系日趋紧密。现实中，监狱与社会医疗机构的"三联"协作，主要表现在：一是通过和社会医院的业务合作，如开通罪犯重大病情绿色通道、开通网络远程会诊等，为各类病犯提供更好的就诊体验；二是监狱医院和社会医院合建"医共体"，通过建立社会医院监狱分院，采取设施共用、专家共持、业务共训、互派医生挂职、共同开展医学研究等，不断提高监狱对疾病的诊治能力；三是借助社会医院的硬件设施与专家团队，降低监狱在诊病诊疗与救治方面的执法风险。监狱和社会疾病防控部门的协作，主要是针对各种传染性病情可能给监狱造成的严重危害，围绕疫情传播途径、疫情救治方案、日常卫生防疫等工作，充分发挥社会疾病防控部门的指导性作用，切实将监狱打造成防疫安全地带或将发生在监狱的疫情快速加以控制。

（六）监狱与社会应急管理部门的"三联"协作

监狱是社会组织体系中的一个特殊分支。当发生不可抗力的自然灾害（如暴雨、地震、雪灾等）或人为原因引发的安全事故（如停水、停电、停气或火灾等）时，监狱必须和社会应急管理部门保持密切沟通，确保监狱这个重要政权机构受损的设施尽快得以修复。现实中，监狱和地方水务、电力、通信、应急救助等部门必须建立常态化的工作沟通机制，确保双方在信息分享、资源供给、应急处突等方面有良好的合作，以便监狱在出现各种意外或人为安全生产事故后，现场处置与后勤保障能及时跟上，这是维护监管安全、提振监狱信誉、促进监社融合的极其重要一环。

（七）监狱与社会行业组织的"三联"协作

确保监狱长久安全稳定，提升教育改造质量，打造平安、法治与智能监狱，监狱除了和社会政府部门、司法系统保持密切沟通和协作外，还要和社会上的很多组织与行业协会保持工作沟通。如为提升监内普法宣教的成效，解决罪犯认罪服法方面的问题，监狱需和律师协会、挂钩律师事务所保持联系；为解决女犯、未成年犯的一些心理和精神方面的诉求，监狱需和妇联、团委、关工委保持工作联络；为解决部分罪犯及其家属生活上的特别困难，监狱要借助各类慈善基金会或公益组织的力量；为打造监内文化改造品牌，监狱需和社会文化主管部门、文化事业单位保持工作沟通；为深入推进罪犯危险性评估，监狱需和高等院校相关研究机构开展战略合作；为拓宽罪犯职业技术教育的办学路径，监狱需和社会高职院校开展教学合作；为实现监管改造工作智能化，监狱需引入社会关联企业的研发成果与管理经验等。

【任务实施】

一、监狱和社会组织构建"三联"机制应强化的几大理念

一是政治引领的理念。监狱是国家的政治机关。在党领导一切、讲政治是第一要务的今天，社会有关部门要从强化政治担当、坚持总体安全观角度，关心和支持监狱工作。要把罪犯视为在社会失败之人、视为心理或精神上有缺陷（障碍）之人，把监狱纳入社会中的一个特殊社区，进行政策引导和制度规范，努力在共建共享共治方面不断有实质性的作为。

二是顶层规划的理念。国家及省级有关部门应制订关联罪犯职业培训、医疗救助、社会帮教、出狱保护等方面的规章制度。要通过高层级的法规与制度设计，为政府机关、企事业单位、公益性社团进监开展法制监督与社会帮教创造宽松的法治环境，大力扶植公益性、非营利性安置帮教组织的成长，积极鼓励爱心人士、社会义工参与监狱的一些教育矫正与心理干预项目。

三是系统协作的理念。教育改造罪犯是一个系统工程，需要监狱和社会间的全方位协作。在提请假释、疫情防控、智能监管等方面，则需要监狱和社会间的系统性协作。如针对假释适用率低、刑释人员监管难等问题，要通过建立跨省域、市域社区矫正与社会帮教协作机制，让罪犯户籍地、出狱后居住地或监护人居住地有关部门能建立起紧密的工作协作机制。

四是精准管控的理念。拓展教育改造路径，提升教育改造质量，防范和减少刑释人员重新违法犯罪，是今后一个时期司法行政机关的重大任务。要着眼联防联控联动"三联"机制，进一步明确地方政府有关部门、行业协会在特殊群体教育和管控方面的责任，通过人、财、物的科学有序配置，不断提高对特定区域、特殊人群、特定时段的精准管控能力。

五是信息整合的理念。要根据社会发展大势与监狱工作发展需求，充分发挥大数据、云计算的功能，努力打造全面覆盖、资源共享、联管联动、高效便捷的在押罪犯与刑释人员网络综合管理平台，对有严重心理障碍与人格缺陷人员，要通过数据建模、芯片植入、智能分析等方式，建立以技防为主、物防为辅、人防为要、心防为重的立体化管控体系。

二、监狱和社会组织实施"三联"的主要做法

（一）监狱教育改造工作纳入地方政府发展规划

近二十年来，在监狱主管机关及自身的不懈努力下，一些地方政府在宏观规划、政策引导与资金扶持等方面，对监狱教育改造工作给予了大力支持。主要表现在：一是将监狱文化教育纳入地区国民教育范畴。十多年来，江西、湖南、重庆、上海、江苏、浙江等二十多个省（市）有关部门相继出台省级文件，将该地区未成年犯义务教育纳入当地国民教育序列；又如 2019 年 12 月，广州监狱与当地教育局签订了《广东省广州监狱罪犯文化教育纳入广州市荔湾区教育局教育发展规划协议书》，并为区教育局遴选出的 18 名教师颁发了聘书，此举填补了广州监狱在推进罪犯文化教育正规化、社会化过程中三十多年的空白，实现了广东省属成年犯监狱"零"的突破。二是将罪犯技能培训纳入地区职工技能培训规划。如 2015 年 8 月，湖北省人力资源和社会保障厅、省财政厅、省司法厅等部门联合发文，规定该省在押罪犯余刑两年以内，男、女性年龄分别在 55 周岁、50 周岁以内，可在监狱内免费参与职业技能培训和创业培训；又如 2019 年 8 月，《安徽省职业技能提升行动实施方案（2019-2021 年）》中，明确规定"对司法行政部门组织的余刑不满 1 年监狱服刑人员、强制隔离余期不满 1 年戒毒人员就业技能培训，省级财政根据年度培训合格人数，按 1200 元标准（含技能鉴定费）给予支持"。三是针对特定事项注重从省级层面进行顶层谋划。如 2015 年 9 月，福建省司法厅与省文化厅联合下发《关于服刑人员中开展非物质文化遗产技艺培训的通知》，并把此类培训列入福建监狱"十三五"发展规划，这在全国尚属首次。

（二）监狱与社会高校、科研机构开展战略合作

推动监狱工作与社会治理同频共振、教育改造与和谐社会有机结合，必须借助社会高校的智力与技术支持。很多监狱为此做出了积极的探索。如为了研发罪犯改造评估系统，2012 年 9 月，江西赣州监狱聘请了中国政法大学、中央司法警官学院等高校共 9 名专家组成监狱改造评估专家库，并联合江西理工大学软件信息专家开发完成了"赣州监狱罪犯改

造评估系统";2016年7月,宁夏监狱管理局与山东大学、中国社科院、中国国家图书馆、山东中磁视讯公司联合签订了"特殊群体大数据应用联合攻关实验室"框架合作协议,努力打造"科研—生产—应用"一体化战略合作关系;2016年,新疆兵团监狱管理局与中国电子科技集团电子科学研究院开展了战略合作;2018年,重庆市监狱管理局与西南政法大学举行了战略共建签约;2020年12月,四川省监狱管理局与四川大学华西医院签订了"罪犯综合评估系统"合作研发签字仪式。监狱与高等院校、科研机构进行战略合作,有利于实现监狱治理从经验思维向数据思维转变,提升监狱安全防控的前瞻性、罪犯矫正的精准性、监管执法的公正性,不断推进新时代监狱治理体系和治理能力的现代化。

(三) 监狱与公安、武警开展常态化工作联动

近十年来,为了维护监狱监管、办公与备勤场所持续安全稳定,实现监狱表象安全到本质安全的良性转变,全国监狱机关纷纷组建内部特警小分队,和驻监武警分队及监狱周边公安特警队、派出所,联合开展多主题的"双警"联动与演练活动,有效增进彼此间的理解和信任,有力提升监狱自身的应急处置能力。为提高监狱民警的专业素养和综合能力,不少监狱和周边公安机关保持了紧密的业务合作关系。如2016年3月,四川省达州市公安局任命达州监狱两名民警分别在该市两个派出所挂职担任副所长,时间为半年;同时,达州市公安局也派两名民警到达州监狱,开始为期半年的挂职锻炼。也有个别地区,从局级层面为监狱与公安两警联动创设条件,提供平台。如2019年1月,安徽省监狱管理局在全系统内选派20名40周岁以下民警,到合肥市公安局跟班学习6个月,重点学习公安机关情报信息收集与应用、特情物建与管理、侦查技术设备使用、侦查(办案、审讯)等业务,培训结束后,要求参加民警每人写出培训心得上交单位及省局狱侦处,并在单位开展授课活动。此类探索,为深化狱地联合应急处置机制建设,提升两警协同作战能力,增强监狱民警的谋划力与战斗力,无疑是有益的尝试。

(四) 监狱与社会机构联合开展狱内文化与技术教育

为满足罪犯群体对文化与技术学习方面的需求,提高罪犯刑释后谋生就业的信心和本领,消除罪犯因犯罪标签而生的回归心理障碍,全国各地监狱联合社会有关学校针对罪犯开展了多种课程的教育培训活动。在文化教育方面,全国大部分监狱都建有针对罪犯的专门学校,很多监狱会不定期邀请社会教育界、文化界、体育界等人士来监授课,向罪犯传授传统文化、国学知识、职业精神等内容,有的监狱还在宣讲与传承中华优秀传统文化方面做出了非凡的探索。以山东监狱系统为例,该省在挖掘、提炼区域文化特色基础上,依托社会有关研究机构的智力支持,打造了一系列差异性文化改造品牌。如济宁监狱的"学儒育新"、邹城监狱的"读孟润新"、滕州监狱的墨文化、淄博监狱的孝文化、烟台监狱的道文化等。特别是山东运河监狱创办的中国第一所监狱大学"孔子函授大学",开创了运用儒家文化和传统美德教育改造罪犯的先河。在技术教育方面,全国很多监狱依托社会高职院校开设监狱分校或职业技能培训基地,并就很多培训项目联系劳动主管部门进行了资格等级证书认定考试。如2007年3月,湖南省星城监狱与湖南科技职业学院联合开办

面向罪犯的三年全日制成教大专学历班，开创了全国监狱系统全日制高等职业教育的先例；2011 年，广西黎塘监狱分别与广西纺织工业学校、南宁市职业技术学院等单位合作，面向罪犯开设维修工、电焊工、电工、烹饪师、面点师等技能培训班；2020 年 12 月，山东省监狱管理局与山东科技职业学院合作共建山东监狱职业技能培训基地，此基地成为山东监狱劳动改造现场警察和罪犯职业技能教育培训的重要阵地。

（五）监狱与社会组织联合开展罪犯物质帮扶与心理矫治

很多罪犯入监服刑后，社会对其认同感急速下降，其人生境遇与心理失落跌到低谷。很多人因为犯罪使家人蒙受巨大经济损失，使被害人遭受巨大心理创伤，也让自己成为弱势一族。开展好对特困罪犯家属的物质帮扶与严重心理障碍罪犯的心理矫治，日益成为维系监管安全的重要举措，摆在监狱民警的案头。而这，仅仅依靠监狱一方的力量是远远不够的。在对罪犯的物质帮扶方面，近年来很多组织在监内设立一些机构。如 2009 年 3 月，济南慈善总会在济南监狱设立慈善工作站，正式启动对监狱特殊罪犯的救助工作；2016 年 3 月，民盟杭州市委会、杭州市民生公益服务中心与浙江省乔司监狱共建"杭州民盟黄丝带帮教基地"；2016 年 10 月，上海市监狱管理局和上海安徽商会达成帮教协议，由商会对安徽籍在押人员中 100 个特困家庭和 100 个重点"三无"对象进行精准帮教。在对罪犯心理矫治方面，很多社会组织给予了大力支持。如 2011 年 9 月，北京监狱管理局清河分局与北京回龙观医院签署协议，共建罪犯心理健康重塑基地，清河分局各监狱均与设在医院内的北京心理危机干预中心开通了罪犯心理危机援助热线；2015 年 12 月，深圳大学在深圳监狱建立"心理矫正与社会帮教"实习基地，从此，深圳监狱与深圳大学的合作走上一个新台阶；2016 年 12 月，"云南省福利彩票公益金未成年特殊群体社会服务项目"在云南省未管所启动，这是该省监狱系统第一次利用民政资金开展特殊群体帮扶活动，根据协议，在一年时间里，有 500 名未成年犯接受专业的心理测评和心理健康辅导，800 人次接受社会团体辅导和职业生涯规划。

（六）监狱与社会应急管理部门开展应急演练与业务合作

近年来，很多监狱与社会消防救助、卫生防疫等部门开展了联合应急演练，较好地提升了民警的组织协调与危机处置能力。如 2019 年 9 月 20 日，四川举行监狱突发公共卫生事件应急处置联合演练，此次演练由峨眉山市人民政府和雷马屏监狱共同承办，通过模拟真实场景的流感疫情，旨在检验应急处置预案、狱地联动机制、现场指挥调度、安防应急响应、狱内维稳管控、后勤服务保障等工作，通过实战提高监狱处置卫生防疫突发事件的能力。又如 2020 年 12 月 28 日，江苏省监狱管理局与南京市应急管理局举行应急管理合作框架协议签署仪式。协议规定，南京市应急管理局将省监狱管理局所属的南京监狱、江宁监狱等七家监狱单位纳入全市应急管理体系，将监狱应急管理工作纳入年度计划统筹实施，并积极吸纳监狱工作人员进入市、区减灾委等工作机构，定期组织对监狱相关人员开展应急救援、防灾救灾等教育培训，在监狱发生安全生产和自然灾害等突发事件时给予应对处置、紧急救助、物资装备和救援队伍等支持。此举为全国监狱系统深入推进监地融合工作提供了一个很好的范例。

【任务实例】

（一）社会人员聚众闹监处置案例

2014年7月9日是某监狱入监区的会见日。当日8时55分，该监区一名涉恶类罪犯的父亲、弟弟及朋友分两辆车来监会见。罪犯两个朋友趁大门保安疏忽时混入会见室，登记时被告知非直系亲属不能会见时，罪犯弟弟与朋友开始无理取闹，并对前来制止的民警动手推搡，期间，罪犯的父亲突然发病倒地。于是，罪犯朋友大喊："如果大叔在这里有个三长两短，你们要承担一切责任！"顿时，会见室一时陷入混乱。

当日监狱值班长接到会见室民警及外大门保安电话后，立即用对讲机向指挥中心报告突发事件概况。指挥中心立即将此情况报告给监狱主要领导，监狱主要领导立即下令启动会见场所突发事件应急预案。指挥中心即刻通知监狱防暴队员、驻监武警、监狱医务民警成立处置行动小组赶赴现场。在此过程中，会见室民警及外大门保安积极与闹事人员沟通，并将罪犯的父亲暂时转移至安全区域等待医疗救援。

9时05分，监狱防暴队员、驻监武警小分队到达会见室。监狱民警与驻监武警正欲携手对两名闹事的人员强制带离现场时，其中一人当场抓住现场前来会见的一名小女孩，用手腕扣着其脖子，对着民警咆哮："别过来，我又没犯法！"看他情绪比较激动，民警放慢了行动脚步，要求其放开小女孩。此时，小女孩母亲冲向闹事者，大声问他为啥要缠着她女儿，同时想上去夺回女儿，被他拒绝。在现场，闹事者大喊："有本事把我当场抓走呀！一点小事情，竟想把我抓走，这世上还有法律吗？"

民警与闹事者周旋之际，另一民警再次呼叫指挥中心陈述事态发展情况，指挥中心迅即向监狱挂钩派出所报警，请求出警处置。与此同时，监狱医务民警也到达事件现场，立即对罪犯父亲进行紧急救治。十分钟后，公安民警到达现场，公安、武警及监狱民警在劝说无效后，合力将挟持小女孩的男子予以制服，同时将一并起哄闹事的罪犯弟弟等三名男子全部传唤至派出所。罪犯父亲苏醒后，监狱考虑其在整个事件中没有参与，遂让其得以正常会见。会见结束后，由其前来会见的另一辆车驾驶员将其接走。家属闹事事件处置告一段落。

（二）罪犯脱逃后成功追捕案例

1989年10月3日下午，罪犯王某与吴某（已捕回）在江苏某监狱茶地劳动时结伙脱逃。王某脱逃后先后藏匿于吉林、辽宁、贵州、云南等地。至查明真身前，王某已在外脱逃24年。

2012年9月，追捕民警来到王某原户籍地吉林省调查，发现吉林省某市已无王某及其亲属的任何户籍信息。追捕组随即改变侦查方向，经过反复研究分析王某的原始档案和信件材料，认为"再狡猾的狐狸也会有破绽"，认为王某极有可能早已"漂白"身份，但其亲属改名换姓的可能性不大。于是通过公安人口信息查询平台，在全国范围内筛查王某亲属，对与其姐姐同名同姓者逐一比对、排摸。2013 年 2 月，经过一个多月的努力，追捕组先后排查、过滤人员 37 人，最终确定王某姐姐的户口登记在河北省石家庄市新华区某小区。根据这一线索，追捕组先后走访、发函或打电话给 15 个公安分局、派出所及 6 个街道、社区、居委会，从而掌握了王某父母、姐姐、女儿及前妻等相关亲属的大量信息，确认王某所有直系亲属户籍均已迁往河北省石家庄市。通过对获得的情报信息进行综合分析，追捕组先后排除了 5 个嫌疑对象，初步判断王某可能藏匿于石家庄市。

2013 年 6 月 16 日，监狱追捕民警奔赴石家庄，在当地警方的配合下开展对王某的查证抓捕工作。6 月 19 日晚 22 时 30 分，监狱民警和当地警方在某小区连续蹲守 50 多个小时。在该小区，民警发现小区环境极为复杂，小区有两套房子都登记在王某亲属名下，且彼此距离较远。后来，民警发现有一套房子房间内灯光昏暗，有人影晃动，民警怀疑是王某，冲进去一看，发现王某并不在房内。

接下来的调查，让追捕组民警获得几个很震惊的消息：王某藏匿在云南期间，购买改装过的枪支两把，子弹 20 余发；王某后来在石家庄暴力作案，持枪抢劫出租车，现在河北某监狱服刑。追捕民警到河北某监狱调查核实，发现在押犯"王旷林"便是逃犯王某。1989 年王犯入监时年仅 18 岁，身高为 1.78 米，而现在的王犯已是 44 岁，身高 1.90 米。通过指纹比对，家庭成员核实，终于查实了其真实身份。下一步等待他的将是再次法律制裁。

（三）罪犯刑释后闹监上访处置案例

罪犯王某，男，44 岁，辽宁省 SQ 市人，自 16 岁起，2 次被劳动教养，2 次服刑，2007 年，因聚众斗殴罪被杭州某法院判处有期徒刑 8 年 6 个月，2013 年 10 月 27 日刑满。刑满次日，王某便携带棉被及个人物品来监狱上访，反映在监狱服刑期间劳累过度导致病情加重，以及治疗不规范、营养不良等问题，向监狱提出 20 万元的赔偿要求；11 月 17 日起，王某在省局门口采取举牌乞讨、昼夜静坐等方式闹访，期间多次被劝离又多次反复，长达一个半月。期间，王某还以自己在另一起刑事被害案件中，主犯尚未抓住，自己未得到民事赔偿为由到杭州市某区法院、区公安局等部门上访。

为此，监狱主动联系地方政府，一方面通过省厅将王某动态多次通报户籍地司法厅、司法局，要求地方政府落实维稳措施，另一方面通报杭州市政法委将王某列为重点关注对象，并传达到市区各派出所，一旦发现其有危害社会的行为，将依法采取强制措施。王某到省局门口闹访期间，监狱派人对其进行 24 小时盯防，严防其行凶闹事，同时防止其突发重病死亡。

针对王某提出的监狱治疗不及时、服刑期间病情加重等问题，监狱通过查阅档案、调查询问等方式，发现其在入监时即患有多种基础性疾病，服刑期间监狱先后为其安排住院 15 次、累计达 450 余天，医疗费用达 11 万元。监狱通过公职律师，多次和王某当面沟通，说明法律和政策依据，并主动将该案件提交驻监检察室，由驻监检察室出具详细的调查报告，当面驳斥其无理诉求。

王某刑释后无家可归，妻儿已和其断绝联系。监狱通过多方努力争取其姐姐前来杭州，当天监狱工作组与王某及其姐姐面谈六个小时，对其反映的有关情况逐条作了详细说明，争取其姐姐对监狱工作的理解与支持。面谈失败后，监狱继续与其姐姐保持联系，指导其向当地有关部门反映，争取低保、医保等待遇，遗憾的是当地没有相关政策。

王某出狱后长期滞留杭州，因其曾涉枪涉黑，给城市治安带来较大隐患，加之其出狱后孤身一人，没有任何牵挂，如不及时处置，将带来不可预知的风险。为此，监狱在向上级汇报、请求帮助同时，积极争取地方政府支持。2015年1月14日，杭州市某区政法委牵头召开由区人民法院、区检察院、区公安局、区信访局及监狱参加的联席会议，在会议纪要中明确规定，由监狱落实救助经费×万元，其余×万元分别由区委政法委、区法院、区信访局共同解决。2015年2月28日，区法院和监狱派人赶至辽宁省SQ市，通过当地司法局落实了司法救助并与王某签订息诉罢访协议。至此，王某刑释后一年多上访案得以彻底了结。

（四）怀孕重刑犯生子与抚养处置案例

2008年12月12日，A省女子监狱收押了一名怀孕七个月的无期徒刑女犯吴某，这是该监狱第一次收押怀孕女犯。按当时《刑事诉讼法》有关规定，可以暂予监外执行的前提条件是被判处有期徒刑或者拘役，显然，吴犯不可以暂予监外执行。

30岁的吴某来自我国西南农村，在A省B市打工期间认识了一名男子陈某。2008年7月，吴某发现自己怀孕后，要求陈某和自己结婚。陈某强烈要求其把孩子打掉。由于吴某有多次流产史，她坚决不肯去做流产。当得知陈某有妻室后，两人发生多次争吵。在一次激烈争执中，吴某用刀刺进陈某身体，致其大出血而死亡。

2008年11月27日，吴某以故意杀人罪被法院判处无期徒刑，此时吴某已身怀六甲。吴某入监后，给监狱带来一系列问题：监狱没有接生孩子的条件，要将犯人送出去生产，安全压力很大；吴犯生产费用谁出，孩子生下来以后怎么办？她的家人以及陈某家人都拒绝支付费用和后续抚养。

2008年12月，A省政法委、省司法厅、省监狱管理局等部门专门就吴犯的特殊情况进行了讨论，决定吴犯产前检查、生产费用由监狱承担，产后孩子由B市有关部门予以接收。为确保吴犯顺利生产，监狱专门制定了周密的产前保健计划，定期对她进行产前检查。

2009年2月23日，吴犯被送往社会医院分娩，剖宫产下一个6斤9两的健康男孩。监狱专门请了月子保姆照顾她，并安排女警分成四组，每天24小时进行陪护。在省委政法委的协调下，孩子出生一周后，B市福利院来人将孩子接走。

按照规定，福利院只能接收孤儿。吴犯的孩子若要被福利院长期收养，吴犯必须放弃抚养权，否则孩子没法落户，也没法被合适的家庭收养。福利院与监狱多次做吴犯的思想工作，建议她放弃抚养权，但是每次都遭到了吴犯的拒绝。

吴犯不放弃抚养权，又不可能在监狱里抚养儿子，而远方的家人也拒绝接纳孩子。为了化解监狱的监管难题，稳定吴犯的改造情绪，确保孩子健康成长，B市政法委进行了多方协调，本着特事特办的原则，决定由B市公安和民政部门落实孩子的户口和抚养问题，最终，吴犯儿子户口落到了B市福利院的集体户口上，这在B市福利院历史上是第一次。落实了户口问题，吴犯的儿子就能享受国家给孤儿的所有补助。

2014年，国家五部委新修订的《暂予监外执行规定》（司发通〔2014〕112号）弥补了以前的法制缺陷，规定对被判处无期徒刑的罪犯，有"怀孕或正在哺乳自己婴儿的妇女"情形的，可以暂予监外执行。

【任务小结】

本学习任务介绍了监狱和社会有关组织开展"三联"协作的重大价值、常规样态与主要内容，列举了"三联"协作实践中的一些典型做法与成功经验，强调了在推进"三联"协作中应强化的五大理念，通过列举四个典型案例分析了监狱处置突发事件复杂性，以培养学生在实际工作中学会全局思维、跨界协作、灵活应变、稳妥处置的能力与水平。

【思考题】

1. 监狱和政法系统其他部门开展"三联"协作有哪些内容？

2. 监狱和社会组织构建"三联"机制应强化哪些理念？

3. 监狱和社会组织实施"三联"协作有哪些主要做法？

【任务训练】

训练项目：罪犯刑释后聚众上访应急处置

某监罪犯张某在服刑期间，因为机器操作失误造成两个手指伤残，刑释时监狱给予其一笔1万元的工伤补偿金。回归社会十年后，张某以刑释时工伤补偿费用过低、手指伤残找不到工作为由，纠集5人到原先服刑监狱，要求监狱给予生活困难补助。如果监狱不予答应，张某表示将去省政府及北京上访。以此为例开展应急处置训练。

一、训练目的

通过开展此类训练，学生在课堂上学到的知识能在实践中加以运用，培养学生学会运用"三联"方法处置复杂的监管安全事件，掌握基本的沟通、协商和处置技能，便于学生工作后遇到此类事件能心中有数、灵活应变、处事不惊。

二、训练要求

1. 了解刑释人员闹监事件现场处置的基本流程与工作要领；

2. 事先设定若干应急处置小组，明确各自职责与任务；

3. 各个组员根据事先的分工，迅速进入角色；

4. 在训练过程中要严肃认真，灵活应对，法理相融；

5. 按规定步骤和要求进行操作和训练。

三、训练方法和步骤

前期准备：指导老师对参训人员进行分工，可分为闹事方人员（5人）、监狱协商民警（2人）、特警队员（2人）、驻监武警（2人）、公安人员（2人）、乡镇综治干部（2人）等，为使训练情景更逼真，事先带7套便服、准备好2个会议室。

场景一：张某等5人以洽谈业务为由骗得大门保安信任，顺利进入监狱办公楼。在办公楼一楼，张某拿着一份要求给予生活困难补助的报告（后面有当地村、镇签署的意见）要求见监狱领导。

场景二：监狱领导接到报告后，指派狱政支队民警前去交涉，狱政支队民警见对方来人众多，在收下报告同时，要求对方选出2名代表，其他人员离开现场；由于对方另三人不肯离开现场，狱政支队呼叫监狱特警与驻监武警强力将他们请出办公楼。

场景三：在一个会议室，监狱民警2人和对方代表2人进行交涉，对方提出10万生活困难补助，双方充满火药味，协商最后不欢而散。

场景四：张某和另一人走出办公楼后，在监狱大门口拉横幅、喊口号表示抗议，同时拍照；监狱联系挂钩公安派出所，以扰乱办公秩序将他们传唤至派出所。

场景五：监狱民警赶赴张某户籍地镇政府综治办，了解张某近期工作、生活、家庭等状况，和综治办两名干部进行工作沟通，要求他们切实做好对张某的后续管控工作，防止其下一步可能采取的更加偏激的上访行动。

项目训练结束后，指导老师组织学生就本次事件处置过程、有关细节及注意事项进行讨论。

四、训练成果

1. 总结训练成果，督促学生举一反三，对此类事件可能存在的执法与监管风险进行深入思考；

2. 指导老师对学生现场参与情况及心得体会材料进行考核、评定。

工作任务十二　监狱安全防控智能化

【任务目标】

知识目标：通过本工作任务的学习，学生能了解当前监狱安全防控智能化的含义、现状、效能、主要内容与工作重点。

能力目标：通过本工作任务的学习和训练，学生能基本了解监狱安全防控智能化的具体表现，基本掌握监狱安防重点环节的智能管理手段与方法。

【任务基础】

2007 年 5 月，司法部在江苏南京召开全国监狱信息化建设工作会议，并在会议上发布了《全国监狱信息化建设规划》。从此，全国监狱系统根据本省（市、区）实际情况，努力推进监狱信息化建设，在打造智慧监狱方面不断迈出实质性步伐。

一、监狱安全防控智能化的含义与特征

智能化是指事物在计算机网络、大数据、物联网和人工智能等技术支持下，具有能满足人各种需求的属性。通过音频、视频、显示、电子、控制、网络等智能化技术，智能化能给工作和生活带来便利、舒适和高效的体验。监狱安全防控智能化即通过现代多元信息搜集、传输、处理、监控以及系统集成等一系列高新技术，将监狱内各个安防系统有机结合在一起，使民警能快速获取各种安防信息，迅速作出应急响应、决策与处置的状态与属性。

监狱安全防控智能化，具有以下几个特征：一是数字化归集，即将传统的监狱安防过程中产生的各种信息和数据进行数字化处理，实现数据的自动化采集、处理和分析；二是智能化决策，即通过人工智能对各种安防信息和数据的深度分析，实现监狱安防工作的智能预测和预警；三是智能化服务，即通过人工智能和数字技术的应用，实现监狱安防服务过程的智能化和个性化；四是全过程留痕，即对监狱民警的执法与管理过程，通过智能管理平台与智能信息软件，实现过程与结果的全时空可追溯。

二、监狱安全防控智能化的基本思路

监狱安全防控智能化建设，应按照科学规划、分步实施、突出重点、注重实效的要求，有序推进监狱安防系统建设。

1. 总体规划，注重实效。在全省监狱系统信息化建设总体规划框架下，统一技术规范与工作标准，以监狱为单位进行建设，做到技防、人防、物防相结合，探索、实践、调整相协调，达到技术先进、适当超前、经济适用的目的。

2. 分类进行，分步实施。安全防控项目建设应当按照总体设计、分类进行的原则，在综合评估各子系统功能以及监管区域性质基础上，根据重要性和紧迫性不同，有序、分步组织实施。

3. 全面推进，突出重点。监狱安全防控项目建设应围绕监狱大安全观，根据各监狱具体情况，在确保监管安全、生产安全、队伍安全、周界安全等态势下，把资金用在急需、必需的建设项目上，不断提高资金使用与管理工作的效能。

4. 标准先行，平台优先。按照"标准先行、平台优先"的要求，把监狱安防智能管理平台的建设、应用和管理作为优先工作来抓，所有安防子系统的建设必须统一接口标准、统一集成管理、统一工作规范。

三、监狱安全防控智能化的主要内容

近年来，全国很多监狱在安全防控智能化建设方面通过和高校科研机构、社会安防企业的战略合作，加之自身坚持不懈地探索与实践，积累了一些经验，创造了诸多范式。目前，监狱安全防控智能化建设的主要内容有：

1. 加强监狱云服务平台建设。以现有网络和数据中心为基础，构建完善的监狱云服务平台；依托省级专网整合上级云资源，构建基于监狱"混合云"架构的应用部署和发布体系，实现"业务云"上流转与协同工作模式。

2. 加强监狱大数据平台建设。根据司法部数据归集要求，建设大数据管理平台和数据仓库，构建监管安全主题库，实现基于监管安全的大数据分析研判应用。

3. 深化指挥中心建设与应用。建立健全监狱指挥中心多级指挥体系，以应急指挥管理平台为依托，整合集中通讯、警务通、视频会议和监听对讲等通讯调度系统，强化情报信息收集与分析，提升预测预警和应急处置能力，有效发挥指挥中心在监狱管理中的枢纽作用。

4. 推进视频监控高清改造及智能分析应用。通过视频监控高清改造，实现音视频同步采集，提升视频监控与门禁、报警、巡更、广播等安防子系统的联动响应。运用视频智能分析技术，实现对罪犯异常行为的自动识别侦测，对重点人员、重点区域、重点时段以及外来人车的主动盯防，提升监管安全的"主动侦测"能力。

5. 深化人脸识别、语音识别技术应用。建立全省统一的人脸信息库，构建全省联网的人脸识别应用，深化人脸识别技术在卡口控制、身份认证、视频点名等方面的智能应用。建立语音识别基础服务，探索语音识别在罪犯会见、亲情电话、谈话录音等场景的智能应用，不断提高智能化管控水平。

6. 完善智能押解平台建设与应用。构建全省监狱统一的罪犯智能押解平台，整合单兵、执法记录仪、车载监控、电子脚镣、就医监控、定位手环等各类移动押解设备，实时掌握罪犯押解过程动态音视频、位置及行车轨迹等信息。

7. 推进全流程业务应用。深化刑罚执行、狱务公开、罪犯危险性评估、教育网平台及办公自动化、智能警务平台等业务应用；推进视频指挥调度、执法便民微信服务、罪犯收押释放与考核奖惩、犯情智能分析、罪犯生活管理、远程医疗平台、质量评估等应用系统建设。

8. 拓展移动警务应用。推进业务应用从桌面向掌上延伸，发挥移动警务便捷、实时、智能的优势，构建全省统一的数据共享、业务协同、流程规范、安全可靠的移动警务架构体系，研发贴近实际工作的 APP，实现"一切业务数据化、一切数据业务化"的全流程罪犯管理和警务管理工作模式。

9. 建设犯情智能分析系统。建立数字化和网络化的犯情信息收集渠道，对罪犯的个人信息（包括静态信息、动态信息、日常信息）进行采集和输入，利用人工智能技术对采集的信息进行分析、研判，对狱内犯情进行精准的预测、预警、预防，为做好罪犯管理提供决策支持。

10. 完善远程视频会见帮教平台建设。通过远程视频会见系统实现会见预约、预约审批、会见安排、会见调度、会见监控、会见回溯等功能，进一步强化会见、帮教对罪犯改造的激励作用，方便罪犯家属会见探视。

11. 深化政法协同应用。依托政法协同工程，落实与公、检、法、司间的业务协同和数据共享；对接公安机关"雪亮工程"的视频监控，做好罪犯脱逃应急演练；通过一体化办案平台，完善减刑假释无纸化办案系统建设与应用；实现罪犯（含社区矫正人员）收押信息的同步共享以及与地方司法局的业务衔接；用好公安访客系统，做好罪犯家属、社会帮教及业务单位来监人员的信息甄别工作。

【任务实施】

自 2011 年以来，为了顺应信息技术发展的形势要求，浙江监狱系统加快推进信息化建设，先后完成以罪犯"三大现场"监控全覆盖为主的信息化一期工程和以完善基础监控报警、门禁系统、指挥中心等为主的信息化二期工程建设。全省监狱系统均成立正科级建制的指挥中心，通过安防集成联动平台，实现视频监控、紧急报警、在线巡更、电子门禁、监听对讲、人车管理、会见和亲情电话管理、智能电网等二十余个安防业务系统的整合。目前，监狱指挥中心已成为浙江监狱管理的中心枢纽，实现了人防、物防、技防、联防的"四防一体化"建设。

一、监狱安全防控智能化的组织实施

(一) 监狱安全防控智能指挥

1. 监狱指挥中心功能定位。监狱指挥中心是一个高集成、高智能、高效率运转的指挥调度管理平台，是监狱管理的枢纽，既是处置突发事件的应急指挥机构，也是监狱安全警戒的日常管理机构。从当前各监狱运行情况看，指挥中心综合业务平台是基于网络技术、数据集成技术、智能分析技术，为领导决策指挥、民警日常管理提供重要参考和指令的核心业务平台。

民警通过指挥中心平台可实施 24 小时全天候常态化管理，实现对各监狱（监区）实时管控、审批管理、日常督查、证据保全、信息管理、应急处置等功能。

2. 监狱指挥中心主要职能。以"ZJS"监狱管理局指挥中心为例，其主要职能有：

一是服务指导。建立健全局指挥中心管理制度，指导各监狱单位指挥中心规范管理、高效运行。

二是视频督查。动态对各监狱单位重点部位、重点时段、重点环节、"三大"现场等，开展随机或专项监控督查。

三是接警处置。根据各监狱单位的情况汇报，由信息员或指挥员做好记录，及时报告指挥中心领导或指挥长，并根据下达的指令做好先期处置。

四是信息管理。及时收集掌握各监狱单位每天重要的狱情信息、物防信息、技防信息、联防信息、大门人员进出等各类信息。

五是编发信息。根据所掌握的各类信息及视频监控情况，及时编发指挥中心信息快报，不定期编发督查通报，对重要情况则编发要情专报。

3. 监狱指挥中心运行原则。一是以维护监狱安全稳定为目标，按照"统一指挥、快速反应、处置高效、规范有序"的思路，稳步推进指挥中心自身建设。

二是坚持以管用、实用、真用为导向，选择成熟先进、性能稳定、安全可靠的硬件设备和管理应用系统，强化智能应用，提升管理水平。

三是加强先进成熟的信息化成果和智能化技术的应用，突出智能分析、预警告知等推送功能，实现监管模式从"静态滞后"向"动态实时"、从人工严防死守向智能动态监控转变。

四是与现代警务管理机制创新相结合，充分发挥指挥中心监控、警戒、应急、指挥、协调、监督等诸多功能，逐步实现警力管理、狱务管理的科学化、集约化、智能化和高效化。

五是遵循"一切围绕安全、一切服务安全"的总要求，根据信息化建设实际状况及智能化发展趋势，不断拓展职能，更好地发挥指挥中心枢纽作用。

(二) 监狱安全防控智能实施

监狱安全防控工作点多面广，其中关联罪犯的安防子系统就有 20 余个，下面以常见的罪犯安全防控智能管理工作为例作一陈述与剖析：

1. 罪犯个人信息智能管理。罪犯个人信息包括静态的基本数据和动态的改造数据两部分。静态数据包括个人基本信息、社会关系、所犯罪行、原判刑期以及逮捕机关、判决机关等；动态数据包括罪犯会见、亲情电话、计分考核、大帐消费、个别谈话教育情况等，心理评估、三课学习、习艺劳动、耳目反馈情况也可接入。实践中，很多监狱通过整合监管改造系统、亲情电话系统、会见系统、个别教育谈话系统、一卡通系统、犯情分析系统、点名系统、计分考核系统等，收集罪犯相关信息，形成罪犯电子卡片和档案，实现对罪犯改造全过程的掌握。

2. 监舍安全防控智能管理。目前，监内关联安全防控的信息化子系统主要有门禁子系统、AB门子系统、监听对讲子系统、紧急报警子系统、巡更子系统、安检子系统等。这些子系统关联罪犯出入大门管理、通话信息检索、特殊情况紧急报警、夜间巡查清点、"两违一危"（违禁品、违规品及危险品）物品安检等，由于设施功能不同，操作技术规范不同，系统集成管理要求也不同。

2007年5月，司法部发布《全国监狱信息化建设规划》后，全国监狱系统信息化建设工作不断提速，一些监狱在安全防控智能化建设方面作出了开创性的努力。如2012年5月30日《湖北日报》报道了湖北襄南监狱关于安全防控信息化建设的成果：鼠标一点，狱内服刑人员活动一览无余；事故报警，电子墙自动弹出报警部位、现场画面和处置流程；突发事件，电钮一按，监舍十余道铁门一同开合；打开"远程视频"，可与千里外的亲人会见等。2012年，广东惠州监狱开展的包括移动侦测在内的全方位电子监控系统、狱情排查处置系统、狱务公开触摸系统等一系列监狱管理工作网络系统工程，为广东乃至全国监狱的信息化建设提供了鲜活样本。2017年，江苏省常州监狱根据狱内犯情的复杂态势，将视频监控、移动侦测、紧急报警等功能合为一体，自主研发了"三色灯"（即绿灯、黄灯、红灯）监舍全功能报警系统；该监狱还将幕帘报警系统与"三色灯"报警系统组合使用，确保人员进入、走动逗留、门禁开启时都会有灯光显示，便于民警更好地对监舍突发事件进行发现和处置。

3. 监狱视频信息智能分析。关联罪犯的视频分析系统主要有视频智能分析子系统和视频诊断子系统两部分。

其中，视频智能分析系统是一种基于目标行为的智能监控技术，是计算机图像视觉技术在监狱安防领域应用的一个分支。当前，由于视频监控正在快速普及，众多的视频监控应用迫切需要一种远距离、用户非配合状态下的快速身份识别技术，以求远距离快速确认人员身份，实现智能预警。因此，基于罪犯人脸识别与智能视频监控技术的目标跟踪管理，可以快速从监狱监控视频图像中分析并实时查找罪犯人脸，并与罪犯人脸数据库进行实时比对，从而实现对罪犯身份的快速识别。而视频诊断系统是一种智能故障分析与预警系统，即通过对视频图像出现的雪花、信号缺失等摄像头故障、视频信息干扰、视频质量下降进行分析、判断和预警，提供一整套智能故障分析、运维支撑的解决方案。

4. 监狱大门安全智能防控。为防控罪犯从监狱大门脱逃，全国监狱系统已建立较为完善的监狱大门智能防控系统，其主要构成包括：车行通道安装智能升降防撞桩、破胎阻车器，安装车底监控探头，配备生命探测仪等；人行通道安装数字密码、四翼滚闸，配备附带金属探测仪器的安检设备等。2016年，山东邹城监狱独创高科技安检装置——防尾随隔离舱，通过运用人体称重与人脸识别融合技术，成功解决了人行通道尾随跟进问题；另外，该监狱引进的人体成像安检仪，能快速扫描和显示手机、毒品等违禁物品，堵塞人工安检漏洞。

5. 劳动现场安全智能防控。劳动现场安全智能防控，主要表现为对从业人员及劳动工具的智能化清点。如2012年，浙江某监狱自主开发了条形码扫描罪犯人数及劳动工具清点系统；2013年，刷条形码清点人数与工具在浙江部分监狱单位推广。后来，芯片感应清点系统在全国大部分监狱得以推广应用，此系统通过内置芯片感应的模式实现对劳动人员、劳动工具的智能清点，与条形码扫码读取方式相比更为便捷、环保。2018年以后，为全面推进"智慧监狱"建设，全国很多监狱通过和社会企业的战略合作，开发了一套劳动工具智能管理清点系统，实现了劳动工具信息智能识别、数据自动采集、工具实时监控、定时自动清点、归位智能报警、遗失雷达搜寻等功能。

6. 监狱周界安全智能防控。关联监狱周界安全防控的子系统主要有周界防范子系统、入侵报警子系统、围墙电网防范子系统、监狱三维地理信息子系统等。如通过在监狱周界布设智能跟踪摄像系统，智能分析进入周界的人和物，出现异常情形时立即报警并锁定可疑目标；在围墙内侧设电子围栏，有人进入警戒区域迅速发出声光报警并锁定触发位置，形成立体化的电子安全屏障。全国很多监狱通过部署周界安全防控系统，极大地提高了监狱对罪犯脱逃的预警与拦截能力。

二、监狱安全防控智能化的建设重点

1. 监内视频监控系统。监管区域内视频监控系统是安全防控智能化建设的最基础工作之一，科学合理配置监管区域内具有不同功能的视频监控设备，满足一些重点区域、重点部位的特别功能需求，有利于实现监管区域内视频监控无死角、无盲区，人流、物流在监管区域内的运动轨迹都能通过视频监控形成清晰、完整的图像。

2. 监内报警系统。要优化紧急报警点位设置，完善声光警示功能，强化紧急报警系统与视频监控系统、对讲系统、广播系统和后台处置系统的互联互通，实现一点报警后声光报警信号同时启动、对讲同时打开、视频监控全方位多角度呈现、广播系统即时打开、后台多点即时感知。除此，要提升围墙周界防控系统，针对围墙周界可能存在的不安全因素，积极构建电网异常、视频监控、入侵探测等多元报警体系，确保能即时感知各类危险因素；积极运用视频拼接技术和监控枪球联动系统，全面提高报警感知的准确性。

3. 监内门禁系统。要实现门禁开关状态实时显示、关闭异常即时提醒警示、门禁与视频监控联动、进出重点门禁全部进行抓拍等功能。完善门禁控制系统，对分监区、车间、监管大门等区域门禁逐步实现区域统一控制。要实现监管大门（A、B、C门）开关状态和破胎阻车器、防撞柱、生命微测仪、安检门、车底扫描等安防设备运行情况实时显示，进出大门人员、车辆及安检信息大集成；完善身份信息核对、掌型或人脸等生物特征识别系统；完善人员、车辆进出大门与视频监控联动机制，即时抓拍相关信息；整合利用智能视频监控及门禁系统，实时了解外来人员、车辆在监管区域内的位置及其运动轨迹。积极推进以"网络传输光纤化、视频监控高清化、系统平台智能化"为主要内容的执勤规范化建设，实现监狱与武警重点部位视频监控、报警信息即时共享、联动，完善人员、车辆进出大门武警身份验证系统。

4. 监内工具管理系统。要采用物联网与定位技术相结合，通过电子地图随时感知工具点位与使用状况，实现劳动工具定位管理、实时检测和在线化清单展示。加强劳动工具移动与固定电子标签读取管理；提升劳动工具断链、脱链、拆卸、带出报警灵敏度；完善劳动工具发放、清点、归还、报损智能化管理。

三、监狱安全防控数据治理

2020年3月，国务院公布的《关于构建更加完善的要素市场化配置体制机制的意见》中，首次将"数据"作为一种新型生产要素写入中央文件中。

监狱大数据除了结构化数据外，还包括多种载体形式、媒体形式和呈现格式的半结构化数据以及非结构数据，如TXT格式的文档数据、PDF格式的卷宗数据、图像数据、音视频数据等。监狱每分钟会产生监控视频数据、运维数据、安防设施数据、移动执法终端数据等，每天会产生罪犯劳动数据、民警执法数据等，每年监狱结构化数据都以TB级增长。

当前，由于缺少对数据开发、管理方面的制度规定，监狱结构化数据资源优劣混杂，数据质量参差不齐，交叉重复严重，数据缺项、漏项、错项较多，数据分析复用难度较大；同时，由于开发厂家不同，各监狱的视频监控数据运维数据接口不统一，再加上缺少结构化解析工具，各种关联安防的海量视频数据难以融合利用。

致力推进监狱安全防控智能化，必须抓住数据治理这个"引擎"，注重对监狱安防数据的生命周期管理，把好数据质量、安全合规和隐私保护三大环节，努力让监狱数据转化成监狱资产，通过数据多元治理助推进监狱决策指挥、安防管理的现代化。

【任务实例】

（一）"非接触性情感识别"系统在广东番禺监狱投入应用

2019年11月，广东番禺监狱与中国政法大学犯罪心理学研究中心、中国心理学会法律心理学专业委员会共建了"罪犯评估与矫正科研基地"。同月，"非接触性情感识别"技术全国监狱系统首次在番禺监狱投入使用。

通过"非接触性情感识别"系统，罪犯只需望着摄像头三秒钟，后台即可获得包括体温、呼吸、心率、眼动、表情等五个指标。人工智能系统用算法将生理指标转换为心理指标，显示罪犯是平静还是抑郁、愤怒，如果愤怒的话，原因可能是什么。

这套系统可有效防止罪犯暴力、自杀，防止狱内打斗和逃狱。之前100个罪犯每个都要关注，现在只需关注情绪出现波动、愤怒的这几个人。通过大数据模拟该罪犯出去后可能遇到的情况，亲人疏远或找不到工作等情景。根据大数据分析，得到服刑人员出狱后最需要什么，从这个点进行帮助，有助于减少其再犯罪概率。针对有重大再犯危险性的罪犯，可在地方公安和司法局的配合下，进行数据采集和实时监测，及时进行干预。

（二）四川监狱两级应急指挥平台被评为2020年全国"智慧司法十大创新案例"

2020年11月18日至19日，由法治日报社主办的"2020政法智能化建设技术装备及成果展"在北京国家会议中心举行。四川"监狱两级应急指挥平台"荣获全国"智慧司法十大创新案例"。

四川监狱两级应急指挥平台以"全省监狱一张图"为规划起点，通过GIS地图、融合通信、智能分析等技术，形成全省监狱全态感知、全域呈现、全局调度，实现应急指挥"全省统一、实时联动、集成调度"。在系统集成方面，该指挥平台整合安防、通讯等14个子系统，解决了各子系统数据零散的短板，构建全天候、立体化的监狱安全体系，做到"高集成、大平台"；在系统融合方面，该指挥平台整合全省监狱综合业务一体化管理平台的所有数据，解决了业务系统和指挥系统的数据一致性问题，做到"高共享、大数据"；在系统智能化应用方面，该指挥平台全面兼容无人机、警务终端、监外管控、移动指挥等新兴技术和系统，解决了多设备、多信号、同平台联动问题，做到"高智能、大应用"。

四川监狱通过布建两级指挥平台，进一步筑牢了监狱安全防线，丰富了监狱管理智慧支撑体系，为打造"数字法治、智慧司法"，推进全国"智慧监狱"建设提供了样板。

（三）浙江省临海监狱打造数字驾驶舱

2021年，浙江省临海监狱将指挥中心作为数字化改革的"前哨站"，创新数据建模，用数字化改革夯实监管平安基石。该监狱探索建立了三类数据驾驶舱：

一是会见与电话数字驾驶舱。整合各监区押犯情况、罪犯地域分布、会见及亲情电话拨打情况，通过柱状图形式，直观反映各单位会见与亲情电话组织与拨打情况，精准聚焦长时间未与外界联系等特殊罪犯个体，实现"数据一图展示、态势一屏分析、问题一键锁定"。

二是个别谈话数字驾驶舱。整合各监区个别教育覆盖率、人均谈话数及谈话时长等数据，动态跟踪各监区、包干民警、值班民警谈话教育情况。

三是问题分析预警驾驶舱。整合各类督查数据，精准研判各类问题发生的时间、地点、类型、趋势，帮助找出问题症结、剖析问题原因、明确整改措施。

【任务小结】

监狱安全防控智能化建设任重道远。注重将原有的安防系统进行集成整合，打造智能一体、联动响应的新型监管安防体系和网络，实现监管安全业务与安防技术的有效融合，是当前监狱工作的重中之重。监狱人脸识别、全景拼接、轨迹还原、红外报警、生命探测等技术的深入应用，为监狱现代化治理提供了技术保障。

【思考题】

1. 监狱安全防控智能化建设的主要内容有哪些？
2. 常见的罪犯安全防控智能管理表现在哪些环节？

【任务训练】

训练项目：对自杀高危罪犯的安全智能防控

罪犯陈某（犯贩毒罪，被判处有期徒刑 15 年）自幼父亲病亡，母亲改嫁，靠年迈奶奶抚养长大，入狱一年后妻子因开设赌场罪被捕，女儿打工期间失踪，改造期间多次流露出"活着没有意思"的话语，被分监区列为自杀重点列控对象。针对陈犯，围绕智能安全防控进行针对性训练：

一、训练目的

通过开展此类训练，学生在课堂上学到的知识能在实践中加以运用，培养学生学会运用信息化、智能化手段去处置复杂的监管安全事件，掌握基本的视频固定、全景拼接、轨迹还原等处置技能，便于学生工作后遇到此类事件能快速应对、处事不惊。

二、训练要求

1. 分析陈犯可能自杀的时间、地点及自杀工具；
2. 事先设定罪犯自杀应急处置小组，明确各自职责与任务；
3. 各个组员根据事先的分工，迅速进入角色；
4. 在训练过程中要进入角色，将心比心，认真对待；
5. 按规定步骤和要求进行操作和训练。

三、训练方法和步骤

1. 用大数据调取陈犯改造以来的会见、通话、改造表现记录；
2. 监狱指挥中心每天晚上挂屏重点关注陈犯睡觉状况；
3. 民警用执法记录仪固定罪犯改造记事本上对人生极其悲观的文字内容；
4. 对陈犯出收工、劳动、上厕、洗衣、会见等情况严密监控；
5. 寻找陈犯信得过人员，对陈犯开展远程视频会见；
6. 心理咨询员及时介入，对陈犯开展心理咨询；
7. 优化陈犯睡觉时行为异常视频感应及报警装置。

四、训练成果

1. 总结训练成果，督促学生举一反三，对此类事件可能存在的工作瑕疵及监管风险进行深入思考；
2. 指导老师对学生现场参与情况及心得体会材料进行考核、评定。

参考文献

［1］姜华旺：《特别的场所 特别的"眼睛"智能视频监控系统在监所管理领域的应用探析》，载《信息化建设》2012 年第 6 期。

［2］何镕、罗丽明：《构建智慧型监狱的探讨》，载《法制博览》2020 年第 18 期。

［3］郑曦：《大数据助推监狱治理现代化的进路》，载《犯罪与改造研究》2020 年第 12 期。

［4］张德全主编：《侦查措施与策略》，中国政法大学出版社 2020 年版。

［5］司法部监狱管理局编：《罪犯危险性评估辅导读本》，法律出版社 2016 年版。

［6］孙延庆：《监狱安全情报：狱情分析的理论与实务》，法律出版社 2014 年版。

［7］徐为霞：《狱内犯罪防控模式》，法律出版社 2014 年版。

［8］陈加养、杨玲编著：《现代监狱侦查理论与实务》，上海交通大学出版社 2017 年版。

［9］王春海、许锋、于卫华：《监狱违禁物品防控工作探索》，载《犯罪与改造研究》2015 年第 6 期。

［10］王国华等：《突发事件中政务微博的网络舆论危机应对研究——以上海踩踏事件中的@上海发布为例》，载《情报杂志》2015 年第 4 期。

［11］杨光辉：《2011 至 2015 年突发事件中的政务微博研究综述》，载《今传媒》2016 年第 7 期。

［12］朱彤：《自媒体时代下突发涉警舆情引导研究》，载《北京警察学院学报》2015 年第 4 期。

［13］倪明胜：《自媒体时代下的领导干部需提升媒介素养》，载《学习时报》2013 年 5 月 6 日。

［14］席晓华：《移动互联网时代的网络舆情引导》，载《科技传播》2015 年第 16 期。

［15］曾慧华：《政府应对突发事件舆论引导的策略》，载《四川省社会主义学院学报》2010 年第 4 期。

［16］万茹：《自媒体视域下的舆情引导策略研究——以淮安市为例》，载《产业与科技论坛》2016 年第 24 期。

［17］黎昱睿：《新媒体时代政府信息公开及网络舆情引导》，载《新闻爱好者》2014 年第 5 期。

［18］龙易易：《公共突发事件中网络舆情的政府引导机制研究》，电子科技大学 2014 年硕士学位论文。

［19］赵振宇、焦俊波：《加强系统构建 提高对突发事件的舆论引导能力》，载《新闻与写作》2012 年第 7 期。

［20］胡静：《全媒体时代媒体融合的发展路径思考》，载《今传媒》2017 年第 2 期。

［21］中国网信网：《CNNIC 发布第 40 次〈中国互联网络发展状况统计报告〉》，载 http：//www. cac. gov. cn/2017－08/04/c_1121427672. htm.

［22］李捷思：《"媒体融合" 全球经验与中国广电的未来视野》，载《南方电视学刊》2016 年第 2 期。

［23］新华社：《习近平主持召开中央全面深化改革领导小组第四次会议》，载 http：//www. govcn/xinwen/2014－08/18/content_2736451. htm.

［24］陈力丹、陈俊妮：《松花江水污染事件中信息流障碍分析》，载《新闻界》2005 年第 6 期。

［25］郑雯：《危机的 "三重罪" 与全方位应对——读〈应急管理与危机公关——突发事件处置、媒体舆情应对和信任危机管理〉》，载《中国减灾》2013 年第 12 期。

［26］徐彪：《公共危机事件后政府信任受损及修复机理——基于归因理论的分析和情景实验》，载《公共管理学报》2014 年第 2 期。

［27］王晰巍等：《基于社会网络分析的移动环境下网络舆情信息传播研究——以新浪微博 "雾霾" 话题为例》，载《图书情报工作》2015 年第 7 期。

［28］［美］劳伦斯·巴顿：《危机管理》，许瀞予译，东方出版社 2009 年版。

［29］蔡立辉、杨欣翥：《大数据在社会舆情监测与决策制定中的应用研究》，载《行政论坛》2015 年第 3 期。

［30］赵作为：《政府危机传播管理视角下网络舆情风险防范策略分析》，载《视听》2017 年第 11 期。

［31］杨兴坤：《舆情引导与危机处理》，中国传媒大学出版社 2015 年版。

［32］张小明：《基于网络舆情研判的突发事件应急舆论引导》，载《新视野》2013 年第 4 期。

［33］黄微、李瑞、孟佳林：《大数据环境下多媒体网络舆情传播要素及运行机理研究》，载《图书情报工作》2015 年第 21 期。

［34］李纲、陈璟浩：《突发公共事件网络舆情研究综述》，载《图书情报知识》2014 年第 2 期。

［35］李勇、陈刚、田晶晶：《网络突发舆论事件的传播特征与应急管理对策研究》，载《重庆大学学报（社会科学版）》2013 年第 3 期。

［36］王来华、温淑春：《舆情信息汇集和分析机制刍议》，载《天津大学学报（社会科学版）》2007 年第 5 期。

［37］戴维民、刘轶：《我国网络舆情信息工作现状及对策思考》，载《图书情报工作》2014 年第 1 期。

［38］唐涛：《基于大数据的网络舆情分析方法研究》，载《现代情报》2014 年第 3 期。

［39］［法］古斯塔夫·勒庞：《乌合之众：大众心理研究》，冯克利译，中央编译出版社 2004 年版。

［40］周庆山：《传播学概论》，北京大学出版社 2004 年版。

［41］王南江：《浅析政府机关在网络舆情应对工作中存在的问题及改进建议》，载《公安研究》2010 年第 5 期。

［42］郑磊等：《上海市政务微信发展报告：现状、趋势与启示》，载《电子政务》2014 年第 9 期。

［43］马得勇、孙梦欣：《新媒体时代政府公信力的决定因素——透明性、回应性抑或公关技巧?》，载《公共管理学报》2014 年第 1 期。

［44］王瑶：《突发事件中政务微媒体的舆情应对策略》，南京师范大学 2015 年硕士学位论文。

［45］杨仲迎：《高校网络舆情传播特点及管理对策》，载《新闻战线》2017 年第 9 期。

［46］周璐：《微媒体时代的网络舆情特点及应对》，载《人民论坛》2017 年第 9 期。

［47］赵建明、施锋锋：《微信朋友圈对高校网络舆情工作的影响及其对策》，载《继续教育研究》2017 年第 11 期。

［48］李梦茹、孙若丹、车澈：《微信场域中的网络舆论生态研究》，载《新媒体研究》2017 年第 24 期。

［49］龙献忠、陈方芳：《治理能力现代化视角下的网络舆论生态治理》，载《湘潭大学学报（哲学社会科学版）》2017 年第 3 期。

［50］《工信部：我国移动互联网用户总数达到 11.2 亿户》，载 https：//tech. sina. cn/2017-03-31/detail-ifycwyxr8911303. d. html.

［51］《2016 年底微博月活跃用户数突破 3 亿移动端占比达 90%》，载 http：//news. sina. com. cn/o/2017-02-23/doc-ifyavwcv8618885. shtml.

［52］王博：《大数据时代网络舆情与社会治理研究》，云南财经大学 2016 年硕士学位论文。

［53］洪毅主编：《中国应急管理报告 2016》，国家行政学院出版社 2016 年版。

[54] 燕道成、杨瑾胡、江春:《网络舆情新特点及应对策略》,载《党政视野》2016年第3期。

[55] 杜小峥:《网络意识形态视角下的网络舆论生态治理》,载《新闻爱好者》2016年第9期。

[56] 孟天广、郑思尧:《信息、传播与影响:网络治理中的政府新媒体——结合大数据与小数据分析的探索》,载《公共行政评论》2017年第1期。

[57] 李伟权、刘新业:《新媒体与政府舆论传播》,清华大学出版社2015年版。

[58] 《新媒体时代:处置突发事件的"黄金4小时"法则》,载 http://news.sohu.com/20100202/n269989118.shtml.

[59] 《舆情培训——什么是网络舆情?》,载 http://yuqing.hexun.com/2013-04-03/152808545.html.

[60] 巨乃岐、宋海龙、张备:《我国突发事件网络舆情:现状、问题与对策》,载《哈尔滨学院学报》2011年第7期。

[61] 许静编著:《传播学概论》,清华大学出版社、北京交通大学出版社2013年版。

[62] 向骏、向福明:《地方政府应对网络舆情事件的偏差与对策》,载《决策咨询》2013年第4期。

[63] 叶皓:《突发事件的舆论引导》,江苏人民出版社2009年版。

[64] 《学习贯彻习近平总书记新闻舆论工作座谈会上重要讲话精神》,载 http://politics.people.com.cn/GB/8198/402525/.

[65] 杨晓和:《加强基层应急管理工作探析》,载《中国应急管理》2012年第1期。

[66] 石萌萌:《美国网络信息管理模式探析》,载《国际新闻界》2009年第7期。

[67] 王国华:《突发事件网络舆情的发展态势与政府应对》,载《学习月刊》2011年第15期。

[68] 《2016年度社会热点事件网络舆情报告》,载 http://news.xinhuanet.com/yuqing/2017-01/04/c_129432155.htm.

[69] 胡百精:《健康传播观念创新与范式转换——兼论新媒体时代公共传播的困境与解决方案》,载《国际新闻界》2012年第6期。

[5] 臧海平:《"一天两声明"有效地责任切割是危机应对的首选动作》,载 http://yuqing.dzwww.com/yqjd/201612/t20161209_15260059.htm.

[70] 万熙琼:《突发事件的网络传播机制及其应急管理研究》,复旦大学2009年硕士学位论文。

[71] 喻国明等:《新媒体环境下的危机传播及舆论引导研究》,经济科学出版社2017年版。

[72] 李晓芬:《网络舆论对突发事件的影响及其引导》,载《中国云南省委党校学报》2013年第3期。

［73］徐刚：《公共治理与公民社会》，载《中国商界（下半月）》2009 年第 3 期。

［74］Rhodes R A W. The New Governance：governing without government. Political Studies，1996，44（4）：652-667.

［75］孟建、裴增雨编著：《网络舆情的收集研判与有效沟通》，五洲传播出版社 2013 年版。

［76］严利华、宋英华：《非常规突发事件网络舆情的关键要素和发生逻辑》，载《中国应急管理》2015 年第 4 期。

［77］陈潭、黄金：《群体性事件的网络舆情及其传播逻辑》，载《理论探讨》2011 年第 4 期。

［78］［美］谢利·泰勒：《社会心理学》，谢晓非等译，华夏出版社 2002 年版。

［79］［法］古斯塔夫·勒庞：《乌合之众》，戴光年译，中央编译出版社 2004 年版。

［80］翟云：《网络舆情治理的未来愿景、现实困境与实现路径》，载《行政管理改革》2015 年第 1 期。

［81］韩永军、詹成大：《网络舆情治理的政府供给侧改革路径研究》，载《理论月刊》2017 年第 2 期。

［82］李昕：《基于网络舆情治理下的政府供给侧改革路径分析》，载《发展》2017 年第 4 期。

［83］陈志霞、王新燕、徐晓林：《从网络舆情重大事件看公众社会心理诉求——对 2007-2012 年 120 起网络舆情重大事件的内容分析》，载《情报杂志》2014 年第 3 期。

［84］朱正威、肖群鹰：《转型期政府应对公共安全的行动逻辑》，载《国家治理》2015 年第 29 期。

［85］姜胜洪：《微博时代突发事件网络舆情研究》，载《理论与现代化》2012 年第 3 期。

［86］康伟：《突发事件舆情传播的社会网络结构测度与分析——基于"11·26 校车事故"的实证研究》，载《中国软科学》2012 年第 7 期。

［87］曾润喜：《网络舆情信息资源共享研究》，载《情报杂志》2009 年第 8 期。

［88］肖文涛、林辉：《群体性事件与领导干部应对能力建设论析》，载《中国行政管理》2010 年第 2 期。

［89］唐喜亮：《我国突发公共事件的网络舆情研究》，电子科技大学 2008 年硕士学位论文。

［90］陈月生主编：《群体性突发事件与舆情》，天津社会科学院出版社 2005 年版。

［91］［美］凯斯·桑斯坦：《网络共和国：网络社会中的民主问题》，黄维明译，上海人民出版社 2003 年版。

［92］［美］梅尔文·德弗勒、桑德拉·鲍尔-洛基奇：《大众传播学诸论》，杜力平译，新华出版社 1990 年版。

［93］林寒：《网络虚假事件传播的理论解释和现实逻辑——基于热点事件"上海女逃离江西农村"的舆情分析》，载《北京理工大学学报（社会科学版）》2016 年第 5 期。

［94］唐小兵、梁涛：《谣言传播中的集体行动逻辑初探——基于新媒体用户谣言核实行为的实证分析》，载《暨南学报（哲学社会科学版）》2012 年第 4 期。

［95］曹学艳等：《基于应对等级的突发事件网络舆情热度分析》，载《中国管理科学》2014 年第 3 期。

［96］王灿：《从泸县太伏中学学生死亡事件看舆情处置七大失误》，载《政法舆情》2017 年第 13 期。

［97］王理、谢耘耕：《公共事件中网络谣言传播实证分析——基于 2010-2012 年间网络谣言信息的研究》，载《上海交通大学学报（哲学社会科学版）》2014 年第 2 期。

［98］李永平：《谣言传播的本土语境及风险防控》，载《当代传播》2011 年第 5 期。

［99］陈喻、徐君康：《自媒体时代网络谣言传播探析》，载《新闻界》2013 年第 15 期。

［100］吴建、马超：《谣言传播公式：溯源、修正与发展》，载《新闻界》2015 年第 13 期。

［101］郑也夫：《信任的简化功能》，载《北京社会科学》2000 年第 3 期。

［102］林楠、蔡乙华：《网络舆情应对与政府公信力维护》，载《广州大学学报（社会科学版）》2017 年第 4 期。

［103］顾金喜：《全媒体时代如何有效加强党的网络舆论主导权》，载《新闻与传播研究》2016 年第 6 期。

［104］姚君喜、刘春娟：《"全媒体"概念辨析》，载《当代传播》2010 年第 6 期。

［105］高山、国园、赵栋：《主力军要上主战场——牢牢把握网上舆论斗争主导权》，载《红旗文稿》2017 年第 6 期。

［106］刘建明：《社会舆论原理》，华夏出版社 2002 年版。

［107］牟卫民：《政府危机沟通途径的变迁》，载《传承》2011 年第 16 期。

［108］高宪春：《新媒介环境下舆情事件的生成及扩散规律分析》，载《新闻界》2012 年第 1 期。

［109］夏琼、周榕：《大众媒介与政府危机公关》，人民出版社 2014 年版。

［110］张征、陈海峰：《简论"两个舆论场"的内涵与价值》，载《当代传播》2014 年第 3 期。

［111］吴琳琳：《塘沽爆炸事件中主流媒体的失误与反击》，载《南方电视学刊》2015 年第 4 期。

［112］柯观：《为何天津港爆炸事故中谣言这么多?》，载《北京科技报》2015 年第 8 期。

［113］黄艳、易奇志：《"互联网+"视阈下骆越文化传播路径研究——骆越文化研究

系列论文之一》，载《广西师范学院学报（哲学社会科学版）》2017 年第 1 期。

[114] 周定平：《论突发事件网络舆情的引导与规制》，载《中南林业科技大学学报（社会科学版）》2013 年第 1 期。

[115] 马立志：《我国突发事件舆情引导的现实困境和路径选择》，载《中北大学学报（社会科学版）》2017 年第 1 期。

[116] 朱苠予：《政府应对突发事件的网络舆情引导》，载《中共山西省委党校学报》2015 年第 1 期。

[117] 朱恪钧、谭晓梅：《地方政府应急管理实践研究》，四川人民出版社 2009 年版。

[118] 王宝明、刘皓、王重高：《政府应急管理教程》，国家行政学院出版社 2013 年版。

[119] 王琰：《主流媒体对"舆论倒逼"的报道策略研究——以〈人民日报〉〈湖南日报〉对"唐慧上访"的报道为例》，大连理工大学 2015 年硕士学位论文。

[120] 燕道成：《群体性事件中的网络舆情研究》，新华出版社 2013 年版。

[121] 杨林刚：《地方政府应对网络舆情现状分析》，载《党政干部论坛》2015 年第 4 期。

[122] 庄绪娟：《政府网络舆情应对研究》，首都经济贸易大学 2015 年硕士学位论文。

[123] 潘铃：《政府应对网络舆情影响的策略研究》，东北农业大学 2015 年硕士学位论文。

[124] 汤勤楼：《突发公共事件的舆情引导研究——以昆明安宁 PX 项目为例》，云南财经大学 2017 年硕士学位论文。

[125] 彭劭莉：《突发事件网络舆情引导失当及应对策略研究》，湘潭大学 2013 年硕士学位论文。

[126] 佟璐：《自媒体时代网络舆论的传播与引导研究》，东北财经大学 2012 年硕士学位论文。

[127] 吴云才：《社会突发事件网络舆情的引导原则和应对策略》，载《行政事业资产与财务》2012 年第 14 期。

[128] 田宇：《论自媒体时代突发舆情事件的构成要素及引导策略》，载《西部广播电视》2016 年第 18 期。

[129] 刘海霞：《自媒体时代下突发事件的舆论引导》，载《新闻战线》2016 年第 16 期。

[130] 朱敬婷：《浅析我国地方政府对突发公共事件网络舆情的应对策略》，载《决策论坛——系统科学在工程决策中的应用学术研讨会论文集（上）》2015 年第 11 期。

[131] 刘杨：《突发公共事件网络舆情的引导策略》，载《编辑学刊》2014 年第 2 期。

[132] 夏锦鉴：《浅论如何建立我国网络舆情的引导机制》，载《法制与社会》2015 年第 19 期。

［133］张淑瑛：《发挥统一战线在网络舆论引导中的积极作用》，载《思想政治工作研究》2013 年第 11 期。

［134］徐学江：《突发事件报道与国家形象》，载《中国记者》1998 年第 9 期。

［135］［美］罗伯特·希斯：《危机管理》，王成、宋炳辉、金瑛译，中信出版社 2006年版。

［136］郭研实：《国家公务员应对突发事件能力》，中国社会科学出版社 2005 年版。

［137］《天津港爆炸事故调查报告公布》，载 http：// news. sina. com. cn/c/nd/2016-02-05/doc-ifxpfhzq2524615. shtml.

［138］刘阳：《被放纵的成见——论网络谣言发生中的技术偏向》，载《中国网络传播研究》2010 年第 4 期。

［139］邢祥、汪鑫、王灿发：《社交媒体谣言碎片化传播对公众批判力的影响——基于天津 8·12 爆炸事故谣言的分析》，载《西部学刊》2016 年第 1 期。

［140］董玉芝：《新媒体视域下网络群体极化的成因及对策》，载《新闻大学》2014年第 3 期。

［141］［美］奥尔波特、波茨曼：《谣言心理学》，刘水平、梁元元、黄鹏译，辽宁教育出版社 2003 年版。

［142］彭兰：《网络传播学》，中国人民大学出版社 2009 年版。

［143］孙燕：《谣言风暴：灾难事件后的网络舆论危机现象研究》，载《新闻与传播研究》2011 年第 5 期。

［144］赵成斐：《多元舆论场中党的舆论引导能力研究》，载《政治学研究》2014 年第 1 期。

［145］刘杰、梁荣、张砥：《网络诱致突发事件：概念、特征和处置》，载《中国行政管理》2010 年第 2 期。

［146］徐继华、冯启娜、陈贞汝：《智慧政府：大数据治国时代的来临》，中信出版社 2014 年版。

［147］马建堂主编：《大数据在政府统计中的探索与应用》，中国统计出版社 2013年版。

［148］易臣何：《突发事件网络舆情的演化规律与政府监控》，湘潭大学 2014 年博士学位论文。

［149］汪可：《大数据路径下铁路突发事件舆情研究》，华中师范大学 2015 年硕士学位论文。

［150］夏书章主编：《行政管理学》，中山大学出版社 2013 年版。

［151］《专家解析"黄金四小时"：谁来给突发事件"第一定义"》，载 https：//www. cctv. com/cctvsurvey/special/02/20100223/105234. shtml.

［152］曾润喜：《我国网络舆情管控工作机制研究》，载《图书情报工作》2009 年第

18 期。

［153］刘毅：《略论网络舆情的概念、特点、表达与传播》，载《理论界》2007 年第 1 期。

［154］唐伟：《突发事件舆情传播的社会网络结构测度与分析——基于"11·16 校车事故"的实证研究》，载《中国软科学》2012 年第 7 期。

［155］喻国明、李彪：《舆情热点中政府危机干预的特点及借鉴意义》，载《新闻与写作》2009 年第 6 期。

［156］徐晓日：《网络舆情事件的应急处理研究》，载《华北电力大学学报（社会科学版）》2007 年第 1 期。

［157］钟建宏：《加强应急管理专家组建设 提高科学应对突发事件能力》，载《中国应急管理》2011 年第 1 期。

［158］曹劲松：《网络舆情的发展规律》，载《新闻写作》2010 年第 5 期。

［159］梅松：《政府网络舆情监控系统的实现》，载《信息技术》2011 年第 9 期。

［160］陈雪刚、张家录、程杰仁：《大数据价值及其在网络舆情挖掘中的应用》，载《湘南学院学报》2017 年第 2 期。

［161］［德］尤尔根·哈贝马斯：《合法化危机》，刘北成、曹卫东译，上海人民出版社 2009 年版。

［162］闪淳昌等：《中国突发事件应急体系顶层设计》，科学出版社 2017 年版。

［163］向晋文：《自媒体时代的网络舆论及其引导策略——基于比较视角的分析》，载《湖北民族学院学报（哲学社会科学版）》2017 年第 3 期。

［164］陈力丹：《关于舆论的基本理念》，载《新闻大学》2012 年第 5 期。

［165］王泰主编：《狱内侦查学》，群众出版社 2004 年版。

［166］李永主编：《狱内侦查学》，法律出版社 1989 年版。

［167］严劲涛主编：《狱内侦查学》，金城出版社 2003 年版。

［168］史殿国、高良科主编：《狱内侦查方略》，法律出版社 2000 年版。

［169］程小白、瞿丰主编：《新编侦查学》，中国人民公安大学出版社 2001 年版。

［170］郭晓彬主编：《侦查策略与措施》，法律出版社 2000 年版。

［171］马忠红：《情报主导侦查》，中国人民公安大学出版社 2005 年版。

［172］李东海主编：《刑事犯罪信息》，中国人民公安大学出版社 2003 年版。

［173］李丽静：《河南一名罪犯监狱内醉酒身亡 15 名责任人被问责》，载《广州日报》2015 年 4 月 23 日。

［174］毛占宇、张培瑶：《湖南赤山监狱毒贩进监区谈生意手机遥控贩毒》，载《法制晚报》2015 年 9 月 16 日。

［175］马利民：《四川省阿坝监狱千里转移在押服刑人员事例》，载《法制日报》2012 年 7 月 24 日。

［176］刘卫丹、杨畅:《清河分局教育改造社会化的实践探索及思考》,载《犯罪与改造研究》2015 年第 3 期。

［177］尹明亮、李晨歌:《山东监狱职业技能培训基地在山东科技职业学院揭牌》,载《齐鲁晚报》2020 年 12 月 3 日。